발 빠르게 자격증을 취득한다!

DIAT

워드프로세서

한글 2022

실전
모의고사
20회분
수록!

최신
기출문제
10회분
수록!

최적화된
자동 채점
프로그램
제공!

이 책의 구성

문제 미리보기

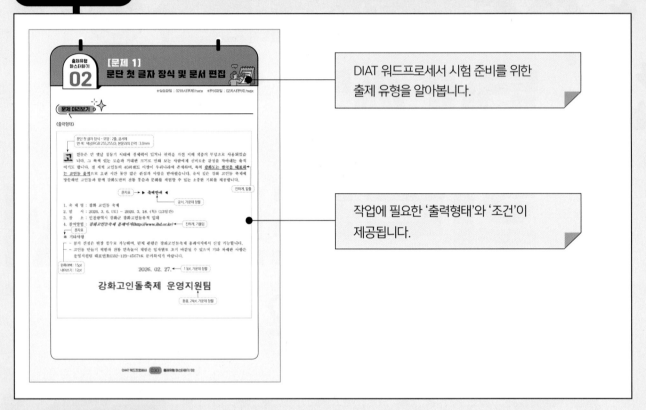

DIAT 워드프로세서 시험 준비를 위한 출제 유형을 알아봅니다.

작업에 필요한 '출력형태'와 '조건'이 제공됩니다.

작업과정 미리보기

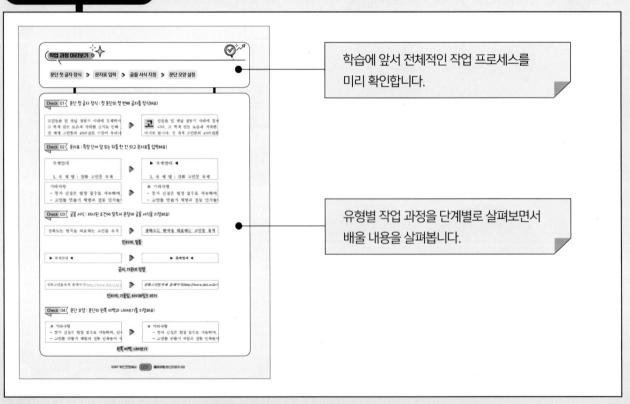

학습에 앞서 전체적인 작업 프로세스를 미리 확인합니다.

유형별 작업 과정을 단계별로 살펴보면서 배울 내용을 살펴봅니다.

출제 유형 따라하기

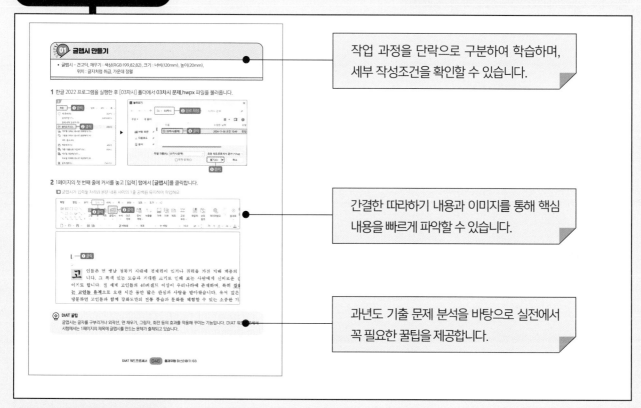

작업 과정을 단락으로 구분하여 학습하며, 세부 작성조건을 확인할 수 있습니다.

간결한 따라하기 내용과 이미지를 통해 핵심 내용을 빠르게 파악할 수 있습니다.

과년도 기출 문제 분석을 바탕으로 실전에서 꼭 필요한 꿀팁을 제공합니다.

유형정리 연습문제

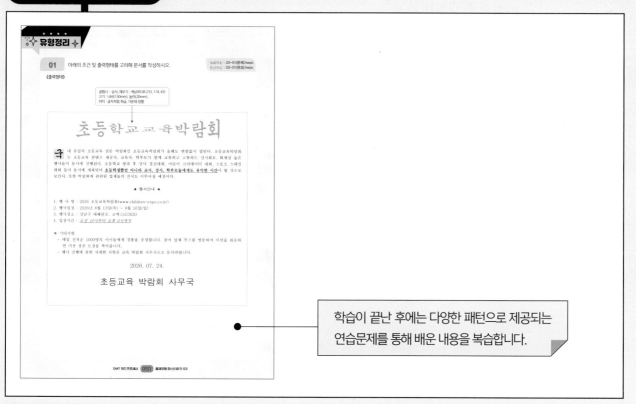

학습이 끝난 후에는 다양한 패턴으로 제공되는 연습문제를 통해 배운 내용을 복습합니다.

이 책의 구성

실전모의고사 & 최신기출문제

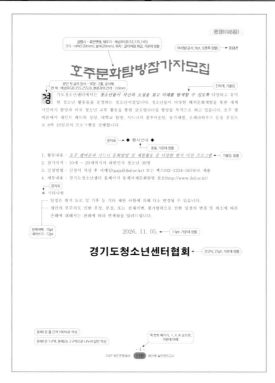

출제된 과년도 문제 패턴을 분석하여 만든 실전모의고사 20회분과 최근 출제된 기출문제 10회분을 제공합니다. 제한 시간 40분 안에 빠르고 정확하게 답안을 작성해 보세요.

필수 단축키 & 작업 프로세스 활용

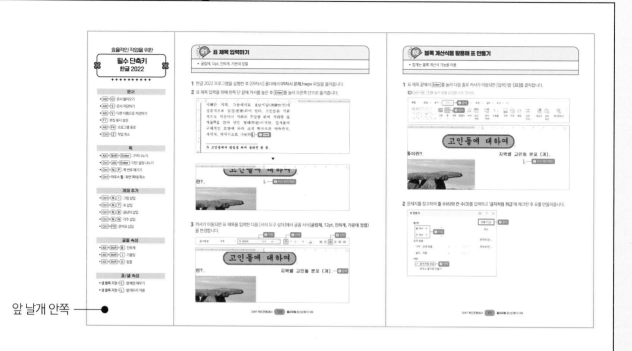

앞 날개 안쪽

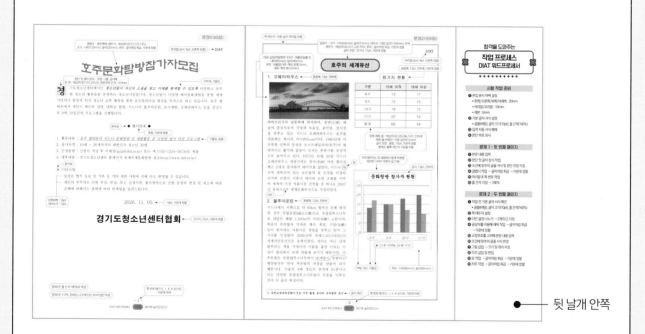

뒷 날개 안쪽

책의 양쪽 날개를 펼쳤을 때 표시되는 <필수 단축키>와 <작업 프로세스> 부록을 활용해 작업 시간을 단축시켜 보세요!(상철 도서는 뜯어서 사용할 수 있는 형태의 부록으로 제공됩니다.)

이 책의 목차

들어가기 전

PART 01
출제유형 마스터하기

PART 02
실전모의고사

PART 03
최신기출문제

시험 과목

검정과목	사용 프로그램	검정방법	문항수	시험시간	배점	합격기준
프리젠테이션	MS 파워포인트	작업식	4문항	40분	200점	− 초급 : 80 ~ 119점 − 중급 : 120 ~ 159점 − 고급 : 160 ~ 200점
스프레드시드	MS 엑셀		5문힝			
워드프로세서	한컴오피스 한글		2문항			
멀티미디어제작	포토샵/곰믹스		3문항			
인터넷정보검색	인터넷		8문항		100점	− 초급 : 40 ~ 59점 − 중급 : 60 ~ 79점 − 고급 : 80 ~ 100점
정보통신상식	CBT 프로그램	객관식	40문항			

워드프로세서 출제 기준

문항	점수		출제 내용
공통적용사항 1	8점		기본 설정, 용지 설정 등
공통적용사항 2	40점		오탈자
문제 1	46점	전체 구성	머리말 작성, 쪽 번호 매기기
		글맵시	글꼴 서식, 채우기(RGB), 크기 및 위치 설정
		문단 모양	왼쪽 여백 및 내어쓰기 지정
		문자표	전각 기호 이용
		문단 첫 글자 장식	모양, 글꼴, 면 색, 본문과의 간격
		기타 작성	글꼴 서식 지정, 1 페이지 줄 간격 180%로 지정
문제 2	106점	전체 구성	구역 나누기, 다단, 다단 설정 나누기
		쪽 테두리	이중 실선, 머리말 포함
		글상자	제목 작성
		그림 삽입	크기 및 위치 설정
		표	셀 채우기, 테두리, 글꼴 서식 지정, 블록 계산식
		차트	제목, 축, 범례 글꼴 서식 지정, 차트 크기 지정
		각주	각주 삽입, 글꼴 서식 지정
		한자	한자 입력
		교정부호	글자 수정 1문제, 자리 바꾸기 1문제
		기타 작성	글꼴 서식 지정

워드프로세서 시험지 미리보기

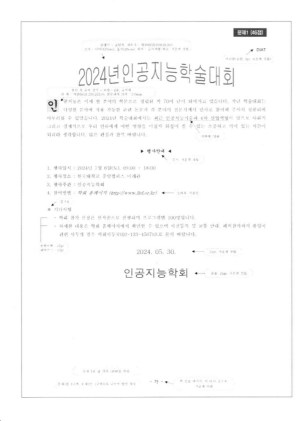

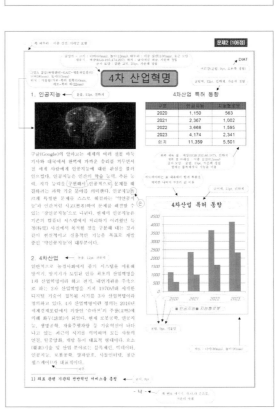

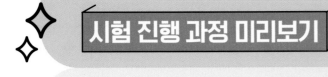

01 www.ihd.or.kr 회원가입

02 시험 접수

05 시험 진행

1고사실
2고사실

#수험표
#신분증
#필기도구

04 시험 당일, 고사장 도착

FIGHTING

03 꾸준한 연습

06 약 1달 후 합격자 발표

07 자격증 발급 신청

STEP 01
채점프로그램 다운로드

❶ 마린북스 홈페이지(www.mrbooks.kr)의 [자료실]에서 채점프로그램을 다운로드합니다.

❷ 압축 파일을 풀고 프로그램을 설치합니다.

STEP 02
실전모의고사 또는
최신기출문제 작성

❶ PART 01에서 연습한 내용을 바탕으로 답안 파일을 작성해 보세요. 제한된 시간은 40분입니다.

❷ 작성이 완료된 답안 파일은 바탕화면 또는 찾기 쉬운 폴더에 저장합니다.

❸ 답안 채점을 위해 한글2022 프로그램을 종료합니다.

STEP 03
채점프로그램 활용

❶ 채점 프로그램을 실행한 후 교재 종류와 시험 회차를 선택합니다.

❷ <파일열기> 단추를 선택해 작성된 답안 파일을 불러온 다음 <채점시작하기>를 클릭합니다.

❸ 채점이 완료되면 결과를 확인합니다. [상세채점분석]을 클릭하면 자세한 채점 결과를 확인할 수 있습니다.

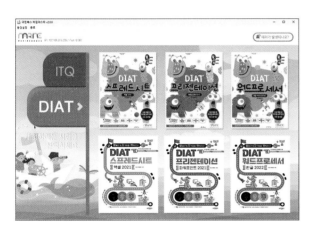

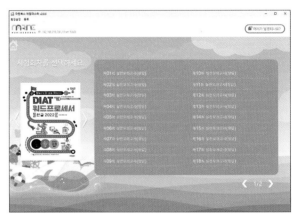

[문제 1] 출제 패턴 분석

❶ ➔ DIAT

❷ ➔ # 고인돌의세계로초대합니다!

❸ ➔ **고**인돌은 먼 옛날 청동기 시대에 경제력이 있거나 권력을 가진 지배 계층의 무덤으로 사용되었습니다. 그 특색 있는 모습과 거대한 크기로 인해 보는 사람에게 신비로운 감정을 자아내는 유적이기도 합니다. 전 세계 고인돌의 40퍼센트 이상이 우리나라에 존재하며, 특히 <u>강화도는 한국을 대표하</u> ◀ ❹ <u>는 고인돌 유적</u>으로 오랜 시간 동안 많은 관심과 사랑을 받아왔습니다. 유서 깊은 강화 고인돌 축제에 방문하면 고인돌과 함께 강화도만의 전통 풍습과 문화를 체험할 수 있는 소중한 기회를 제공합니다.

❺ ➔ ▶ 축제안내 ◀

1. 축 제 명 : 강화 고인돌 축제
2. 일   시 : 2026. 3. 6. (토) ~ 2026. 3. 18. (목) (13일간)
3. 장   소 : 인천광역시 강화군 강화고인돌유적 일대
4. 참여방법 : *강화고인돌축제 홈페이지(http://www.ihd.or.kr)* ◀ ❻

❼ ➔ ※ 기타사항

❽ ➔ - 참가 신청은 현장 접수로 가능하며, 단체 관람은 강화고인돌축제 홈페이지에서 신청 가능합니다.
　　 - 고인돌 만들기 체험과 전통 민속놀이 체험은 일자별로 조기 마감될 수 있으며 기타 자세한 사항은 운영지원팀 대표번호(032-123-4567)로 문의하시기 바랍니다.

❾ ➔ 2026. 02. 27.

❿ ➔ 강화고인돌축제 운영지원팀

⓫ ➔ 문제1은 줄 간격 180%로 작성

⓬ ➔ - A -

출제 패턴 분석

	문제 구분	세부 항목	출제 패턴
❶	머리말	글꼴 서식 및 정렬	• '글꼴-글꼴 크기-오른쪽 정렬'이 묶여서 출제됨 • 글꼴은 '돋움, 굴림, 궁서'가 자주 출제됨
❷	글맵시	모양	• '육각형, 위쪽 리본 사각형, 아래쪽 수축, 갈매기형 수장'이 자주 출제됨 • '물결1, 물결2, 역갈매기형 수장, 나비넥타이'는 가끔씩 출제됨
		글꼴 서식	• '돋움, 굴림, 궁서, 중고딕, 견고딕'이 자주 출제됨
		크기와 색상	• 크기(너비/높이)와 색상(RGB)은 다양하게 출제됨
❸	문단 첫 글자 장식	모양	• '2줄'이 고정적으로 출제될 것으로 예상됨
		글꼴 서식	• '돋움, 굴림, 궁서, 중고딕, 견고딕' 등이 출제될 것으로 예상됨
		색상	• 색상(RGB)은 다양하게 출제될 것으로 예상됨
❹	글자 편집	글꼴 서식	• '진하게-기울임' 또는 '기울임-밑줄'이 자주 출제됨 • '진하게-밑줄'은 가끔씩 출제됨
❺	소제목	문자표	• ▲, ◑, □, ▶, ◆, ■, ●, ◈, ★, ◎, ☆ 등이 자주 출제됨
		글꼴 서식	• '돋움, 굴림, 궁서'가 자주 출제되며, 가끔씩 '중고딕'이 출제됨
❻	글자 편집	글꼴 서식	• '기울임-밑줄' 또는 '진하게-기울임'이 자주 출제됨 • '진하게-밑줄'은 가끔씩 출제됨
❼	문자표	문자표	• '※' 모양이 고정적으로 출제됨
❽	문단 모양	왼쪽 여백 및 내어쓰기	• '왼쪽여백(10)-내어쓰기(10), 왼쪽여백(10)-내어쓰기(12), 왼쪽여백(10)-내어쓰기(13), 왼쪽여백(15)-내어쓰기(12)'가 자주 출제됨 • '왼쪽여백(10)'만 지정하는 문제가 가끔씩 출제됨
❾	날짜	글꼴 서식 및 정렬	• '글꼴 크기-가운데 정렬'이 묶여서 출제됨
❿	기관명	글꼴 서식 및 정렬	• '글꼴-글꼴 크기-가운데 정렬'이 묶여서 출제됨 • 글꼴은 '궁서, 중고딕, 견고딕, 굴림'이 자주 출제됨
⓫	줄 간격	줄 간격	• '180%'가 고정적으로 출제될 것으로 예상됨
⓬	쪽 번호	번호 모양	• '-A-, -i-, -가-, -갑-, -1-, -①-'이 자주 출제됨
		위치	• '왼쪽, 가운데, 오른쪽'이 랜덤으로 출제됨

[문제 2] 출제 패턴 분석

❷

DIAT

❸ **고인돌에 대하여**

❹ **1. 고인돌이란?**

❺

❼ **지역별 고인돌 분포 (개)**

❽
지역	1980년	2015년
강원도	314	388
충청남도	521	572
전라남도	18154	19058
경상북도	2119	2890
합계	21,108	22,908

고인돌이란 청동기 시대의 대표적인 무덤 형식으로, 말 그대로 '돌을 고였다'라고 하여 붙여진 이름이다. 기원전(紀元前) 1000년 무렵, 원시 농업 경제 사회가 형성되면서 농경의 발달로 인해 잉여 생산물(product)이 생기게 되었고, 자연스럽게 사회 집단 내부에는 다스림을 받는 자와 다스리는 자로 나뉘기 시작했다. 고인돌은 다스리는 자인 '권력자의 무덤'으로 이용되었으며, 이 안에는 주검뿐만 아니라 토기, 석기, 청동기 등의 다양한 유물(遺物)이 함께 묻혔다. 이러한 이유로 고인돌은 청동기 시대의 사회상을 파악하는 데 매우 중요한 유적이 되었으며, 지역에 따라 고인돌의 형태는 다양하게 나타난다.

❶

❹ **2. 우리나라의 고인돌**

고인돌은 전 세계에 분포되어 있지만, 특히 우리나라, 일본, 중국 등 동북아시아 지역에서 많이 찾아볼 수 있다. 우리나라는 '고인돌 왕국'이라고 부를 수 있을 정도로 많은 수의 고인돌 유적이 존재하고 있다. 현재 남한에서는 약 3만, 북한에서는 약 1만 5천기에 달하는 고인돌이 있으며, 이는 전 세계 고인돌의 40퍼센트 이상에 해당하는 수치(figure)이다. 우리나라의 고인돌은 주로 서해안 지역, 그중에서도 호남지방(湖南地方)에 집중적으로 밀집(密集)되어 있다. 고인돌은 기본적으로 지상이나 지하의 무덤방 위에 거대한 덮개돌㉮을 얹어 만든 형태(形態)이지만, 덮개돌의 구체적인 모양에 따라 크게 탁자식과 바둑판식, 개석식, 위석식으로 나뉜다.

지역별 고인돌 분포 (개)

❾

(막대그래프: 세로축 0, 4000, 8000, 12000, 16000, 20000 / 가로축 강원도, 충청남도, 전라남도, 경상북도 / ■ 1980년 ■ 2015년)

❻ ㉮ 고인돌에서 받침돌 위에 올려진 큰 돌

- B -

문제 구분		세부 항목	출제 패턴
❶	한자 및 영문	입력 개수	● 한자는 최대 5개가 출제되며, 영문은 1~2개가 출제됨
❷	쪽 테두리	쪽 테두리	● '이중 실선'이 고정적으로 출제됨
❸	글상자	크기(너비-높이)	● '50-12, 60-12, 70-12'가 자주 출제됨
		테두리 및 모서리 곡률	● 테두리는 '이중 실선'이 자주 출제되며, 가끔씩 '실선'도 출제됨 ● 모서리 곡률은 '반원'과 '둥근 모양'이 자주 출제됨
		색상 및 정렬	● 색상(RGB)은 다양하게 출제되며, '가운데 정렬'이 고정적으로 출제됨
		글꼴 서식 및 정렬	● '글꼴-글꼴 크기-가운데 정렬'이 묶여서 출제됨 ● 글꼴은 '견고딕, 궁서, 굴림, 돋움'이 자주 출제됨
❹	소제목(2개)	글꼴 서식	● '글꼴-글꼴 크기-속성'이 묶여서 출제됨 ● 글꼴은 '돋움, 굴림, 중고딕'이 자주 출제됨 ● 속성은 '진하게'가 고정적으로 출제됨
❺	그림	그림 삽입	● 바탕화면의 [KAIT] 폴더에서 지정된 '그림'을 삽입
		그림 크기	● 가로(85), 높이(40)이 출제될 것으로 예상됨
		위치	● 어울림(세로-쪽의 위-22)로 출제될 것으로 예상됨
❻	각주	번호 모양	● 1), ①, ㉮, ㉠, ⓐ 등이 자주 출제됨
		글꼴 서식	● '글꼴-글꼴 크기'로 묶여서 출제됨 ● 글꼴은 '돋움, 굴림, 바탕체'가 자주 출제됨
❼	표 제목	글꼴 서식 및 정렬	● '글꼴-글꼴 크기-속성-가운데 정렬'이 묶여서 출제됨 ● 글꼴은 '굴림체, 궁서, 돋움, 중고딕'이 자주 출제됨 ● 속성은 '진하게'가 고정적으로 출제됨
❽	표 작성	제목 셀 색상 및 속성	● 색상(RGB)은 다양하게 출제됨 ● 속성은 '진하게'가 고정적으로 출제됨
		제목 셀 아래선	● '이중 실선'이 자주 출제되며, 가끔씩 '실선'으로 출제됨
		글꼴 서식 및 정렬	● '글꼴-글꼴 크기-가운데 정렬'이 묶여서 출제됨 ● 글꼴은 '바탕체, 굴림, 돋움, 중고딕'이 자주 출제됨
❾	차트 작성	차트 모양	● '묶은 세로 막대형, 묶은 가로 막대형, 꺾은선형'이 자주 출제됨
		차트 제목 글꼴 서식	● '글꼴-글꼴 크기-속성'이 묶여서 출제됨 ● 글꼴은 '궁서체, 굴림체, 돋움체'가 자주 출제됨 ● 속성은 '진하게'가 고정적으로 출제됨
		차트 및 범례 글꼴 서식	● '글꼴-글꼴 크기-속성'이 묶여서 출제됨 ● 글꼴은 '돋움, 굴림, 바탕, 궁서'가 자주 출제됨 ● 속성은 '기울임'이 고정적으로 출제됨
		축 속성 (값 축, 항목 축)	● '최대값' 및 '주 단위' 변경이 자주 출제됨 ● 눈금-주 눈금(없음, 안쪽 등) 변경이 출제될 것으로 예상됨
		주 눈금선	● 주 눈금선을 포함하거나 삭제하는 것으로 출제됨
		범례 위치	● '아래' 위치가 고정적으로 출제됨
		크기 (너비-높이)	● '80-80' 또는 '80-90'이 자주 출제됨

PART 01

출제유형 마스터하기

 DIAT 워드프로세서 시험의 최신 출제 유형을 연습하여
발빠르게 자격증을 취득해 보세요!

[문제 1]
기본 작업 및 문서 입력

✳실습파일 : 01차시(문제).hwpx   ✳완성파일 : 01차시(완성).hwpx

《출력형태》

고인돌은 먼 옛날 청동기 시대에 경제력이 있거나 권력을 가진 지배 계층의 무덤으로 사용되었습니다. 그 특색 있는 모습과 거대한 크기로 인해 보는 사람에게 신비로운 감정을 자아내는 유적이기도 합니다. 전 세계 고인돌의 40퍼센트 이상이 우리나라에 존재하며, 특히 강화도는 한국을 대표하는 고인돌 유적으로 오랜 시간 동안 많은 관심과 사랑을 받아왔습니다. 유서 깊은 강화 고인돌 축제에 방문하면 고인돌과 함께 강화도만의 전통 풍습과 문화를 체험할 수 있는 소중한 기회를 제공합니다.

축제안내

1. 축 제 명 : 강화 고인돌 축제
2. 일   시 : 2026. 3. 6. (토) ~ 2026. 3. 18. (목) (13일간)
3. 장   소 : 인천광역시 강화군 강화고인돌유적 일대
4. 참여방법 : 강화고인돌축제 홈페이지(http://www.ihd.or.kr)

기타사항
- 참가 신청은 현장 접수로 가능하며, 단체 관람은 강화고인돌축제 홈페이지에서 신청 가능합니다.
- 고인돌 만들기 체험과 전통 민속놀이 체험은 일자별로 조기 마감될 수 있으며 기타 자세한 사항은 운영지원팀 대표번호(032-123-4567)로 문의하시기 바랍니다.

2026. 02. 27.

강화고인돌축제 운영지원팀

《조건》

• 문서는 A4(210mm×297mm) 크기, 세로 용지 방향으로 작성한다.

• 페이지 여백은 아래와 같이 설정한다.

왼쪽	오른쪽	위쪽	아래쪽	머리말	꼬리말	제본
20mm	20mm	20mm	20mm	10mm	10mm	0mm

• 아래와 같이 "자동 글머리 기호 넣기"와 "자동 번호 매기기" 기능을 해제한다.

도구 → 빠른 교정 → 빠른 교정 내용 → 입력 자동 서식 ⇒	자동 글머리 기호 넣기(해제) 자동 번호 매기기(해제)

※ 만약 입력자동서식 메뉴가 없는 경우에는, "자동 글머리 기호 넣기"와 "자동 번호 매기기" 기능이 설정되어 있지 않은 것이므로 별도의 기능 해제 없이 그대로 시험에 응시하시면 됩니다.

• 글자는 별도의 지시사항이 없는 한 바탕, 10pt, 양쪽정렬, 줄 간격 160%로 작성한다.

• 영문, 숫자 등은 별도의 지시가 없는 한 반각(1byte) 문자를 사용한다.

• 특수문자는 문자표(전각 기호)를 이용하여 작성한다.

• 교정부호 및 화살표로 기재된 지시사항대로 처리하되, ┈┈┈→ 은 지시사항이므로 작성하지 않는다.

• 1페이지에 [문제1]을 작성하고, 구역을 나누어 2페이지에 [문제2]를 작성한다.

작업 과정 미리보기

편집 용지 설정 ▶ 문단 부호 지정 ▶ 구역 나누기 ▶ 1페이지 문서 내용 입력

Check 01 시험 작업 준비 : DIAT 워드프로세서 시험을 위한 기본 작업이 필요해요!

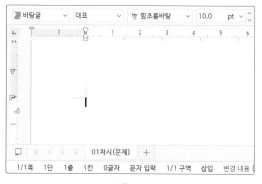

편집 용지 설정

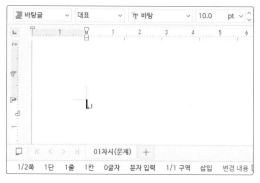

글꼴 서식 & 문단 부호 & 구역 나누기

Check 02 문제 1 : 출력형태를 참고하여 필요한 내용을 입력해요!

고인돌은 먼 옛날 청동기 시대에 경제력이 있거나 권력을 가진 지배 계층의 무덤으로 사용되었습니다. 그 특색 있는 모습과 거대한 크기로 인해 보는 사람에게 신비로운 감정을 자아내는 유적이기도 합니다. 전 세계 고인돌의 40퍼센트 이상이 우리나라에 존재하며, 특히 강화도는 한국을 대표하는 고인돌 유적으로 오랜 시간 동안 많은 관심과 사랑을 받아왔습니다. 유서 깊은 강화 고인돌 축제에 방문하면 고인돌과 함께 강화도만의 전통 풍습과 문화를 체험할 수 있는 소중한 기회를 제공합니다.

2줄 띄고 내용 입력

축제안내

1. 축 제 명 : 강화 고인돌 축제
2. 일   시 : 2026. 3. 6. (토) ~ 2026. 3. 18. (목) (13일간)
3. 장   소 : 인천광역시 강화군 강화고인돌유적 일대
4. 참여방법 : 강화고인돌축제 홈페이지(http://www.ihd.or.kr)

기타사항
- 참가 신청은 현장 접수로 가능하며, 단체 관람은 강화고인돌축제 홈페이지에서 신청 가능합니다.
- 고인돌 만들기 체험과 전통 민속놀이 체험은 일자별로 조기 마감될 수 있으며 기타 자세한 사항은 운영지원팀 대표번호(032-123-4567)로 문의하시기 바랍니다.

2026. 02. 27.

강화고인돌축제 운영지원팀

오탈자 없이

나머지 내용 입력

STEP 01 편집 용지 및 기본 글꼴 서식 설정하기

- 문서는 A4(210mm×297mm) 크기, 세로 용지 방향으로 작성한다.
- 페이지 여백은 아래와 같이 설정한다.

왼쪽	오른쪽	위쪽	아래쪽	머리말	꼬리말	제본
20mm	20mm	20mm	20mm	10mm	10mm	0mm

- 글자는 별도의 지시사항이 없는 한 바탕, 10pt, 양쪽정렬, 줄 간격 160%로 작성한다.

1 한글 2022 프로그램을 실행한 후 [파일]-[불러오기]를 클릭합니다.

2 [01차시] 폴더에서 **01차시(문제).hwpx** 파일을 찾아 선택합니다.

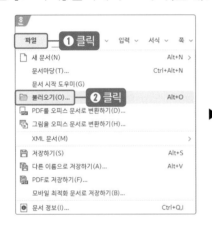 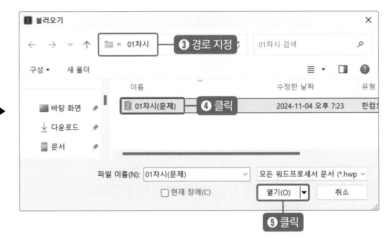

3 [F7]을 눌러 아래와 같이 편집 용지를 설정합니다.

➕ 위/아래/왼쪽/오른쪽 : 20mm, 머리말/꼬리말 : 10mm, 제본 : 0mm

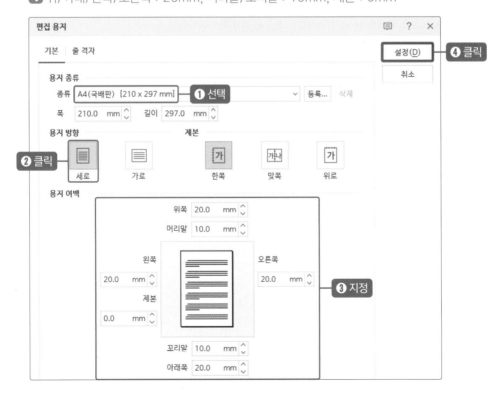

4 [서식 도구 상자]에서 글자 모양을 '**바탕**'으로 지정하고, **글자 크기(10pt), 정렬 방식(양쪽 정렬), 줄 간격 (160%)**을 눈으로 확인합니다.

➕ 시험 조건에 따라 기본으로 설정된 글꼴인 함초롬바탕을 바탕으로 변경하는 작업이 필요해요.

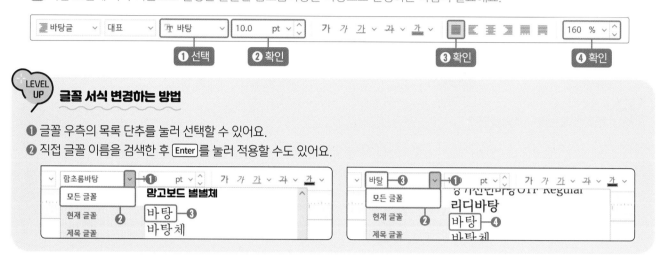

LEVEL UP 글꼴 서식 변경하는 방법

❶ 글꼴 우측의 목록 단추를 눌러 선택할 수 있어요.
❷ 직접 글꼴 이름을 검색한 후 `Enter`를 눌러 적용할 수도 있어요.

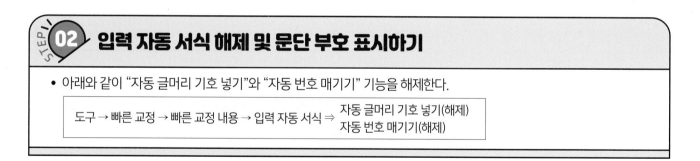

STEP 02 입력 자동 서식 해제 및 문단 부호 표시하기

- 아래와 같이 "자동 글머리 기호 넣기"와 "자동 번호 매기기" 기능을 해제한다.

> 도구 → 빠른 교정 → 빠른 교정 내용 → 입력 자동 서식 ⇒ 자동 글머리 기호 넣기(해제)
> 자동 번호 매기기(해제)

1 [도구] 탭에서 [빠른 교정]-[**빠른 교정 내용**]을 클릭합니다.

2 [입력 자동 서식] 탭을 선택한 후 '**자동 글머리 기호 넣기**', '**자동 번호 매기기**' 항목의 체크를 해제합니다.

➕ 프로그램 세부 버전 또는 작업 환경에 따라 해당 항목에 체크가 해제되어 있을 수 있어요.

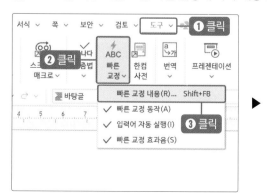
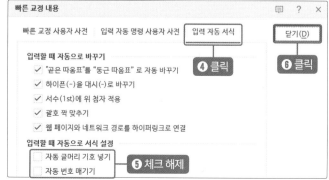

3 [보기] 탭에서 [문단 부호]에 체크한 후 커서 주변에 표시된 파란 화살표를 확인합니다.

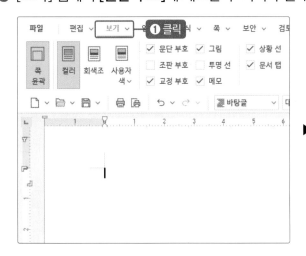 

 문단 부호는 왜 사용할까요?

· 문단 부호는 줄 바뀜에 대한 표시를 해주어 문서 작성이 편리하도록 도와주는 기능입니다.
· 문단 부호는 작업 화면상에만 표시되며, 설정 여부는 채점 기준과 관련이 없습니다.

 03 **구역 나누기**

· 1페이지에 [문제1]을 작성하고, 구역을 나누어 2페이지에 [문제2]를 작성한다.

1 [쪽] 탭에서 [구역 나누기]를 클릭해 하나의 문서를 2개의 구역으로 나눠줍니다.

Alt + Shift + Enter 를 눌러 구역을 나누는 방법도 있어요.

2 구역 나누기가 완료되면 두 개의 페이지가 만들어진 것을 확인합니다.

04 문서에 내용 입력하기

- 영문, 숫자 등은 별도의 지시가 없는 한 반각(1byte) 문자를 사용한다.
- 특수문자는 문자표(전각 기호)를 이용하여 작성한다.
- 교정부호 및 화살표로 기재된 지시사항대로 처리하되, [⋯⋯]→ 은 지시사항이므로 작성하지 않는다.

1 문서 1페이지의 첫 줄에 커서를 놓고 [Enter]를 두 번 누릅니다.

2 018 페이지의 문제지를 보면서 다음과 같이 문서의 내용을 입력합니다.

고인돌은 먼 옛날 청동기 시대에 경제력이 있거나 권력을 가진 지배 계층의 무덤으로 사용되었습니다. 그 특색 있는 모습과 거대한 크기로 인해 보는 사람에게 신비로운 감정을 자아내는 유적이기도 합니다. 전 세계 고인돌의 40퍼센트 이상이 우리나라에 존재하며, 특히 강화도는 한국을 대표하는 고인돌 유적으로 오랜 시간 동안 많은 관심과 사랑을 받아왔습니다. 유서 깊은 강화 고인돌 축제에 방문하면 고인돌과 함께 강화도만의 전통 풍습과 문화를 체험할 수 있는 소중한 기회를 제공합니다.
[Enter]
축제안내
[Enter]
1. 축 제 명 : 강화 고인돌 축제
2. 일　　시 : 2026. 3. 6. (토) ~ 2026. 3. 18. (목) (13일간)
3. 장　　소 : 인천광역시 강화군 강화고인돌유적 일대
4. 참여방법 : 강화고인돌축제 홈페이지(http://www.ihd.or.kr)
[Enter]
기타사항
- 참가 신청은 현장 접수로 가능하며, 단체 관람은 강화고인돌축제 홈페이지에서 신청 가능합니다.
- 고인돌 만들기 체험과 전통 민속놀이 체험은 일자별로 조기 마감될 수 있으며 기타 자세한 사항은 운영지원팀 대표번호(032-123-4567)로 문의하시기 바랍니다.
[Enter]
2026. 02. 27.
[Enter]
강화고인돌축제 운영지원팀

3 작업이 완료되면 [저장(🖫)]을 클릭하거나 [Alt]+[S]를 눌러 **답안 파일을 저장**합니다.

➕ 시험이 진행되는 40분 동안 수시로 저장하여 작업 내용이 누락되지 않도록 해요.

01 아래의 조건 및 출력형태를 고려해 문서를 작성하시오.

실습파일 : 01-01(문제).hwpx
완성파일 : 01-01(완성).hwpx

《출력형태》

국내 유일의 초등교육 전문 박람회인 초등교육박람회가 올해도 변함없이 열린다. 초등교육박람회는 초등교육 콘텐츠 제공자, 교육자, 학부모가 함께 교류하고 소통하는 전시회로, 화제성 높은 행사들이 동시에 진행된다. 초등학교 방과 후 강사 경진대회, 어린이 크리에이터 대회, 스포츠 스태킹 대회 등이 동시에 개최되어 초등학생뿐만 아니라 교사, 강사, 학부모들에게도 유익한 시간이 될 것으로 보인다. 또한 박람회에 관련된 업체들의 전시도 이루어질 예정이다.

행사안내

1. 행 사 명 : 2026 초등교육박람회(www.children-expo.co.kr)
2. 행사일정 : 2026년 8월 13일(목) ~ 8월 16일(일)
3. 행사장소 : 강남구 테헤란로, 코엑스(COEX)
4. 입장시간 : 오전 10시부터 오후 6시까지

기타사항
- 매일 선착순 1000명의 아이들에게 경품을 증정합니다. 참여 업체 부스를 방문하여 미션을 완료하면 미션 성공 도장을 찍어줍니다.
- 행사 진행에 관한 자세한 사항은 교육 박람회 사무국으로 문의바랍니다.

2026. 07. 24.

초등교육 박람회 사무국

《조건》
• 문서는 A4(210mm×297mm) 크기, 세로 용지 방향으로 작성한다.
• 페이지 여백은 아래와 같이 설정한다.

왼쪽	오른쪽	위쪽	아래쪽	머리말	꼬리말	제본
20mm	20mm	20mm	20mm	10mm	10mm	0mm

• 아래와 같이 "자동 글머리 기호 넣기"와 "자동 번호 매기기" 기능을 해제한다.

도구 → 빠른 교정 → 빠른 교정 내용 → 입력 자동 서식 ⇒ 자동 글머리 기호 넣기(해제)
자동 번호 매기기(해제)

※ 만약 입력자동서식 메뉴가 없는 경우에는, "자동 글머리 기호 넣기"와 "자동 번호 매기기" 기능이 설정되어 있지 않은 것이므로 별도의 기능 해제 없이 그대로 시험에 응시하시면 됩니다.

• 글자는 별도의 지시사항이 없는 한 바탕, 10pt, 양쪽정렬, 줄 간격 160%로 작성한다.
• 영문, 숫자 등은 별도의 지시가 없는 한 반각(1byte) 문자를 사용한다.
• 특수문자는 문자표(전각 기호)를 이용하여 작성한다.
• 교정부호 및 화살표로 기재된 지시사항대로 처리하되, ┈┈┈→ 은 지시사항이므로 작성하지 않는다.
• 1페이지에 [문제1]을 작성하고, 구역을 나누어 2페이지에 [문제2]를 작성한다.

실습파일 : 01-02(문제).hwpx
완성파일 : 01-02(완성).hwpx

《출력형태》

고성공룡박물관에서는 공룡박물관을 찾는 가족 단위 관람객들을 대상으로 공룡 모양 쿠키 만들기 체험 프로그램을 운영합니다. 밀가루를 이용해 반죽하고 공룡 모양 쿠키 틀을 이용해 아이들이 좋아하는 공룡으로 만들어볼 수 있습니다. 그동안 고성공룡박물관에서는 공룡 모양 비누, 공룡 모양 피자 만들기 등 다양한 체험 프로그램을 운영해 왔습니다. 고성공룡박물관에서 진행하는 체험 프로그램은 아이들에게 공룡에 대해 이해하고 흥미를 줄 수 있는 기회가 될 것입니다.

체험 행사 안내

1. 프로그램 : 공룡 모양 쿠키 만들기 체험 프로그램
2. 운영기간 : 주중 매일, 주말 또는 공휴일은 11:00, 14:00, 16:00
3. 소요시간 및 비용 : 40분 내외, 참가비 10,000원
4. 운영내용 : 쿠키 반죽을 이용하여 공룡 모양 쿠키 만들기

기타사항
- 1회 체험 시 좌석이 부족하여 선착순으로 운영됩니다. 1회 프로그램 운영 시 10팀으로 구성됩니다.
- 공룡 모양 쿠키 만들기 프로그램에 관한 자세한 사항은 홈페이지(https://museum.goseong.go.kr)에서 확인할 수 있습니다.

2026. 09. 07.

고성공룡박물관장

《조건》
- 문서는 A4(210mm×297mm) 크기, 세로 용지 방향으로 작성한다.
- 페이지 여백은 아래와 같이 설정한다.

왼쪽	오른쪽	위쪽	아래쪽	머리말	꼬리말	제본
20mm	20mm	20mm	20mm	10mm	10mm	0mm

- 아래와 같이 "자동 글머리 기호 넣기"와 "자동 번호 매기기" 기능을 해제한다.

도구 → 빠른 교정 → 빠른 교정 내용 → 입력 자동 서식 ⇒ 자동 글머리 기호 넣기(해제)
자동 번호 매기기(해제)

※ 만약 입력자동서식 메뉴가 없는 경우에는, "자동 글머리 기호 넣기"와 "자동 번호 매기기" 기능이 설정되어 있지 않은 것이므로 별도의 기능 해제 없이 그대로 시험에 응시하시면 됩니다.

- 글자는 별도의 지시사항이 없는 한 바탕, 10pt, 양쪽정렬, 줄 간격 160%로 작성한다.
- 영문, 숫자 등은 별도의 지시가 없는 한 반각(1byte) 문자를 사용한다.
- 특수문자는 문자표(전각 기호)를 이용하여 작성한다.
- 교정부호 및 화살표로 기재된 지시사항대로 처리하되, ⌐------⌐⟶ 은 지시사항이므로 작성하지 않는다.
- 1페이지에 [문제1]을 작성하고, 구역을 나누어 2페이지에 [문제2]를 작성한다.

《출력형태》

1990년대에 초등학교를 다닌 아이들에게 학교 앞 문방구는 신세계와 같았습니다. 지금은 문구점이라는 단어가 자주 쓰이지만 그때는 '문방구'라는 이름이 더 익숙했었죠. 준비물은 문방구에 가면 바로 구입이 가능했고, 준비물이 무엇인지 몰라도 주인 아저씨께 학년, 반만 대면 마법사처럼 준비물을 탁 내 주셨었습니다. 학교가 끝난 후 친구와 함께 사 먹는 컵떡볶이는 300원으로 누릴 수 있는 최고의 호사였답니다. 오늘은 추억의 문방구를 주제로한 공모전을 개최하고자 하니 많은 참여 바랍니다.

공모전 안내

1. 공모전명 : 추억은 방울방울, 학교 앞 문방구에 대한 기억
2. 공모분야 : 시, 소설, 수필, 시화, 포스터 등 분야 제한 없음
3. 모집일정 : 01월 26일(월), 오전 9시 ~ 02월 6일(금), 오후 6시
4. 제출방식 : 이메일(mbgthink126@naver.com)로 전송

기타사항
- 제출된 작품은 반환되지 않으며, 수상작을 제외한 작품들은 일정 기간 종료 후 자동 폐기됨을 알려드립니다.
- 보다 자세한 사항은 홈페이지 공지사항을 확인하고, 궁금하신 점은 묻고 답하기를 이용해주세요.

2026. 01. 15.

추억연구소소장

《조건》
- 문서는 A4(210mm×297mm) 크기, 세로 용지 방향으로 작성한다.
- 페이지 여백은 아래와 같이 설정한다.

왼쪽	오른쪽	위쪽	아래쪽	머리말	꼬리말	제본
20mm	20mm	20mm	20mm	10mm	10mm	0mm

- 아래와 같이 "자동 글머리 기호 넣기"와 "자동 번호 매기기" 기능을 해제한다.

도구 → 빠른 교정 → 빠른 교정 내용 → 입력 자동 서식 ⇒	자동 글머리 기호 넣기(해제) 자동 번호 매기기(해제)

  ※ 만약 입력자동서식 메뉴가 없는 경우에는, "자동 글머리 기호 넣기"와 "자동 번호 매기기" 기능이 설정되어 있지 않은 것이므로 별도의 기능 해제 없이 그대로 시험에 응시하시면 됩니다.

- 글자는 별도의 지시사항이 없는 한 바탕, 10pt, 양쪽정렬, 줄 간격 160%로 작성한다.
- 영문, 숫자 등은 별도의 지시가 없는 한 반각(1byte) 문자를 사용한다.
- 특수문자는 문자표(전각 기호)를 이용하여 작성한다.
- 교정부호 및 화살표로 기재된 지시사항대로 처리하되, [ ]⟶ 은 지시사항이므로 작성하지 않는다.
- 1페이지에 [문제1]을 작성하고, 구역을 나누어 2페이지에 [문제2]를 작성한다.

《출력형태》

늦은 밤이나 주말, 휴일에 아이가 갑자기 열이 나거나 아플 때 문을 여는 소아과가 없는 경우가 많아 당황하기 쉽습니다. 대부분의 부모들은 대학병원이나 종합병원의 응급실을 찾게 되는데, 응급실은 환자의 응급 정도에 따라 진료를 하기 때문에 더 위중한 환자가 있으면 대기 시간이 오래 걸리고, 비싼 진료비를 부담해야 하는 불편을 겪게 됩니다. 달빛어린이병원은 2014년 9월부터 보건복지부가 공모를 통해 선정, 운영하고 있는 어린이 진료 센터로, 365일 주말, 야간 진료가 가능합니다.

안내사항

1. 운영기관 : 보건복지부 중앙응급의료센터
2. 이용가능시간 : 평일 야간 23~24시, 휴일 최소 18시
3. 운영목적 : 소아 경증환자를 치료해 응급실 과밀화 해소 목적
4. 이용가능연령 : 만 18세 이하

기타사항
- 각 지역별 달빛어린이병원의 위치는 보건복지부 홈페이지(www.mohw.go.kr)에서 확인 가능합니다.
- 달빛어린이병원은 현재 전국 22곳에 있으며, 향후 소아진료기관의 적극적인 참여가 있다면 전국적으로 확대하고 개수를 더 늘릴 예정입니다.

2026. 07. 24.

달빛어린이병원 누리집

《조건》
- 문서는 A4(210mm×297mm) 크기, 세로 용지 방향으로 작성한다.
- 페이지 여백은 아래와 같이 설정한다.

왼쪽	오른쪽	위쪽	아래쪽	머리말	꼬리말	제본
20mm	20mm	20mm	20mm	10mm	10mm	0mm

- 아래와 같이 "자동 글머리 기호 넣기"와 "자동 번호 매기기" 기능을 해제한다.

도구 → 빠른 교정 → 빠른 교정 내용 → 입력 자동 서식 ⇒ 자동 글머리 기호 넣기(해제)
자동 번호 매기기(해제)

※ 만약 입력자동서식 메뉴가 없는 경우에는, "자동 글머리 기호 넣기"와 "자동 번호 매기기" 기능이 설정되어 있지 않은 것이므로 별도의 기능 해제 없이 그대로 시험에 응시하시면 됩니다.

- 글자는 별도의 지시사항이 없는 한 바탕, 10pt, 양쪽정렬, 줄 간격 160%로 작성한다.
- 영문, 숫자 등은 별도의 지시가 없는 한 반각(1byte) 문자를 사용한다.
- 특수문자는 문자표(전각 기호)를 이용하여 작성한다.
- 교정부호 및 화살표로 기재된 지시사항대로 처리하되, ┈┈┈┈┈→ 은 지시사항이므로 작성하지 않는다.
- 1페이지에 [문제1]을 작성하고, 구역을 나누어 2페이지에 [문제2]를 작성한다.

《출력형태》

올해 다섯 번째로 개최되는 고성공룡엑스포는 "사라진 공룡, 그들의 귀환"이라는 주제로 초등학교 교과서에 수록된 공룡, 지층과 화석, 식물 등의 내용을 최첨단 디지털 기술인 증강현실과 가상현실, 최신 디스플레이 기술을 통해 다양한 볼거리가 제공될 것입니다. 특히, 공룡엑스포의 주전시관인 다이노토피아관에는 XR라이브파크, 사파리영상관, 4D영상관 등에서 '사라진 공룡, 그들의 귀환'에 걸맞게 사라진 공룡들을 부활시켜 살아있는 듯 생생한 공룡들을 만나보실 수 있습니다.

행사안내

1. 행사명 : 제5회 고성공룡엑스포
2. 주　　제 : 사라진 공룡, 그들의 귀환
3. 기　　간 : 4월 첫 주부터 2개월간(매주 금요일과 토요일은 야간 개장(22:00까지)
4. 예　　매 : 교육기관의 단체 입장권 예매는 누리집(http://www.ihd.or.kr)에서 신청

기타사항
- 공룡스튜디오에서 체험자가 손이나 얼굴을 흔들면 공룡들이 다양하게 반응해 흥미로운 경험을 할 수 있으며 가족, 친구들과 함께 공룡사진을 찍어 실시간 모바일 사진 전송이 가능합니다.
- 공룡화석탐험대는 고품질의 그래픽으로 제작된 교육용 증강현실 콘텐츠로 학습할 수 있습니다.

2026. 12. 01.

고성공룡엑스포조직위원회

《조건》
• 문서는 A4(210mm×297mm) 크기, 세로 용지 방향으로 작성한다.
• 페이지 여백은 아래와 같이 설정한다.

왼쪽	오른쪽	위쪽	아래쪽	머리말	꼬리말	제본
20mm	20mm	20mm	20mm	10mm	10mm	0mm

• 아래와 같이 "자동 글머리 기호 넣기"와 "자동 번호 매기기" 기능을 해제한다.

도구 → 빠른 교정 → 빠른 교정 내용 → 입력 자동 서식 ⇒	자동 글머리 기호 넣기(해제) 자동 번호 매기기(해제)

※ 만약 입력자동서식 메뉴가 없는 경우에는, "자동 글머리 기호 넣기"와 "자동 번호 매기기" 기능이 설정되어 있지 않은 것이므로 별도의 기능 해제 없이 그대로 시험에 응시하시면 됩니다.

• 글자는 별도의 지시사항이 없는 한 바탕, 10pt, 양쪽정렬, 줄 간격 160%로 작성한다.
• 영문, 숫자 등은 별도의 지시가 없는 한 반각(1byte) 문자를 사용한다.
• 특수문자는 문자표(전각 기호)를 이용하여 작성한다.
• 교정부호 및 화살표로 기재된 지시사항대로 처리하되, ⌐------┘━━━▶ 은 지시사항이므로 작성하지 않는다.
• 1페이지에 [문제1]을 작성하고, 구역을 나누어 2페이지에 [문제2]를 작성한다.

아래의 조건 및 출력형태를 고려해 문서를 작성하시오.

실습파일 : 01-06(문제).hwpx
완성파일 : 01-06(완성).hwpx

《출력형태》

컴퓨터과학에서 비롯된 인공지능과 빅데이터는 공학, 과학, 사회과학, 예술, 교육, 경영, 경제, 의학, 법학 등의 모든 분야에 적용이 가능한 보편적 학문의 성격을 띠고 있습니다. 또한 영화에서나 등장하던 로봇, 자율주행, 유전자 신기술은 컴퓨터과학을 통해 현실로 다가오고 있습니다. 컴퓨터과학경시대회는 컴퓨팅사고력, 프로그래밍, 알고리즘을 개별적으로 평가하던 기존의 방식과 달리 컴퓨터과학에 대한 개념과 지식을 바탕으로 컴퓨팅사고력과 프로그래밍 능력을 종합적으로 평가하는 대회입니다.

대회안내

1. 대 회 명 : 컴퓨터과학경시대회
2. 참가자격 : 컴퓨터과학에 관심 있는 만 7세 ~ 18세의 대한민국 거주 청소년
3. 경기부문 : 참가 연령에 따라 초등부, 중등부, 고등부로 구분
4. 자세한 내용은 누리집(http://www.ihd.or.kr) 공지사항을 참고하시기 바랍니다.

기타사항
- 공통 응시과목은 컴퓨터과학에 대한 기초지식 및 중요개념을 묻는 문제가 출제됩니다.
- 이론부문 응시과목 컴퓨팅사고력(지필) 문제를 풀기 위해서는 수학적 사고력과 언어능력을 필요로 하며, 컴퓨팅사고력의 하위요소인 추상화, 분할, 자동화, 알고리즘 등의 능력도 함께 평가됩니다.

2026. 02. 27.

국립소프트웨어영재교육원

《조건》
• 문서는 A4(210mm×297mm) 크기, 세로 용지 방향으로 작성한다.
• 페이지 여백은 아래와 같이 설정한다.

왼쪽	오른쪽	위쪽	아래쪽	머리말	꼬리말	제본
20mm	20mm	20mm	20mm	10mm	10mm	0mm

• 아래와 같이 "자동 글머리 기호 넣기"와 "자동 번호 매기기" 기능을 해제한다.

도구 → 빠른 교정 → 빠른 교정 내용 → 입력 자동 서식 ⇒ 자동 글머리 기호 넣기(해제)
자동 번호 매기기(해제)

※ 만약 입력자동서식 메뉴가 없는 경우에는, "자동 글머리 기호 넣기"와 "자동 번호 매기기" 기능이 설정되어 있지 않은 것이므로 별도의 기능 해제 없이 그대로 시험에 응시하시면 됩니다.

• 글자는 별도의 지시사항이 없는 한 바탕, 10pt, 양쪽정렬, 줄 간격 160%로 작성한다.
• 영문, 숫자 등은 별도의 지시가 없는 한 반각(1byte) 문자를 사용한다.
• 특수문자는 문자표(전각 기호)를 이용하여 작성한다.
• 교정부호 및 화살표로 기재된 지시사항대로 처리하되, ⌐⎯⎯⎯▶ 은 지시사항이므로 작성하지 않는다.
• 1페이지에 [문제1]을 작성하고, 구역을 나누어 2페이지에 [문제2]를 작성한다.

[문제 1]
문단 첫 글자 장식 및 문서 편집

❋ 실습파일 : 02차시(문제).hwpx ❋ 완성파일 : 02차시(완성).hwpx

《출력형태》

> 문단 첫 글자 장식 – 모양 : 2줄, 궁서체
> 면 색 : 색상(RGB:255,255,0), 본문과의 간격 : 3.0mm

고인돌은 먼 옛날 청동기 시대에 경제력이 있거나 권력을 가진 지배 계층의 무덤으로 사용되었습니다. 그 특색 있는 모습과 거대한 크기로 인해 보는 사람에게 신비로운 감정을 자아내는 유적이기도 합니다. 전 세계 고인돌의 40퍼센트 이상이 우리나라에 존재하며, 특히 **<u>강화도는 한국을 대표하는 고인돌 유적</u>**으로 오랜 시간 동안 많은 관심과 사랑을 받아왔습니다. 유서 깊은 강화 고인돌 축제에 방문하면 고인돌과 함께 강화도만의 전통 풍습과 문화를 체험할 수 있는 소중한 기회를 제공합니다.

> 진하게, 밑줄

문자표 ▶ **▶ 축제안내 ◀**

> 궁서, 가운데 정렬

1. 축 제 명 : 강화 고인돌 축제
2. 일   시 : 2026. 3. 6. (토) ~ 2026. 3. 18. (목) (13일간)
3. 장   소 : 인천광역시 강화군 강화고인돌유적 일대
4. 참여방법 : *강화고인돌축제 홈페이지(http://www.ihd.or.kr)* ← 진하게, 기울임

> 문자표

※ 기타사항
 － 참가 신청은 현장 접수로 가능하며, 단체 관람은 강화고인돌축제 홈페이지에서 신청 가능합니다.
 － 고인돌 만들기 체험과 전통 민속놀이 체험은 일자별로 조기 마감될 수 있으며 기타 자세한 사항은 운영지원팀 대표번호(032-123-4567)로 문의하시기 바랍니다.

> 왼쪽여백 : 15pt
> 내어쓰기 : 12pt

2026. 02. 27. ← 13pt, 가운데 정렬

강화고인돌축제 운영지원팀

> 돋움, 24pt, 가운데 정렬

작업 과정 미리보기

문단 첫 글자 장식 ▶ 문자표 입력 ▶ 글꼴 서식 지정 ▶ 문단 모양 설정

Check 01 문단 첫 글자 장식 : 첫 문단의 첫 번째 글자를 장식해요!

고인돌은 먼 옛날 청동기 시대에 경제력이 그 특색 있는 모습과 거대한 크기로 인해 전 세계 고인돌의 40퍼센트 이상이 우리나

▶

고인돌은 먼 옛날 청동기 시대에 경제 니다. 그 특색 있는 모습과 거대한 이기도 합니다. 전 세계 고인돌의 40퍼센트

Check 02 문자표 : 특정 단어 앞 또는 뒤를 한 칸 띄고 문자표를 입력해요!

축제안내

  1. 축 제 명 : 강화 고인돌 축제

▶ 축제안내 ◀

  1. 축 제 명 : 강화 고인돌 축제

기타사항
 - 참가 신청은 현장 접수로 가능하며,
 - 고인돌 만들기 체험과 전통 민속놀이

※ 기타사항
 - 참가 신청은 현장 접수로 가능하며,
 - 고인돌 만들기 체험과 전통 민속놀이

Check 03 글꼴 서식 : 제시된 조건에 맞추어 문장에 글꼴 서식을 지정해요!

강화도는 한국을 대표하는 고인돌 유적

▶

강화도는 한국을 대표하는 고인돌 유적

진하게, 밑줄

▶ 축제안내 ◀

▶ 축제안내 ◀

궁서, 가운데 정렬

강화고인돌축제 홈페이지(http://www.ihd.or.kr)

▶

강화고인돌축제 홈페이지(http://www.ihd.or.kr)

진하게, 기울임, 하이퍼링크 제거

Check 04 문단 모양 : 문단의 왼쪽 여백과 내어쓰기를 지정해요!

※ 기타사항
 - 참가 신청은 현장 접수로 가능하며, 단처
 - 고인돌 만들기 체험과 전통 민속놀이 체

※ 기타사항
  - 참가 신청은 현장 접수로 가능하며,
  - 고인돌 만들기 체험과 전통 민속놀이

왼쪽 여백, 내어쓰기

STEP 01 문단 첫 글자 장식하기

- 문단 첫 글자 장식 – 모양 : 2줄, 궁서체, 면 색 : 색상(RGB:255,225,0), 본문과의 간격 : 3.0mm

1 한글 2022 프로그램을 실행한 후 [02차시] 폴더에서 **02차시 문제.hwpx** 파일을 불러옵니다.

 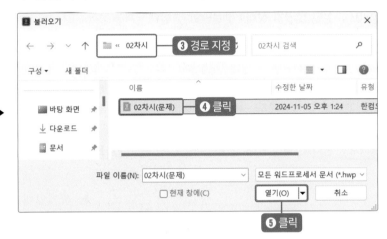

2 내용이 입력된 첫 번째 줄에 커서를 위치시킨 후 [서식]–[문단 첫 글자 장식] 메뉴를 클릭합니다.

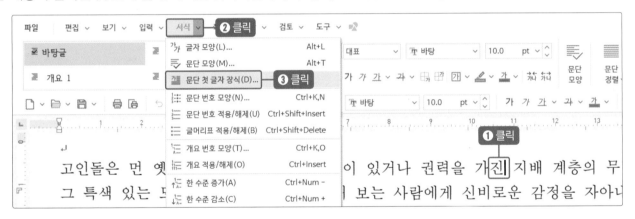

3 모양(2줄), 글꼴(궁서체), 면 색(RGB : 255, 255, 0), 본문과의 간격 3.0mm를 지정합니다.

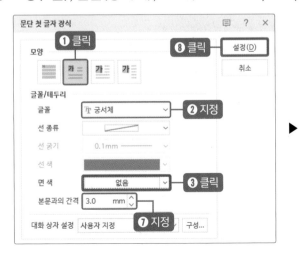 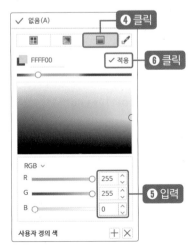

DIAT 꿀팁

문단 첫 글자 장식은 입력된 문단의 처음 글자를 꾸밀 수 있는 기능으로, 2025년부터 변경되는 DIAT 워드프로세서 시험에서 새롭게 추가된 평가 기준입니다. 글꼴의 크기는 채점 기준이 아니므로 따로 설정하지 않습니다.

 문자표 입력하기

- 특수문자는 문자표(전각 기호)를 이용하여 작성한다.

1 문자표를 입력하기 위해 '축제안내' 앞에 커서를 놓고 [입력] 탭에서 [문자표]-**[문자표]**를 클릭합니다.

➕ Ctrl + F10을 눌러 문자표를 입력하는 방법도 있어요.

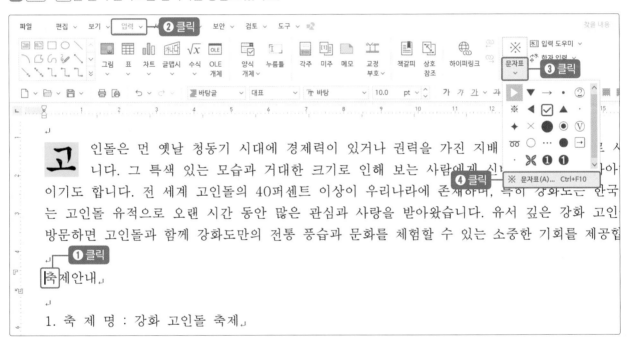

2 [한글(HNC) 문자표]-**[전각 기호(일반)]**을 선택하고 문제지와 동일한 문자표를 추가합니다.

3 문자표가 입력된 것을 확인한 후 아래와 같이 나머지 작업을 진행합니다.

➕ Space Bar 를 눌러 문자와 글자 사이를 1칸 띄어주세요.

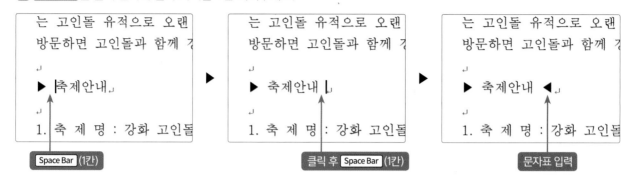

💠 **DIAT 꿀팁**

DIAT 워드프로세서 시험에서 문자표는 [한글(HNC) 문자표]-[전각 기호(일반)] 목록 안에서만 출제되고 있습니다.

4 똑같은 방법으로 '기타사항' 앞쪽에 문자표를 추가합니다.

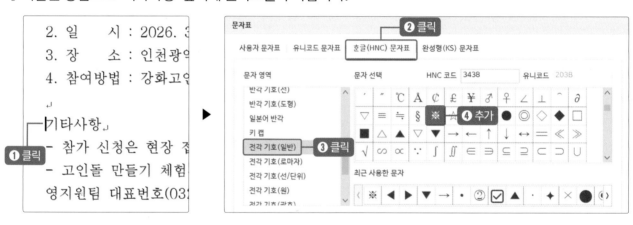

5 문자표 삽입이 완료되면 Space Bar 를 눌러 한 칸을 띄웁니다.

1. 축 제 명 : 강화 고인돌 축제↵
2. 일   시 : 2026. 3. 6. (토) ~ 2026. 3. 18. (목) (13일간)↵
3. 장   소 : 인천광역시 강화군 강화고인돌유적 일대↵
4. 참여방법 : 강화고인돌축제 홈페이지(http://www.ihd.or.kr)↵

[Space Bar (1칸)]

※ 기타사항↵
- 참가 신청은 현장 접수로 가능하며, 단체 관람은 강화고인돌축제 홈페이지에서 신청 가┊
- 고인돌 만들기 체험과 전통 민속놀이 체험은 일자별로 조기 마감될 수 있으며 기타 자세┊
영지원팀 대표번호(032-123-4567)로 문의하시기 바랍니다.↵

03 글꼴 서식 지정하기

- 진하게, 밑줄
- 13pt, 가운데 정렬
- 궁서, 가운데 정렬
- 돋움, 24pt, 가운데 정렬
- 진하게, 기울임

1 아래 그림을 참고하여 내용을 블록으로 지정한 다음 글꼴 서식(**진하게, 밑줄**)을 설정합니다.

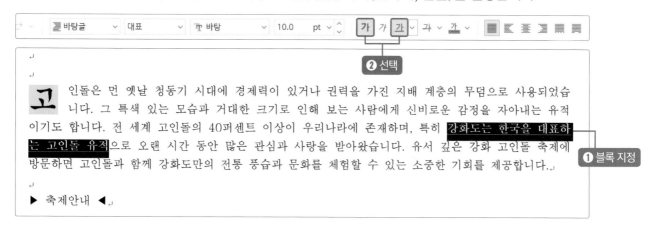

블록 지정 시 유의해요

글꼴 서식을 변경하기 위해 텍스트를 블록으로 지정할 때는 문장의 앞 또는 뒤쪽 공백이 선택되지 않도록 정확하게 드래그합니다.

2 똑같은 방법으로 아래와 같이 글꼴 서식을 변경합니다.

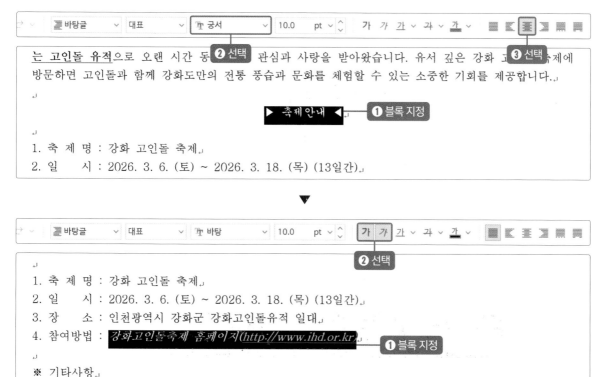

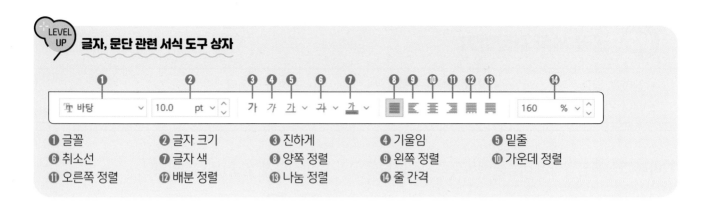

❶ 글꼴　　❷ 글자 크기　　❸ 진하게　　❹ 기울임　　❺ 밑줄
❻ 취소선　　❼ 글자 색　　❽ 양쪽 정렬　　❾ 왼쪽 정렬　　❿ 가운데 정렬
⓫ 오른쪽 정렬　　⓬ 배분 정렬　　⓭ 나눔 정렬　　⓮ 줄 간격

3 웹사이트 주소 위에서 마우스 오른쪽 버튼을 눌러 [하이퍼링크 지우기]를 클릭합니다.

➕ 지시사항에는 없지만 문제지와 동일하게 맞추기 위해 하이퍼링크를 지워요.

4 날짜와 단체명의 글꼴 서식을 변경합니다.

STEP 04 문단 모양 설정하기

• 왼쪽여백 : 15pt   • 내어쓰기 : 12pt

1 기타사항 아래 항목을 드래그하여 블록으로 지정한 후 [편집] 탭에서 [문단 모양]을 클릭합니다.

➕ 마우스 오른쪽 버튼을 눌러 [문단 모양]을 선택하거나, [Alt]+[T]를 누르는 방법도 있어요.

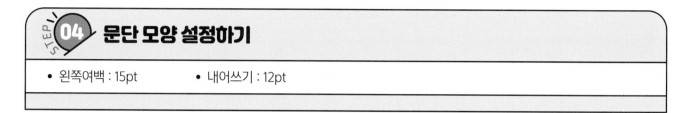

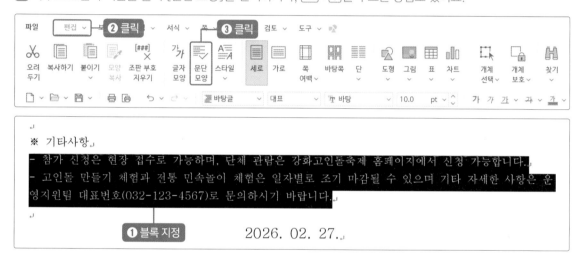

2 '여백' 항목의 **왼쪽**(15pt)과 '첫 줄' 항목의 **내어쓰기**(12pt)에 값을 입력한 후 <설정>을 클릭합니다.

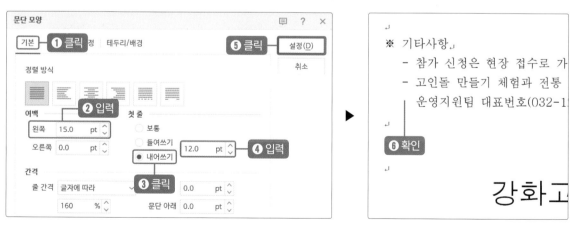

3 작업이 완료되면 [저장(💾)]을 클릭하거나 [Alt]+[S]를 눌러 **답안 파일**을 저장합니다.

➕ 시험이 진행되는 40분 동안 수시로 저장하여 작업 내용이 누락되지 않도록 해요.

01 아래의 조건 및 출력형태를 고려해 문서를 작성하시오.

실습파일 : 02-01(문제).hwpx
완성파일 : 02-01(완성).hwpx

《출력형태》

문단 첫 글자 장식 – 모양 : 2줄, 궁서
면 색 : 색상(RGB:255, 255, 0), 본문과의 간격 : 3.0mm

국 내 유일의 초등교육 전문 박람회인 초등교육박람회가 올해도 변함없이 열린다. 초등교육박람회는 초등교육 콘텐츠 제공자, 교육자, 학부모가 함께 교류하고 소통하는 전시회로, 화제성 높은 행사들이 동시에 진행된다. 초등학교 방과 후 강사 경진대회, 어린이 크리에이터 대회, 스포츠 스태킹 대회 등이 동시에 개최되어 **초등학생뿐만 아니라 교사, 강사, 학부모들에게도 유익한 시간**이 될 것으로 보인다. 또한 박람회에 관련된 업체들의 전시도 이루어질 예정이다.

진하게, 밑줄

문자표 → ★ 행사안내 ★

돋움, 가운데 정렬

1. 행 사 명 : 2026 초등교육박람회(www.children-expo.co.kr)
2. 행사일정 : 2026년 8월 13일(목) ~ 8월 16일(일)
3. 행사장소 : 강남구 테헤란로, 코엑스(COEX)
4. 입장시간 : *오전 10시부터 오후 6시까지* ← 기울임, 밑줄

문자표

※ 기타사항
   ― 매일 선착순 1000명의 아이들에게 경품을 증정합니다. 참여 업체 부스를 방문하여 미션을 완료하면 미션 성공 도장을 찍어줍니다.
   ― 행사 진행에 관한 자세한 사항은 교육 박람회 사무국으로 문의바랍니다.

왼쪽여백 : 10pt
내어쓰기 : 13pt

2026. 07. 24. ← 13pt, 가운데 정렬

초등교육 박람회 사무국 ← 돋움체, 22pt, 가운데 정렬

실습파일 : 02-02(문제).hwpx
완성파일 : 02-02(완성).hwpx

《출력형태》

문단 첫 글자 장식 – 모양 : 2줄, 돋움
면 색 : 색상(RGB:255, 132, 58), 본문과의 간격 : 3.0mm

진하게, 기울임

고성공룡박물관에서는 공룡박물관을 찾는 가족 단위 관람객들을 대상으로 *공룡 모양 쿠키 만들기* 체험 프로그램을 운영합니다. 밀가루를 이용해 반죽하고 공룡 모양 쿠키 틀을 이용해 아이들이 좋아하는 공룡으로 만들어볼 수 있습니다. 그동안 고성공룡박물관에서는 공룡 모양 비누, 공룡 모양 피자 만들기 등 다양한 체험 프로그램을 운영해 왔습니다. 고성공룡박물관에서 진행하는 체험 프로그램은 아이들에게 공룡에 대해 이해하고 흥미를 줄 수 있는 기회가 될 것입니다.

문자표 ◆ 체험 행사 안내 ◆

굴림, 가운데 정렬

1. 프로그램 : 공룡 모양 쿠키 만들기 체험 프로그램
2. 운영기간 : *주중 매일, 주말 또는 공휴일은 11:00, 14:00, 16:00* ← 진하게, 기울임
3. 소요시간 및 비용 : 40분 내외, 참가비 10,000원
4. 운영내용 : 쿠키 반죽을 이용하여 공룡 모양 쿠키 만들기

문자표
※ 기타사항

왼쪽여백 : 10pt
내어쓰기 : 12pt

- 1회 체험 시 좌석이 부족하여 선착순으로 운영됩니다. 1회 프로그램 운영 시 10팀으로 구성됩니다.
- 공룡 모양 쿠키 만들기 프로그램에 관한 자세한 사항은 홈페이지(https://museum.goseong.go.kr)에서 확인할 수 있습니다.

2026. 09. 07. ← 12pt, 가운데 정렬

고성공룡박물관장 ← 궁서, 24pt, 가운데 정렬

《출력형태》

문단 첫 글자 장식 – 모양 : 2줄, 궁서
면 색 : 색상(RGB:223, 230, 247), 본문과의 간격 : 3.0mm

1990년대에 초등학교를 다닌 아이들에게 학교 앞 문방구는 신세계와 같았습니다. 지금은 문구섬이라는 단어가 자주 쓰이지만 그때는 '문방구'라는 이름이 더 익숙했었죠. 준비물은 문방구에 가면 바로 구입이 가능했고, 준비물이 무엇인지 몰라도 주인 아저씨께 학년, 반만 대면 마법사처럼 준비물을 탁 내 주셨었습니다. 학교가 끝난 후 친구와 함께 사 먹는 _컵떡볶이는 300원으로 누릴 수 있는 최고의 호사_였답니다. 오늘은 추억의 문방구를 주제로한 공모전을 개최하고자 하니 많은 참여 바랍니다.

기울임, 밑줄

문자표 → ♬ 공모전 안내 ♬

궁서체, 가운데 정렬

1. 공모전명 : 추억은 방울방울, 학교 앞 문방구에 대한 기억
2. 공모분야 : 시, 소설, 수필, 시화, 포스터 등 분야 제한 없음
3. 모집일정 : _01월 26일(월), 오전 9시 ~ 02월 6일(금), 오후 6시_ ← 진하게, 기울임
4. 제출방식 : 이메일(mbgthink126@naver.com)로 전송

문자표

※ 기타사항
 - 제출된 작품은 반환되지 않으며, 수상작을 제외한 작품들은 일정 기간 종료 후 자동 폐기됨을 알려
 드립니다.
 - 보다 자세한 사항은 홈페이지 공지사항을 확인하고, 궁금하신 점은 묻고 답하기를 이용해주세요.

왼쪽여백 : 10pt

2026. 01. 15. ← 14pt, 가운데 정렬

추억연구소소장 ← 중고딕, 25pt, 가운데 정렬

《출력형태》

문단 첫 글자 장식 – 모양 : 2줄, 바탕체
면 색 : 색상(RGB:244, 229, 178), 본문과의 간격 : 3.0mm

늦은 밤이나 주말, 휴일에 아이가 갑자기 열이 나거나 아플 때 문을 여는 소아과가 없는 경우가 많아 당황하기 쉽습니다. 대부분의 부모들은 대학병원이나 종합병원의 응급실을 찾게 되는데, 응급실은 환자의 응급 정도에 따라 진료를 하기 때문에 더 위중한 환자가 있으면 대기 시간이 오래 걸리고, 비싼 진료비를 부담해야 하는 불편을 겪게 됩니다. 달빛어린이병원은 2014년 9월부터 보건복지부가 공모를 통해 선정, 운영하고 있는 어린이 진료 센터로, 365일 주말, *야간 진료가 가능*합니다.

진하게, 기울임

문자표 → ♥ 안내사항 ♥

중고딕, 가운데 정렬

1. 운영기관 : 보건복지부 중앙응급의료센터
2. 이용가능시간 : *평일 야간 23~24시, 휴일 최소 18시*   기울임, 밑줄
3. 운영목적 : 소아 경증환자를 치료해 응급실 과밀화 해소 목적
4. 이용가능연령 : 만 18세 이하

문자표
※ 기타사항
- 각 지역별 달빛어린이병원의 위치는 보건복지부 홈페이지(www.mohw.go.kr)에서 확인 가능합니다.
- 달빛어린이병원은 현재 전국 22곳에 있으며, 향후 소아진료기관의 적극적인 참여가 있다면 전국적으로 확대하고 개수를 더 늘릴 예정입니다.

2026. 07. 24.   12pt, 가운데 정렬

왼쪽여백 : 10pt
내어쓰기 : 10pt

달빛어린이병원 누리집   함초롬돋움, 23pt, 가운데 정렬

《출력형태》

문단 첫 글자 장식 – 모양 : 2줄, 굴림
면 색 : 색상(RGB:58, 250, 250), 본문과의 간격 : 3.0mm

기울임, 밑줄

올 해 다섯 번째로 개최되는 고성공룡엑스포는 "사라진 공룡, 그들의 귀환"이라는 주제로 초등학교 교과서에 수록된 공룡, 지층과 화석, 식물 등의 내용을 *최첨단 디지털 기술인 증강현실과 가상현실, 최신 디스플레이 기술을 통해 다양한 볼거리가 제공될 것*입니다. 특히, 공룡엑스포의 주전시관인 다이노토피아관에는 XR라이브파크, 사파리영상관, 4D영상관 등에서 '사라진 공룡, 그들의 귀환'에 걸맞게 사라진 공룡들을 부활시켜 살아있는 듯 생생한 공룡들을 만나보실 수 있습니다.

문자표  ● 행사안내 ●

궁서, 가운데 정렬

1. 행사명 : 제5회 고성공룡엑스포
2. 주 제 : 사라진 공룡, 그들의 귀환
3. 기 간 : 4월 첫 주부터 2개월간(매주 금요일과 토요일은 야간 개장(22:00까지)
4. 예 매 : *교육기관의 단체 입장권 예매는 누리집(http://www.ihd.or.kr)에서 신청* ← 진하게, 기울임

문자표

♠ 기타사항
 - 공룡스튜디오에서 체험자가 손이나 얼굴을 흔들면 공룡들이 다양하게 반응해 흥미로운 경험을 할 수 있으며 가족, 친구들과 함께 공룡사진을 찍어 실시간 모바일 사진 전송이 가능합니다.
 - 공룡화석탐험대는 고품질의 그래픽으로 제작된 교육용 증강현실 콘텐츠로 학습할 수 있습니다.

왼쪽여백 : 15pt
내어쓰기 : 12pt

2026. 12. 01. ← 13pt, 가운데 정렬

고성공룡엑스포조직위원회 ← 견고딕, 20pt, 가운데 정렬

실습파일 : 02-06(문제).hwpx
완성파일 : 02-06(완성).hwpx

《출력형태》

> 문단 첫 글자 장식 – 모양 : 2줄, 바탕
> 면 색 : 색상(RGB:191, 191, 191), 본문과의 간격 : 3.0mm

진하게, 기울임

컴퓨터과학에서 비롯된 인공지능과 빅데이터는 공학, 과학, 사회과학, 예술, 교육, 경영, 경제, 의학, 법학 등의 모든 분야에 적용이 가능한 보편적 학문의 성격을 띠고 있습니다. 또한 *영화에서나 등장하던 로봇, 자율주행, 유전자 신기술은 컴퓨터과학을 통해 현실로* 다가오고 있습니다. 컴퓨터과학경시대회는 컴퓨팅사고력, 프로그래밍, 알고리즘을 개별적으로 평가하던 기존의 방식과 달리 컴퓨터과학에 대한 개념과 지식을 바탕으로 컴퓨팅사고력과 프로그래밍 능력을 종합적으로 평가하는 대회입니다.

문자표 → ◆ 대회안내 ◆

바탕체, 가운데 정렬

1. 대 회 명 : 컴퓨터과학경시대회
2. 참가자격 : <u>컴퓨터과학에 관심 있는 만 7세 ~ 18세의 대한민국 거주 청소년</u> ← 진하게, 밑줄
3. 경기부문 : 참가 연령에 따라 초등부, 중등부, 고등부로 구분
4. 자세한 내용은 누리집(http://www.ihd.or.kr) 공지사항을 참고하시기 바랍니다.

문자표

※ 기타사항
- 공통 응시과목은 컴퓨터과학에 대한 기초지식 및 중요개념을 묻는 문제가 출제됩니다.
- 이론부문 응시과목 컴퓨팅사고력(지필) 문제를 풀기 위해서는 수학적 사고력과 언어능력을 필요로 하며, 컴퓨팅사고력의 하위요소인 추상화, 분할, 자동화, 알고리즘 등의 능력도 함께 평가됩니다.

왼쪽여백 : 10pt
내어쓰기 : 12pt

2026. 02. 27. ← 11pt, 가운데 정렬

국립소프트웨어영재교육원 ← 궁서, 20pt, 가운데 정렬

❋ 실습파일 : 03차시(문제).hwpx　　❋ 완성파일 : 03차시(완성).hwpx

《출력형태》

> 글맵시 - 견고딕, 채우기 : 색상(RGB:199, 82, 82)
> 크기 : 너비(120mm), 높이(20mm),
> 위치 : 글자처럼 취급, 가운데 정렬

고인돌의세계로초대합니다!

고 인돌은 먼 옛날 청동기 시대에 경제력이 있거나 권력을 가진 지배 계층의 무덤으로 사용되었습니다. 그 특색 있는 모습과 거대한 크기로 인해 보는 사람에게 신비로운 감정을 자아내는 유적이기도 합니다. 전 세계 고인돌의 40퍼센트 이상이 우리나라에 존재하며, 특히 **강화도는 한국을 대표하는 고인돌 유적**으로 오랜 시간 동안 많은 관심과 사랑을 받아왔습니다. 유서 깊은 강화 고인돌 축제에 방문하면 고인돌과 함께 강화도만의 전통 풍습과 문화를 체험할 수 있는 소중한 기회를 제공합니다.

▶ 축제안내 ◀

1. 축 제 명 : 강화 고인돌 축제
2. 일　　시 : 2026. 3. 6. (토) ~ 2026. 3. 18. (목) (13일간)
3. 장　　소 : 인천광역시 강화군 강화고인돌유적 일대
4. 참여방법 : *강화고인돌축제 홈페이지(http://www.ihd.or.kr)*

※ 기타사항
　- 참가 신청은 현장 접수로 가능하며, 단체 관람은 강화고인돌축제 홈페이지에서 신청 가능합니다.
　- 고인돌 만들기 체험과 전통 민속놀이 체험은 일자별로 조기 마감될 수 있으며 기타 자세한 사항은
　　운영지원팀 대표번호(032-123-4567)로 문의하시기 바랍니다.

2026. 02. 27.

강화고인돌축제 운영지원팀

작업 과정 미리보기

글맵시 삽입 ▷ 크기 지정 ▷ 색상 변경 ▷ 가운데 정렬

Check 01 ⟨ 글맵시 : 출력형태와 조건을 참고해 글맵시를 편집해요!

고인돌의세계로초대합니다!

고인돌은 먼 옛날 청동기 시대에 경제력이 있거나 권력을 가진 지배 계층의 무덤으로 사용되었습니다. 그 특색 있는 모습과 거대한 크기로 인해 보는 사람에게 신비로운 감정을 자아내는 유적이기도 합니다. 전 세계 고인돌의 40퍼센트 이상이 우리나라에 존재하며, 특히 **강화도는 한국을 대표하는 고인돌 유적**으로 오랜 시간 동안 많은 관심과 사랑을 받아왔습니다. 유서 깊은 강화 고인돌 축제에 방문하면 고인돌과 함께 강화도만의 전통 풍습과 문화를 체험할 수 있는 소중한 기회를 제공합니다.

▼ **출력 형태와 모양 및 글꼴이 동일한 글맵시 삽입**

고인돌의세계로초대합니다!

고인돌은 먼 옛날 청동기 시대에 경제력이 있거나 권력을 가진 지배 계층의 무덤으로 사용되었습니다. 그 특색 있는 모습과 거대한 크기로 인해 보는 사람에게 신비로운 감정을 자아내는 유적이기도 합니다. 전 세계 고인돌의 40퍼센트 이상이 우리나라에 존재하며, 특히 **강화도는 한국을 대표하는 고인돌 유적**으로 오랜 시간 동안 많은 관심과 사랑을 받아왔습니다. 유서 깊은 강화 고인돌 축제에 방문하면 고인돌과 함께 강화도만의 전통 풍습과 문화를 체험할 수 있는 소중한 기회를 제공합니다.

▼ **글맵시 크기 변경 & 글자처럼 취급**

고인돌의세계로초대합니다!

고인돌은 먼 옛날 청동기 시대에 경제력이 있거나 권력을 가진 지배 계층의 무덤으로 사용되었습니다. 그 특색 있는 모습과 거대한 크기로 인해 보는 사람에게 신비로운 감정을 자아내는 유적이기도 합니다. 전 세계 고인돌의 40퍼센트 이상이 우리나라에 존재하며, 특히 **강화도는 한국을 대표하는 고인돌 유적**으로 오랜 시간 동안 많은 관심과 사랑을 받아왔습니다. 유서 깊은 강화 고인돌 축제에 방문하면 고인돌과 함께 강화도만의 전통 풍습과 문화를 체험할 수 있는 소중한 기회를 제공합니다.

글맵시 색상 변경 & 가운데 정렬

STEP 01 글맵시 만들기

- 글맵시 – 견고딕, 채우기 : 색상(RGB:199,82,82), 크기 : 너비(120mm), 높이(20mm),
  위치 : 글자처럼 취급, 가운데 정렬

1 한글 2022 프로그램을 실행한 후 [03차시] 폴더에서 **03차시 문제.hwpx** 파일을 불러옵니다.

 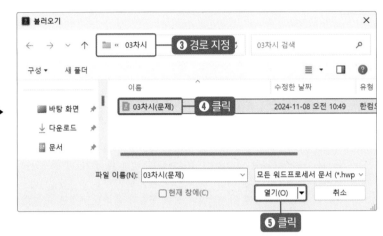

2 1페이지의 첫 번째 줄에 커서를 놓고 [입력] 탭에서 **[글맵시]**를 클릭합니다.

⊙ 글맵시가 입력될 자리와 본문 내용 사이의 1줄 공백을 유지하며 작업해요.

고 인돌은 먼 옛날 청동기 시대에 경제력이 있거나 권력을 가진 지배 계층의
니다. 그 특색 있는 모습과 거대한 크기로 인해 보는 사람에게 신비로운 긴
이기도 합니다. 전 세계 고인돌의 40퍼센트 이상이 우리나라에 존재하며, 특히 **강화**
는 고인돌 유적으로 오랜 시간 동안 많은 관심과 사랑을 받아왔습니다. 유서 깊은
방문하면 고인돌과 함께 강화도만의 전통 풍습과 문화를 체험할 수 있는 소중한 기

◈ **DIAT 꿀팁**
글맵시는 글자를 구부리거나 외곽선, 면 채우기, 그림자, 회전 등의 효과를 적용해 꾸미는 기능입니다. DIAT 워드프로세서
시험에서는 1페이지의 제목에 글맵시를 만드는 문제가 출제되고 있습니다.

3 필요한 내용을 입력한 다음 글꼴과 모양을 선택해 글맵시를 만들어줍니다.

💬 글맵시의 내용은 띄어쓰기 없이 입력해요.

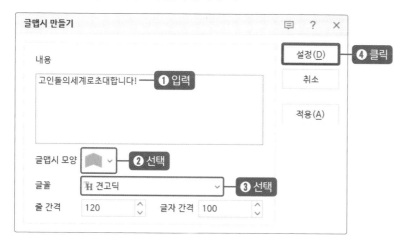

• 글맵시의 글꼴은 궁서, 궁서체, 견고딕, 중고딕이 주로 출제됩니다.
• 글맵시 모양의 이름은 조건에 표시되지 않기 때문에 연습을 통해 빠르게 찾는 방법을 익히도록 합니다.
• 자주 출제되는 글맵시 모양은 아래와 같습니다.

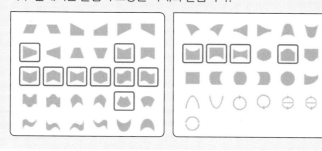

4 문서에 글맵시가 삽입된 것을 확인합니다.

고인돌의세계로초대합니다!

인돌은 먼 옛날 청동기 시대에 경제력이 있거나 권력을 가진 지배 계층의 무덤으로 사용되었습니다. 그 특색 있는 모습과 거대한 크기로 인해 보는 사람에게 신비로운 감정을 자아내는 유적이기도 합니다. 전 세계 고인돌의 40퍼센트 이상이 우리나라에 존재하며, 특히 **강화도는 한국을 대표하는 고인돌 유적**으로 오랜 시간 동안 많은 관심과 사랑을 받아왔습니다. 유서 깊은 강화 고인돌 축제에 방문하면 고인돌과 함께 강화도만의 전통 풍습과 문화를 체험할 수 있는 소중한 기회를 제공합니다.

글맵시의 주변을 따라 그림을 그려보면 모양을 쉽게 확인할 수 있습니다.

STEP 02 글맵시 편집하기

- 글맵시 – 견고딕, 채우기 : 색상(RGB:199,82,82), 크기 : 너비(120mm), 높이(20mm),
  위치 : 글자처럼 취급, 가운데 정렬

1 삽입된 글맵시를 더블클릭한 후 크기와 위치를 지정합니다.

➕ 글맵시의 크기를 고정해 문서 편집 시 크기가 바뀌지 않도록 해요.

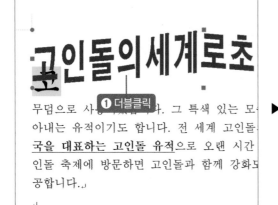

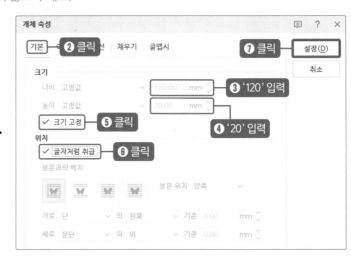

2 이번에는 색상 지정을 위해 [채우기] 탭을 선택하여 RGB(199, 82, 82) 값을 입력합니다.

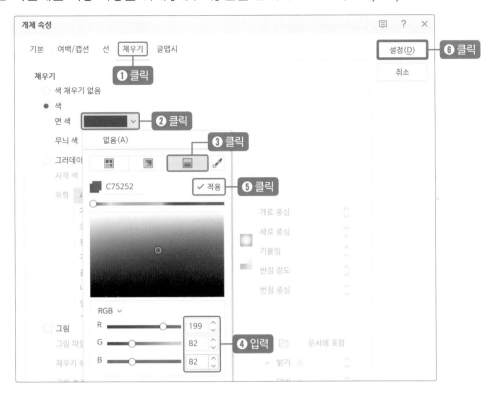

3 글맵시의 크기와 색상이 변경된 것을 확인합니다.

⚙ 글맵시와 본문 내용 사이에 한 줄 공백이 있는지 함께 확인해주세요.

4 글맵시 뒤쪽에 커서를 위치시킨 후 가운데 정렬을 지정하여 편집을 완료합니다.

5 작업이 완료되면 [저장(💾)]을 클릭하거나 Alt + S 를 눌러 **답안 파일을 저장**합니다.

⚙ 시험이 진행되는 40분 동안 수시로 저장하여 작업 내용이 누락되지 않도록 해요.

01 아래의 조건 및 출력형태를 고려해 문서를 작성하시오.

실습파일 : 03-01(문제).hwpx
완성파일 : 03-01(완성).hwpx

《출력형태》

글맵시 – 궁서, 채우기 : 색상(RGB:233, 174, 43)
크기 : 너비(130mm), 높이(20mm),
위치 : 글자처럼 취급, 가운데 정렬

초등학교교육박람회

국내 유일의 초등교육 전문 박람회인 초등교육박람회가 올해도 변함없이 열린다. 초등교육박람회는 초등교육 콘텐츠 제공자, 교육자, 학부모가 함께 교류하고 소통하는 전시회로, 화제성 높은 행사들이 동시에 진행된다. 초등학교 방과 후 강사 경진대회, 어린이 크리에이터 대회, 스포츠 스태킹 대회 등이 동시에 개최되어 <u>초등학생뿐만 아니라 교사, 강사, 학부모들에게도 유익한 시간</u>이 될 것으로 보인다. 또한 박람회에 관련된 업체들의 전시도 이루어질 예정이다.

★ 행사안내 ★

1. 행 사 명 : 2026 초등교육박람회(www.children-expo.co.kr)
2. 행사일정 : 2026년 8월 13일(목) ~ 8월 16일(일)
3. 행사장소 : 강남구 태혜란로, 코엑스(COEX)
4. 입장시간 : <u>*오전 10시부터 오후 6시까지*</u>

※ 기타사항
 - 매일 선착순 1000명의 아이들에게 경품을 증정합니다. 참여 업체 부스를 방문하여 미션을 완료하면 미션 성공 도장을 찍어줍니다.
 - 행사 진행에 관한 자세한 사항은 교육 박람회 사무국으로 문의바랍니다.

2026. 07. 24.

초등교육 박람회 사무국

《출력형태》

글맵시 - 견고딕, 채우기 : 색상(RGB:105, 155, 55)
크기 : 너비(120mm), 높이(20mm),
위치 : 글자처럼 취급, 가운데 정렬

고성공룡박물관공룡쿠키만들기행사운영

고 성공룡박물관에서는 공룡박물관을 찾는 가족 단위 관람객들을 대상으로 **공룡 모양 쿠키 만들기** 체험 프로그램을 운영합니다. 밀가루를 이용해 반죽하고 공룡 모양 쿠키 틀을 이용해 아이들이 좋아하는 공룡으로 만들어볼 수 있습니다. 그동안 고성공룡박물관에서는 공룡 모양 비누, 공룡 모양 피자 만들기 등 다양한 체험 프로그램을 운영해 왔습니다. 고성공룡박물관에서 진행하는 체험 프로그램은 아이들에게 공룡에 대해 이해하고 흥미를 줄 수 있는 기회가 될 것입니다.

◈ 체험 행사 안내 ◈

1. 프로그램 : 공룡 모양 쿠키 만들기 체험 프로그램
2. 운영기간 : *주중 매일, 주말 또는 공휴일은 11:00, 14:00, 16:00*
3. 소요시간 및 비용 : 40분 내외, 참가비 10,000원
4. 운영내용 : 쿠키 반죽을 이용하여 공룡 모양 쿠키 만들기

※ 기타사항
 - 1회 체험 시 좌석이 부족하여 선착순으로 운영됩니다. 1회 프로그램 운영 시 10팀으로 구성됩니다.
 - 공룡 모양 쿠키 만들기 프로그램에 관한 자세한 사항은 홈페이지(https://museum.goseong.go.kr) 에서 확인할 수 있습니다.

2026. 09. 07.

고성공룡박물관장

아래의 조건 및 출력형태를 고려해 문서를 작성하시오.

실습파일 : 03-03(문제).hwpx
완성파일 : 03-03(완성).hwpx

《출력형태》

글맵시 - 중고딕, 채우기 : 색상(RGB:202, 86, 167)
크기 : 너비(110mm), 높이(20mm),
위치 : 글자처럼 취급, 가운데 정렬

초등학교앞문방구의추억

1 990년대에 초등학교를 다닌 아이들에게 학교 앞 문방구는 신세계와 같았습니다. 지금은 문구점 이라는 단어가 자주 쓰이지만 그때는 '문방구'라는 이름이 더 익숙했었죠. 준비물은 문방구에 가면 바로 구입이 가능했고, 준비물이 무엇인지 몰라도 주인 아저씨께 학년, 반만 대면 마법사처럼 준비물을 탁 내 주셨었습니다. 학교가 끝난 후 친구와 함께 사 먹는 *컵떡볶이는 300원으로 누릴 수 있는 최고의 호사*였답니다. 오늘은 추억의 문방구를 주제로한 공모전을 개최하고자 하니 많은 참여 바랍니다.

아래의 조건 및 출력형태를 고려해 문서를 작성하시오.

실습파일 : 03-04(문제).hwpx
완성파일 : 03-04(완성).hwpx

《출력형태》

글맵시 - 굴림체, 채우기 : 색상(RGB:199, 82, 82)
크기 : 너비(90mm), 높이(20mm),
위치 : 글자처럼 취급, 가운데 정렬

달빛어린이병원

늦은 밤이나 주말, 휴일에 아이가 갑자기 열이 나거나 아플 때 문을 여는 소아과가 없는 경우가 많아 당황하기 쉽습니다. 대부분의 부모들은 대학병원이나 종합병원의 응급실을 찾게 되는데, 응급실은 환자의 응급 정도에 따라 진료를 하기 때문에 더 위중한 환자가 있으면 대기 시간이 오래 걸리고, 비싼 진료비를 부담해야 하는 불편을 겪게 됩니다. 달빛어린이병원은 2014년 9월부터 보건복지부가 공모를 통해 선정, 운영하고 있는 어린이 진료 센터로, 365일 주말, *야간 진료가 가능*합니다.

실습파일 : 03-05(문제).hwpx
완성파일 : 03-05(완성).hwpx

05 아래의 조건 및 출력형태를 고려해 문서를 작성하시오.

《출력형태》

글맵시 - 돋움, 채우기 : 색상(RGB:53, 135, 145)
크기 : 너비(100mm), 높이(20mm),
위치 : 글자처럼 취급, 가운데 정렬

고성공룡엑스포안내

올해 다섯 번째로 개최되는 고성공룡엑스포는 "사라진 공룡, 그들의 귀환"이라는 주제로 초등학교 교과서에 수록된 공룡, 지층과 화석, 식물 등의 내용을 *최첨단 디지털 기술인 증강현실과 가상현실, 최신 디스플레이 기술을 통해 다양한 볼거리가 제공될 것*입니다. 특히, 공룡엑스포의 주전시관인 다이노토피아관에는 XR라이브파크, 사파리영상관, 4D영상관 등에서 '사라진 공룡, 그들의 귀환'에 걸맞게 사라진 공룡들을 부활시켜 살아있는 듯 생생한 공룡들을 만나보실 수 있습니다.

실습파일 : 03-06(문제).hwpx
완성파일 : 03-06(완성).hwpx

06 아래의 조건 및 출력형태를 고려해 문서를 작성하시오.

《출력형태》

글맵시 - 휴먼옛체, 채우기 : 색상(RGB:75, 80, 200)
크기 : 너비(110mm), 높이(20mm),
위치 : 글자처럼 취급, 가운데 정렬

컴퓨터과학경시대회안내

컴퓨터과학에서 비롯된 인공지능과 빅데이터는 공학, 과학, 사회과학, 예술, 교육, 경영, 경제, 의학, 법학 등의 모든 분야에 적용이 가능한 보편적 학문의 성격을 띠고 있습니다. 또한 *영화에서나 등장하던 로봇, 자율주행, 유전자 신기술은 컴퓨터과학을 통해 현실로* 다가오고 있습니다. 컴퓨터과학경시대회는 컴퓨팅사고력, 프로그래밍, 알고리즘을 개별적으로 평가하던 기존의 방식과 달리 컴퓨터과학에 대한 개념과 지식을 바탕으로 컴퓨팅사고력과 프로그래밍 능력을 종합적으로 평가하는 대회입니다.

※ 실습파일 : 04차시(문제).hwpx ※ 완성파일 : 04차시(완성).hwpx

《출력형태》

머리말(굴림, 9pt, 오른쪽 정렬) → DIAT

고인돌의세계로초대합니다!

고 인돌은 먼 옛날 청동기 시대에 경제력이 있거나 권력을 가진 지배 계층의 무덤으로 사용되었습니다. 그 특색 있는 모습과 거대한 크기로 인해 보는 사람에게 신비로운 감정을 자아내는 유적이기도 합니다. 전 세계 고인돌의 40퍼센트 이상이 우리나라에 존재하며, 특히 강화도는 한국을 대표하는 고인돌 유적으로 오랜 시간 동안 많은 관심과 사랑을 받아왔습니다. 유서 깊은 강화 고인돌 축제에 방문하면 고인돌과 함께 강화도만의 전통 풍습과 문화를 체험할 수 있는 소중한 기회를 제공합니다.

▶ 축제안내 ◀

1. 축 제 명 : 강화 고인돌 축제
2. 일   시 : 2026. 3. 6. (토) ~ 2026. 3. 18. (목) (13일간)
3. 장   소 : 인천광역시 강화군 강화고인돌유적 일대
4. 참여방법 : *강화고인돌축제 홈페이지(http://www.ihd.or.kr)*

※ 기타사항
 - 참가 신청은 현장 접수로 가능하며, 단체 관람은 강화고인돌축제 홈페이지에서 신청 가능합니다.
 - 고인돌 만들기 체험과 전통 민속놀이 체험은 일자별로 조기 마감될 수 있으며 기타 자세한 사항은 운영지원팀 대표번호(032-123-4567)로 문의하시기 바랍니다.

2026. 02. 27.

강화고인돌축제 운영지원팀

문제 1은 줄 간격 180%로 작성   - A - ← 쪽 번호 매기기, A,B,C 순으로, 가운데 아래

머리말 지정 ▷ 쪽 번호 지정 ▷ 줄 간격 변경

Check 01 머리말 지정 : 머리말 내용을 삽입한 후 서식을 변경해요! 머리말은 1~2 페이지에 모두 적용됩니다.

> DIAT
>
> # 고인돌의세계로초대합니다!
>
> 고 인돌은 먼 옛날 청동기 시대에 경제력이 있거나 권력을 가진 지배 계층의 무덤으로 사용되었습

머리말 추가&글꼴 서식 변경

Check 02 쪽 번호 지정 : 문제지와 똑같은 모양의 쪽 번호를 매겨요! 쪽 번호는 1~2 페이지에 모두 적용됩니다.

> 고 인돌은 먼 옛날 청동기 시대에 경제력이 있거나 권력을 가진 지배 계층의 무덤으로 사용되었습
>
> - A -

쪽 번호 매기기

Check 03 줄 간격 변경 : 1페이지 내용 전체의 줄 간격을 180%로 지정해요!

> # 고인돌의세계로초대합니다!
>
> 고 인돌은 먼 옛날 청동기 시대에 경제력이 있거나 권력을 가진 지배 계층의 무덤으로 사용되었습니다. 그 특색 있는 모습과 거대한 크기로 인해 보는 사람에게 신비로운 감정을 자아내는 유적이기도 합니다. 전 세계 고인돌의 40퍼센트 이상이 우리나라에 존재하며, 특히 <u>강화도는 한국을 대표하는 고인돌 유적</u>으로 오랜 시간 동안 많은 관심과 사랑을 받아왔습니다. 유서 깊은 강화 고인돌 축제에 방문하면 고인돌과 함께 강화도만의 전통 풍습과 문화를 체험할 수 있는 소중한 기회를 제공합니다.
>
> ▶ 축제안내 ◀
>
> 1. 축 제 명 : 강화 고인돌 축제
> 2. 일   시 : 2026. 3. 6. (토) ~ 2026. 3. 18. (목) (13일간)
> 3. 장   소 : 인천광역시 강화군 강화고인돌유적 일대
> 4. 참여방법 : 강화고인돌축제 홈페이지(http://www.ihd.or.kr)
>
> ※ 기타사항
>   - 참가 신청은 현장 접수도 가능하며, 단체 관람은 강화고인돌축제 홈페이지에서 신청 가능합니다.
>   - 고인돌 만들기 체험과 전통 민속놀이 체험은 일자별로 조기 마감될 수 있으며 기타 자세한 사항은

줄 간격 변경 전(160%)

> # 고인돌의세계로초대합니다!
>
> 고 인돌은 먼 옛날 청동기 시대에 경제력이 있거나 권력을 가진 지배 계층의 무덤으로 사용되었습니다. 그 특색 있는 모습과 거대한 크기로 인해 보는 사람에게 신비로운 감정을 자아내는 유적이기도 합니다. 전 세계 고인돌의 40퍼센트 이상이 우리나라에 존재하며, 특히 <u>강화도는 한국을 대표하는 고인돌 유적</u>으로 오랜 시간 동안 많은 관심과 사랑을 받아왔습니다. 유서 깊은 강화 고인돌 축제에 방문하면 고인돌과 함께 강화도만의 전통 풍습과 문화를 체험할 수 있는 소중한 기회를 제공합니다.
>
> ▶ 축제안내 ◀
>
> 1. 축 제 명 : 강화 고인돌 축제
> 2. 일   시 : 2026. 3. 6. (토) ~ 2026. 3. 18. (목) (13일간)
> 3. 장   소 : 인천광역시 강화군 강화고인돌유적 일대
> 4. 참여방법 : 강화고인돌축제 홈페이지(http://www.ihd.or.kr)
>
> ※ 기타사항

줄 간격 변경 후(180%)

01 머리말 삽입하기

- 머리말(굴림, 9pt, 오른쪽 정렬)

1 한글 2022 프로그램을 실행한 후 [04차시] 폴더에서 **04차시 문제.hwpx** 파일을 불러옵니다.

2 문서의 빈 곳에 커서를 위치시킨 후 [쪽] 탭-[머리말]-[위쪽] → **[모양 없음]**을 클릭합니다.

➕ Ctrl + N, H 를 눌러 머리말을 추가할 수도 있어요.

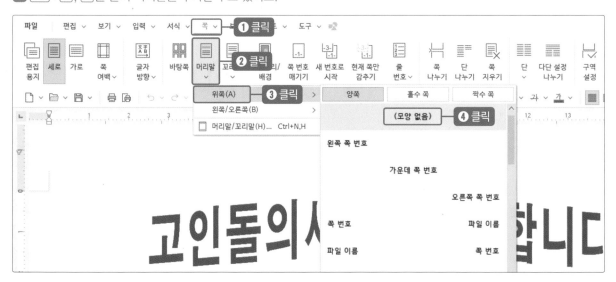

머리말은 무슨 기능일까요?

머리말은 문서의 앞부분에 반복적으로 삽입되는 내용을 설정하는 기능이에요. DIAT 워드프로세서 시험에서는 머리말에 'DIAT'를 입력 후 글꼴 서식을 변경하도록 문제가 출제되고 있답니다.

3 문제지를 참고하여 머리말 내용을 입력합니다.

➕ Shift 또는 Caps Lock 키를 사용하여 대문자와 소문자를 입력할 수 있어요.

4 입력된 머리말을 블록으로 지정한 후 [서식 도구 상자]에서 글꼴 서식(**굴림, 9pt, 오른쪽 정렬**)을 지정합니다.

5 머리말 지정이 완료되면 [머리말/꼬리말] 탭에서 **[닫기]**를 클릭하여 편집을 종료합니다.

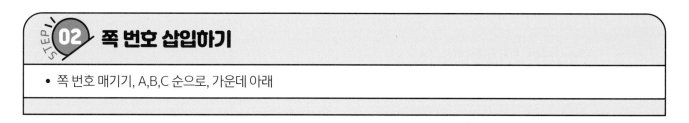

STEP 02 쪽 번호 삽입하기

- 쪽 번호 매기기, A,B,C 순으로, 가운데 아래

1 쪽 번호를 삽입하기 위해 문서의 빈 공간에 커서를 놓고 [쪽] 탭-**[쪽 번호 매기기]**를 클릭합니다.

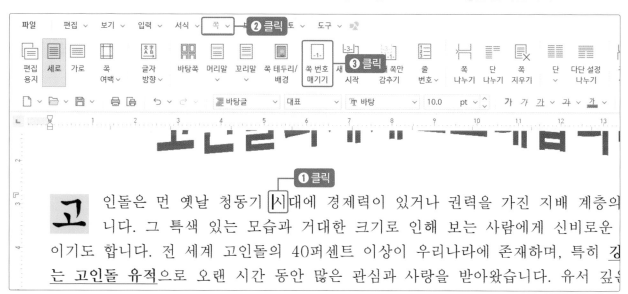

DIAT 꿀팁

쪽 번호란 현재 문서의 각 페이지에 자동으로 번호를 매겨주는 기능으로 DIAT 워드프로세서 시험에서는 문제지와 동일한 번호 모양을 찾아 선택해야 합니다. 쪽 번호의 위치는 '가운데 아래'와 '오른쪽 아래'가 주로 출제되고 있습니다.

2 쪽 번호의 위치와 모양을 선택하고 '줄표 넣기' 옵션이 체크된 것을 확인한 후 <넣기>를 클릭합니다.

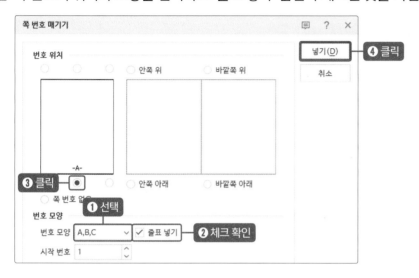

3 1페이지와 2페이지 하단 중앙에 쪽 번호가 삽입된 것을 확인합니다.

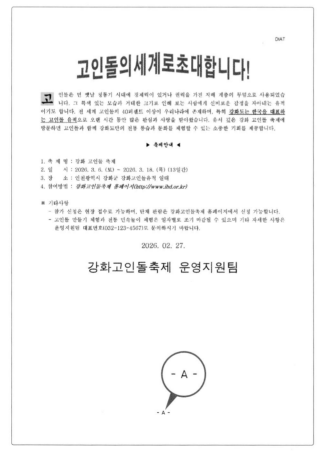

STEP 03 줄 간격 변경하기

• 문제 1은 줄 간격 180%로 작성

1 한글 2022 프로그램 우측 하단에 확대/축소 기능을 이용하여 페이지 확대 배율을 100% 정도로 맞춰줍니다.

💬 첫 번째 페이지의 내용을 블록으로 지정하기 위해 페이지 확대 배율을 축소하는 작업이에요.

◈ **DIAT 꿀팁**

새롭게 변경된 DIAT 워드프로세서 시험에서는 문제 1에 입력된 내용의 줄 간격을 180%로 넓게 지정하는 지문이 추가되었습니다. 1페이지는 줄 간격 180%, 2페이지는 줄 간격 160%로 작성해야 합니다.

2 1페이지의 모든 내용을 블록으로 지정한 다음 [서식 도구 상자]에서 **줄 간격을 180%**로 변경합니다.

💬 블록으로 지정 시 2페이지가 선택되지 않도록 유의해요.

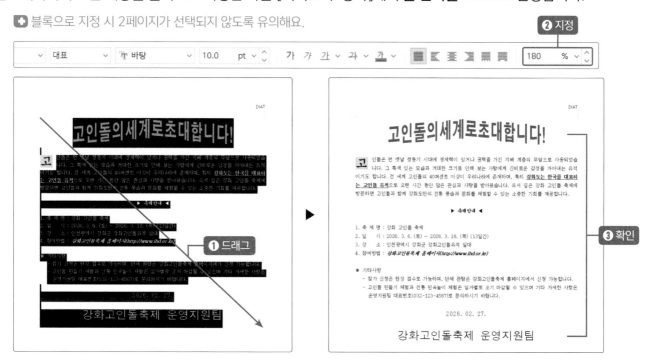

3 작업이 완료되면 [저장(💾)]을 클릭하거나 Alt + S 를 눌러 **답안 파일을 저장**합니다.

💬 시험이 진행되는 40분 동안 수시로 저장하여 작업 내용이 누락되지 않도록 해요.

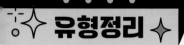

01 아래의 조건 및 출력형태를 고려해 문서를 작성하시오.

실습파일 : 04-01(문제).hwpx
완성파일 : 04-01(완성).hwpx

《출력형태》

머리말(돋움, 9pt, 오른쪽 정렬) ──→ DIAT

초등학교교육박람회

국내 유일의 초등교육 전문 박람회인 초등교육박람회가 올해도 변함없이 열린다. 초등교육박람회는 초등교육 콘텐츠 제공자, 교육자, 학부모가 함께 교류하고 소통하는 전시회로, 화제성 높은 행사들이 동시에 진행된다. 초등학교 방과 후 강사 경진대회, 어린이 크리에이터 대회, 스포츠 스태킹 대회 등이 동시에 개최되어 **초등학생뿐만 아니라 교사, 강사, 학부모들에게도 유익한 시간**이 될 것으로 보인다. 또한 박람회에 관련된 업체들의 전시도 이루어질 예정이다.

★ 행사안내 ★

1. 행 사 명 : 2026 초등교육박람회(www.children-expo.co.kr)
2. 행사일정 : 2026년 8월 13일(목) ~ 8월 16일(일)
3. 행사장소 : 강남구 테헤란로, 코엑스(COEX)
4. 입장시간 : *오전 10시부터 오후 6시까지*

※ 기타사항
 - 매일 선착순 1000명의 아이들에게 경품을 증정합니다. 참여 업체 부스를 방문하여 미션을 완료하면 미션 성공 도장을 찍어줍니다.
 - 행사 진행에 관한 자세한 사항은 교육 박람회 사무국으로 문의바랍니다.

2026. 07. 24.

초등교육 박람회 사무국

문제 1은 줄 간격 180%로 작성

- A - ← 쪽 번호 매기기, A,B,C 순으로, 가운데 아래

실습파일 : 04-02(문제).hwpx
완성파일 : 04-02(완성).hwpx

《출력형태》

머리말(굴림, 9pt, 오른쪽 정렬) ──► DIAT

고성공룡박물관공룡쿠키만들기행사운영

고성공룡박물관에서는 공룡박물관을 찾는 가족 단위 관람객들을 대상으로 **_공룡 모양 쿠키 만들기_** 체험 프로그램을 운영합니다. 밀가루를 이용해 반죽하고 공룡 모양 쿠키 틀을 이용해 아이들이 좋아하는 공룡으로 만들어볼 수 있습니다. 그동안 고성공룡박물관에서는 공룡 모양 비누, 공룡 모양 피자 만들기 등 다양한 체험 프로그램을 운영해 왔습니다. 고성공룡박물관에서 진행하는 체험 프로그램은 아이들에게 공룡에 대해 이해하고 흥미를 줄 수 있는 기회가 될 것입니다.

◆ 체 험 행 사 안 내 ◆

1. 프로그램 : 공룡 모양 쿠키 만들기 체험 프로그램
2. 운영기간 : **_주중 매일, 주말 또는 공휴일은 11:00, 14:00, 16:00_**
3. 소요시간 및 비용 : 40분 내외, 참가비 10,000원
4. 운영내용 : 쿠키 반죽을 이용하여 공룡 모양 쿠키 만들기

※ 기타사항
 - 1회 체험 시 좌석이 부족하여 선착순으로 운영됩니다. 1회 프로그램 운영 시 10팀으로 구성됩니다.
 - 공룡 모양 쿠키 만들기 프로그램에 관한 자세한 사항은 홈페이지(https://museum.goseong.go.kr) 에서 확인할 수 있습니다.

2026. 09. 07.

고성공룡박물관장

문제 1은 줄 간격 180%로 작성

아래의 조건 및 출력형태를 고려해 문서를 작성하시오.

실습파일 : 04-03(문제).hwpx
완성파일 : 04-03(완성).hwpx

《출력형태》

머리말(궁서, 9pt, 오른쪽 정렬) ➝ DIAT

초등학교앞문방구의추억

1 990년대에 초등학교를 다닌 아이들에게 학교 앞 문방구는 신세계와 같았습니다. 지금은 문구점이라는 단어가 자주 쓰이지만 그때는 '문방구'라는 이름이 더 익숙했었죠. 준비물은 문방구에 가면 바로 구입이 가능했고, 준비물이 무엇인지 몰라도 주인 아저씨께 학년, 반만 대면 마법사처럼 준비물을 탁 내 주셨었습니다. 학교가 끝난 후 친구와 함께 사 먹는 _컵떡볶이는 300원으로 누릴 수 있는 최고의 호사_였답니다. 오늘은 추억의 문방구를 주제로한 공모전을 개최하고자 하니 많은 참여 바랍니다.

♬ 공모전 안내 ♬

문제 1은 줄 간격 180%로 작성

쪽 번호 매기기, ①,②,③ 순으로, 오른쪽 아래 ➝ - ① -

아래의 조건 및 출력형태를 고려해 문서를 작성하시오.

실습파일 : 04-04(문제).hwpx
완성파일 : 04-04(완성).hwpx

《출력형태》

머리말(돋움, 9pt, 오른쪽 정렬) ➝ DIAT

달빛어린이병원

늦은 밤이나 주말, 휴일에 아이가 갑자기 열이 나거나 아플 때 문을 여는 소아과가 없는 경우가 많아 당황하기 쉽습니다. 대부분의 부모들은 대학병원이나 종합병원의 응급실을 찾게 되는데, 응급실은 환자의 응급 정도에 따라 진료를 하기 때문에 더 위중한 환자가 있으면 대기 시간이 오래 걸리고, 비싼 진료비를 부담해야 하는 불편을 겪게 됩니다. 달빛어린이병원은 2014년 9월부터 보건복지부가 공모를 통해 선정, 운영하고 있는 어린이 진료 센터로, 365일 주말, _야간 진료가 가능_합니다.

♥ 안내사항 ♥

문제 1은 줄 간격 180%로 작성

쪽 번호 매기기, 갑,을,병 순으로, 오른쪽 아래 ➝ - 갑 -

아래의 조건 및 출력형태를 고려해 문서를 작성하시오.

실습파일 : 04-05(문제).hwpx
완성파일 : 04-05(완성).hwpx

《출력형태》

머리말(중고딕, 9pt, 오른쪽 정렬) → DIAT

고성공룡엑스포안내

올 해 다섯 번째로 개최되는 고성공룡엑스포는 "사라진 공룡, 그들의 귀환"이라는 주제로 초등학교 교과서에 수록된 공룡, 지층과 화석, 식물 등의 내용을 *최첨단 디지털 기술인 증강현실과 가상현실, 최신 디스플레이 기술을 통해 다양한 볼거리가 제공될 것*입니다. 특히, 공룡엑스포의 주전시관인 다이노토피아관에는 XR라이브파크, 사파리영상관, 4D영상관 등에서 '사라진 공룡, 그들의 귀환'에 걸맞게 사라진 공룡들을 부활시켜 살아있는 듯 생생한 공룡들을 만나보실 수 있습니다.

● 행 사 안 내 ●

문제 1은 줄 간격 180%로 작성

- 1 - ← 쪽 번호 매기기, 1,2,3 순으로, 가운데 아래

아래의 조건 및 출력형태를 고려해 문서를 작성하시오.

실습파일 : 04-06(문제).hwpx
완성파일 : 04-06(완성).hwpx

《출력형태》

머리말(돋움체, 9pt, 오른쪽 정렬) → DIAT

컴퓨터과학경시대회안내

컴 퓨터과학에서 비롯된 인공지능과 빅데이터는 공학, 과학, 사회과학, 예술, 교육, 경영, 경제, 의학, 법학 등의 모든 분야에 적용이 가능한 보편적 학문의 성격을 띠고 있습니다. 또한 *영화에서나 등장하던 로봇, 자율주행, 유전자 신기술은 컴퓨터과학을 통해 현실로* 다가오고 있습니다. 컴퓨터과학경시대회는 컴퓨팅사고력, 프로그래밍, 알고리즘을 개별적으로 평가하던 기존의 방식과 달리 컴퓨터과학에 대한 개념과 지식을 바탕으로 컴퓨팅사고력과 프로그래밍 능력을 종합적으로 평가하는 대회입니다.

- 가 - ← 쪽 번호 매기기, 가,나,다 순으로, 왼쪽 아래

문제 1은 줄 간격 180%로 작성

[문제 2] 쪽 테두리&
다단 설정 나누기&단 설정

※ 실습파일 : 05차시(문제).hwpx   ※ 완성파일 : 05차시(완성).hwpx

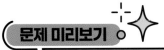

《출력형태》

DIAT

쪽 테두리 : 이중 실선, 머리말 포함

　1. 고인돌이란?

- B -

《조건》

• [문제2]는 문제지와 같이 2단으로 다단을 나누어 작성한다.

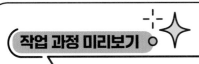

작업 과정 미리보기

쪽 테두리 지정 ▶ 다단 설정 나누기 ▶ 단 설정

Check 01 ▷ 쪽 테두리 : 2페이지에 머리말을 포함한 쪽 테두리를 지정해요!

2페이지에 쪽 테두리 지정

Check 02 ▷ 2개 단으로 지정 : 2페이지의 두 번째 줄을 두 개의 단으로 변경해요!

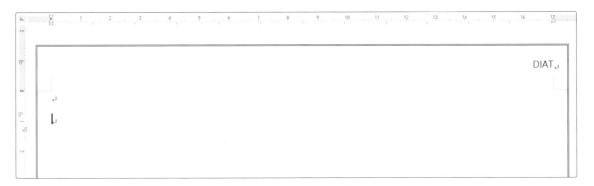

다단 설정 나누기 작업

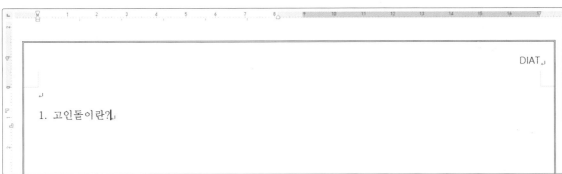

단을 두 개로 나눈 후 소제목 입력

01 쪽 테두리 설정하기

- 쪽 테두리 : 이중 실선, 머리말 포함

1 한글 2022 프로그램을 실행한 후 [05차시] 폴더에서 **05차시 문제.hwpx** 파일을 불러옵니다.

2 2페이지를 선택한 다음 [쪽] 탭에서 **[쪽 테두리/배경]**을 클릭합니다.

3 테두리의 종류를 **이중 실선**으로 지정한 후 **모두** 아이콘을 선택한 다음 **'머리말 포함'**에 체크합니다.

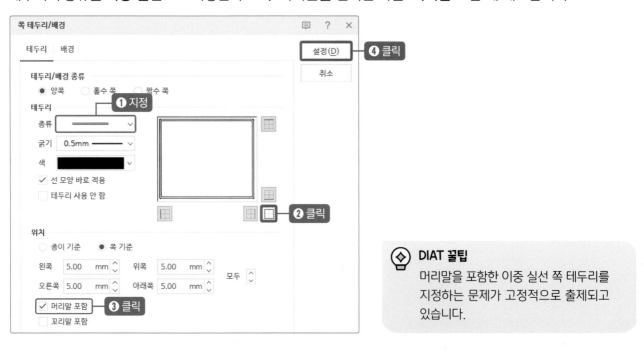

◈ **DIAT 꿀팁**
머리말을 포함한 이중 실선 쪽 테두리를 지정하는 문제가 고정적으로 출제되고 있습니다.

4 머리말을 포함하여 이중 실선 쪽 테두리가 설정된 것을 확인합니다.

➕ 2페이지를 선택한 후 작업했으므로 2구역에만 쪽 테두리가 적용돼요..

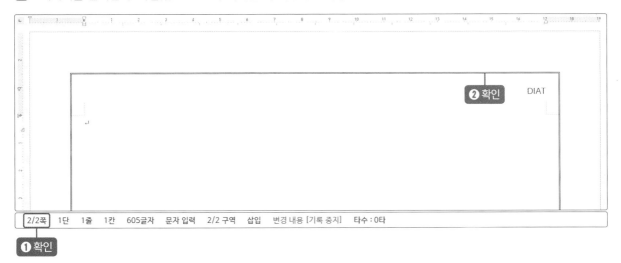

STEP 02 다단 설정 나누기 작업 후 2개의 단 지정하기

《조건》
- [문제2]는 문제지와 같이 2단으로 다단을 나누어 작성한다.

1 2페이지 첫 번째 줄에 커서를 위치시킨 후 **줄 간격이 기본값인 160%**로 지정되어 있는지 확인합니다.

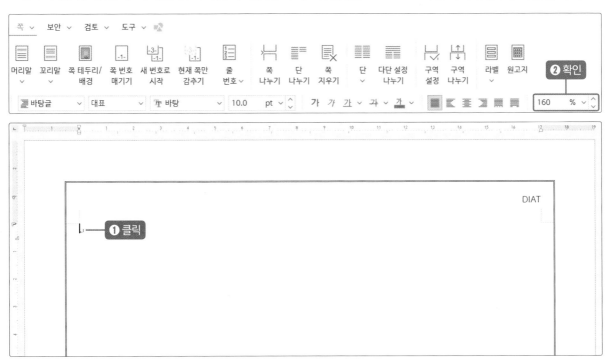

◇ **DIAT 꿀팁**

시험 작성조건에 따라 1페이지의 줄 간격은 180%, 2페이지의 줄 간격은 기본값인 160%로 되어 있어야 합니다.

2 [쪽] 탭에서 **[다단 설정 나누기]**를 클릭하여 커서가 두 번째 줄로 이동된 것을 확인합니다.

◆ Ctrl + Alt + Enter 를 눌러 다단 설정 나누기를 작업할 수도 있어요.

3 두 번째 줄에 커서가 놓인 상태에서 [쪽] 탭에서 **[단]-[둘]**을 클릭해 본문 내용 입력 전 두 개의 단으로 설정합니다.

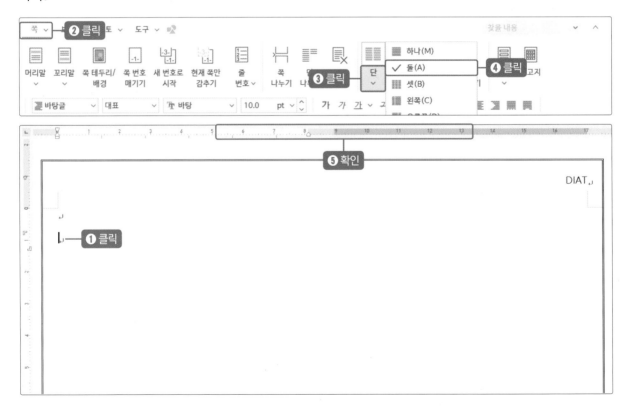

다단 설정 나누기

- 다단 설정 나누기는 하나의 페이지에서 여러 개의 단 모양을 넣을 때 사용하는 기능으로, 앞단 모양과 관계없이 새로운 단을 적용시킬 수 있습니다.
- 다단 설정 나누기를 하더라도 화면상 변화는 없지만, 다단 설정 나누기가 잘못되었을 경우 아래와 같이 표시될 수 있습니다.

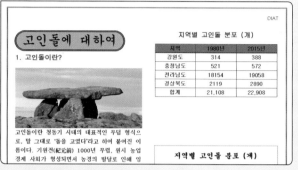

▲ 다단 설정 나누기 적용   ▲ 다단 설정 나누기 미적용

4 필요한 소제목을 입력한 후 2단으로 적용된 것을 확인합니다.

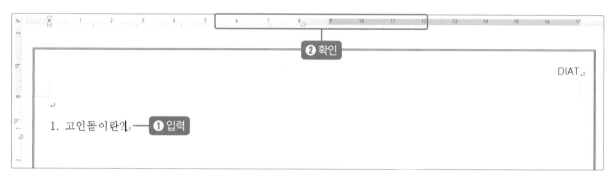

페이지의 단 확인하기

제목이 들어가는 첫 번째 줄은 1단, 내용이 입력될 두 번째 줄은 2단으로 적용되어야 합니다. 만약 그렇지 않은 경우에는 068 페이지를 다시 작업해봅니다.

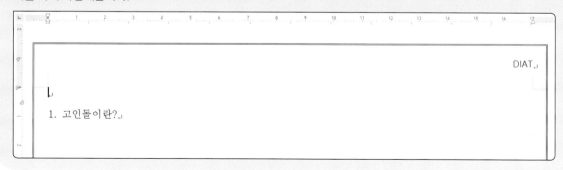

5 작업이 완료되면 [저장(💾)]을 클릭하거나 Alt + S 를 눌러 **답안 파일을 저장**합니다.

➕ 시험이 진행되는 40분 동안 수시로 저장하여 작업 내용이 누락되지 않도록 해요.

01

아래의 조건 및 출력형태를 고려해 문서를 작성하시오.

실습파일 : 05-01(문제).hwpx
완성파일 : 05-01(완성).hwpx

《출력형태》

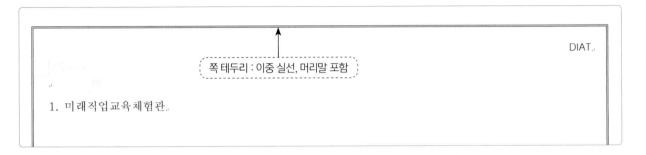

《조건》
• [문제2]는 문제지와 같이 2단으로 다단을 나누어 작성한다.

02

아래의 조건 및 출력형태를 고려해 문서를 작성하시오.

실습파일 : 05-02(문제).hwpx
완성파일 : 05-02(완성).hwpx

《출력형태》

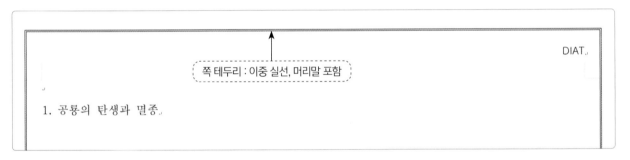

《조건》
• [문제2]는 문제지와 같이 2단으로 다단을 나누어 작성한다.

03

아래의 조건 및 출력형태를 고려해 문서를 작성하시오.

실습파일 : 05-03(문제).hwpx
완성파일 : 05-03(완성).hwpx

《출력형태》

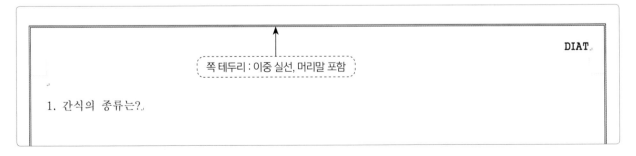

《조건》
• [문제2]는 문제지와 같이 2단으로 다단을 나누어 작성한다.

04 아래의 조건 및 출력형태를 고려해 문서를 작성하시오.

실습파일 : 05-04(문제).hwpx
완성파일 : 05-04(완성).hwpx

《출력형태》

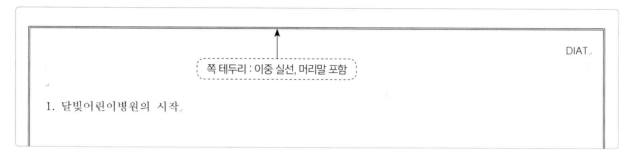

《조건》
• [문제2]는 문제지와 같이 2단으로 다단을 나누어 작성한다.

05 아래의 조건 및 출력형태를 고려해 문서를 작성하시오.

실습파일 : 05-05(문제).hwpx
완성파일 : 05-05(완성).hwpx

《출력형태》

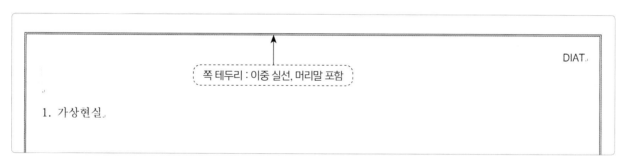

《조건》
• [문제2]는 문제지와 같이 2단으로 다단을 나누어 작성한다.

06 아래의 조건 및 출력형태를 고려해 문서를 작성하시오.

실습파일 : 05-06(문제).hwpx
완성파일 : 05-06(완성).hwpx

《출력형태》

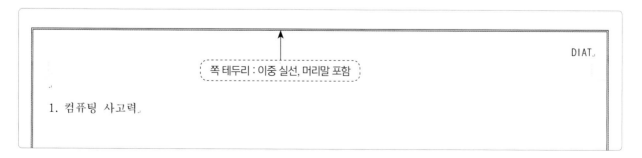

《조건》
• [문제2]는 문제지와 같이 2단으로 다단을 나누어 작성한다.

[문제 2]
글상자 삽입

✱ 실습파일 : 06차시(문제).hwpx   ✱ 완성파일 : 06차시(완성).hwpx

《출력형태》

DIAT

고인돌에 대하여

1. 고인돌이란?

글상자 – 크기 : 너비(70mm), 높이(12mm), 테두리 : 이중 실선(1.00mm), 반원
채우기 : 색상(RGB:195,174,207), 위치 : 글자처럼 취급, 가운데 정렬
글자 모양 : 궁서체, 23pt, 가운데 정렬

- B -

글상자 삽입 ▷ 글상자 속성 설정 ▷ 글꼴 서식 변경

Check 01 글상자 : 2페이지에 글상자로 제목을 입력해요!

DIAT

고인돌에 대하여
1. 고인돌이란?

▼ 2페이지 첫 줄에 글상자 삽입

DIAT

고인돌에 대하여

1. 고인돌이란?

▼ 글상자 크기 지정 & 글자처럼 취급

DIAT

고인돌에 대하여

1. 고인돌이란?

▼ 선 & 채우기 서식 지정

DIAT

고인돌에 대하여

1. 고인돌이란?

글꼴 서식 변경 & 가운데 정렬

1 한글 2022 프로그램을 실행한 후 [06차시] 폴더에서 **06차시 문제.hwpx** 파일을 불러옵니다.

2 2페이지의 첫째 줄에 커서를 위치시킨 후 [입력] 탭-[**가로 글상자**]를 클릭합니다.

➕ Ctrl + N, B 를 눌러 글상자를 추가할 수도 있어요.

3 마우스 포인터가 ✚ 모양으로 바뀌면 아래 그림을 참고하여 글상자를 삽입한 후 내용을 입력합니다.

➕ 마우스 포인터가 ✚ 모양으로 바뀌면 대각선으로 드래그하여 그릴 수 있어요.

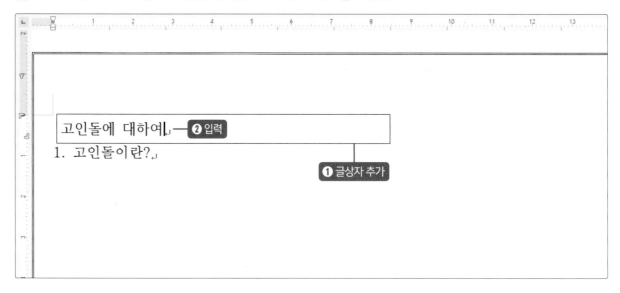

STEP

02 글상자의 속성 설정하기

- 글상자 – 크기 : 너비(70mm), 높이(12mm), 테두리 : 이중 실선(1.00mm), 반원,
  채우기 : 색상(RGB:195,174,207), 위치 : 글자처럼 취급, 가운데 정렬

1 속성을 변경하기 위해 글상자의 테두리를 더블클릭합니다.

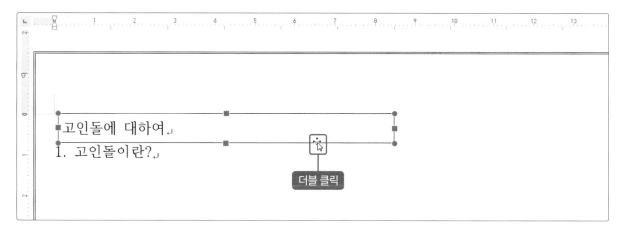

2 [기본] 탭에서 **높이(70)**와 **너비(12)**를 입력하고, **크기 고정**과 **글자처럼 취급**을 선택합니다.

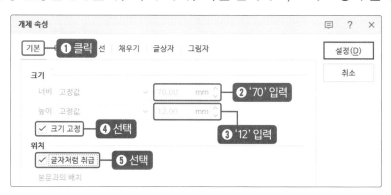

3 [선] 탭을 클릭하여 **종류(이중 실선)**와 **모서리 곡률(반원)**을 지정합니다.

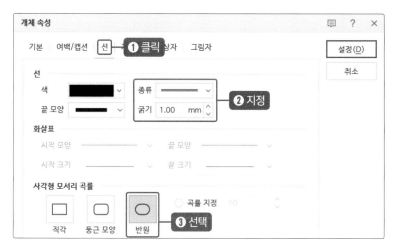

4 [채우기] 탭을 선택해 면 색을 지정한 후 <설정>을 클릭합니다.

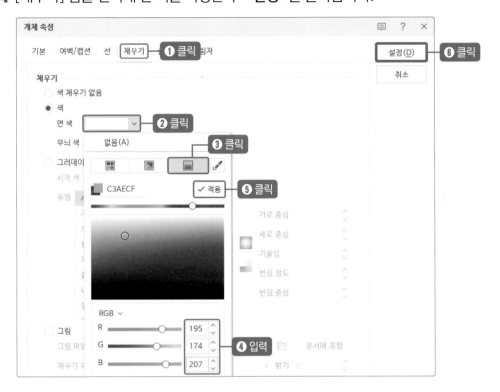

5 속성이 변경된 글상자의 뒤쪽을 클릭한 후 [서식 도구 상자]에서 **가운데 정렬**을 클릭합니다.

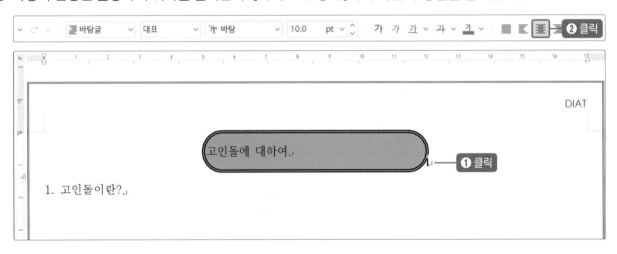

⟨⟩ **DIAT 꿀팁**

• '글자처럼 취급' 항목에 반드시 체크해야 합니다.
• 글상자의 높이는 '12mm'로 고정 출제되며, 너비는 다양한 크기로 출제됩니다.
• 선은 '이중 실선'과 '실선'이, 모서리 곡률은 '둥근 모양'과 '반원'이 주로 출제됩니다.
• DIAT 워드프로세서의 시험지는 흑백으로 제공되니 색상 선택 시 RGB 값을 정확하게 입력하도록 해요.

03 글꼴 서식 변경하기

- 글상자 – 글자 모양 : 궁서체, 23pt, 가운데 정렬

1 글상자 안쪽에 입력된 텍스트를 블록으로 지정한 다음 [서식 도구 상자]에서 글꼴 서식**(궁서체, 23pt, 가운데 정렬)**을 변경합니다.

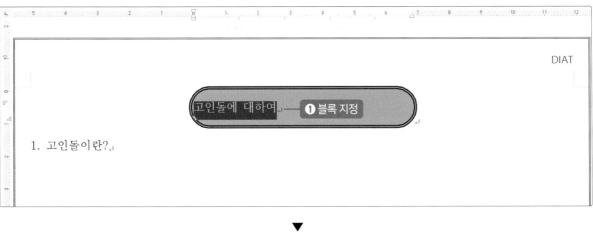

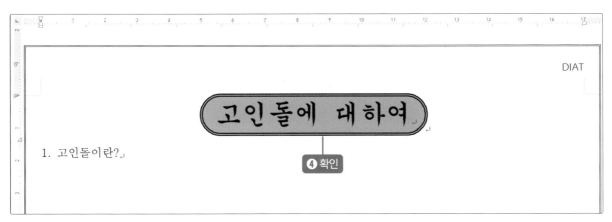

 글꼴 선택 유의사항

비슷한 글꼴이 보이더라도 조건에서 제시된 글꼴의 이름과 정확히 일치하는 것을 찾아야 합니다. 예를 들어, '궁서'와 '궁서체', '굴림'과 '굴림체', '바탕'과 '바탕체' 등은 이름이나 글꼴의 모양이 비슷하지만 세부 항목이 다르기 때문에, 반드시 조건에 맞는 동일한 글꼴을 선택해야 감점되지 않습니다.

2 작업이 완료되면 [저장(💾)]을 클릭하거나 Alt+S를 눌러 **답안 파일을 저장**합니다.

🔧 시험이 진행되는 40분 동안 수시로 저장하여 작업 내용이 누락되지 않도록 해요.

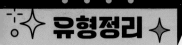

01 아래의 조건 및 출력형태를 고려해 문서를 작성하시오.

실습파일 : 06-01(문제).hwpx
완성파일 : 06-01(완성).hwpx

《출력형태》

DIAT

초등교육박람회

1. 미래직업교육체험관

글상자 - 크기 : 너비(60mm), 높이(12mm), 테두리 : 실선(1.00mm), 반원
채우기 : 색상(RGB:53, 135, 145), 위치 : 글자처럼 취급, 가운데 정렬
글자 모양 : 돋움체, 20pt, 가운데 정렬

02 아래의 조건 및 출력형태를 고려해 문서를 작성하시오.

실습파일 : 06-02(문제).hwpx
완성파일 : 06-02(완성).hwpx

《출력형태》

DIAT

공룡의 역사와 공룡 발자국

1. 공룡의 탄생과 멸종

글상자 - 크기 : 너비(110mm), 높이(12mm), 테두리 : 이중 실선(1.00mm), 둥근 모양
채우기 : 색상(RGB:233, 174, 43), 위치 : 글자처럼 취급, 가운데 정렬
글자 모양 : 견고딕, 20pt, 가운데 정렬

아래의 조건 및 출력형태를 고려해 문서를 작성하시오.

실습파일 : 06-03(문제).hwpx
완성파일 : 06-03(완성).hwpx

《출력형태》

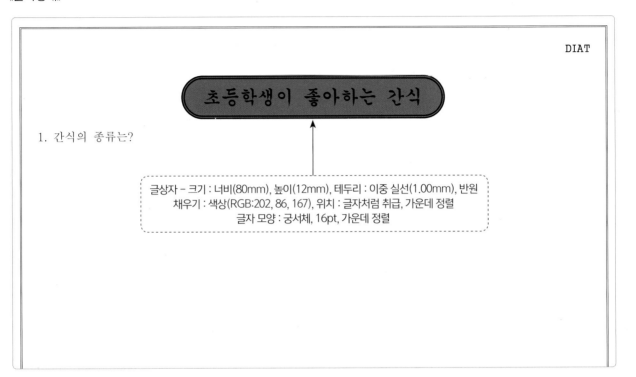

아래의 조건 및 출력형태를 고려해 문서를 작성하시오.

실습파일 : 06-04(문제).hwpx
완성파일 : 06-04(완성).hwpx

《출력형태》

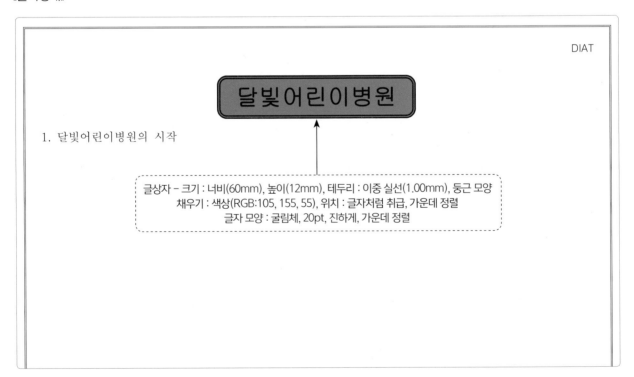

《출력형태》

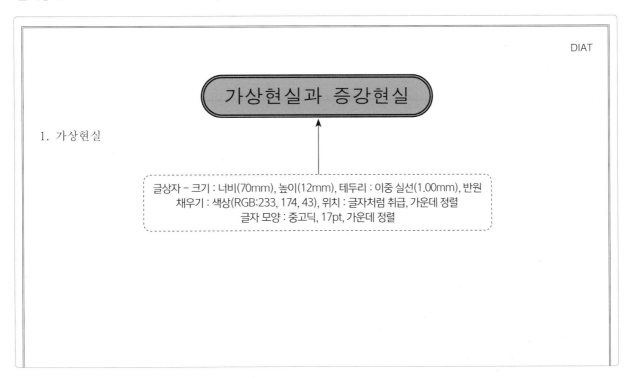

DIAT

가상현실과 증강현실

1. 가상현실

글상자 - 크기 : 너비(70mm), 높이(12mm), 테두리 : 이중 실선(1.00mm), 반원
채우기 : 색상(RGB:233, 174, 43), 위치 : 글자처럼 취급, 가운데 정렬
글자 모양 : 중고딕, 17pt, 가운데 정렬

《출력형태》

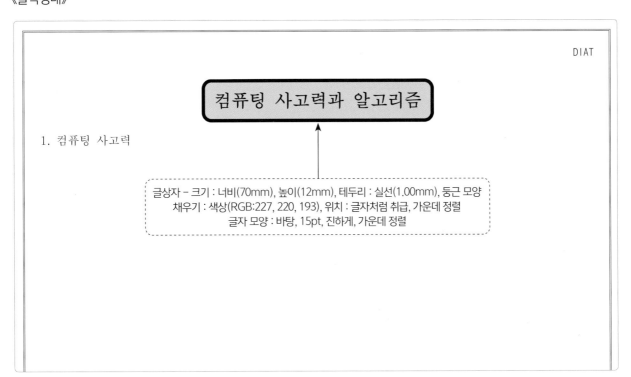

DIAT

컴퓨팅 사고력과 알고리즘

1. 컴퓨팅 사고력

글상자 - 크기 : 너비(70mm), 높이(12mm), 테두리 : 실선(1.00mm), 둥근 모양
채우기 : 색상(RGB:227, 220, 193), 위치 : 글자처럼 취급, 가운데 정렬
글자 모양 : 바탕, 15pt, 진하게, 가운데 정렬

✳ 실습파일 : 07차시(문제).hwpx   ✳ 완성파일 : 07차시(완성).hwpx

《출력형태》

DIAT

고인돌에 대하여

1. 고인돌이란? ← 돋움, 12pt, 진하게

고인돌이란 청동기 시대의 대표적인 무덤 형식으로, 말 그대로 '돌을 고였다'라고 하여 붙여진 이름이다. 기원전(紀元前) 1000년 무렵, 원시 농업 경제 사회가 형성되면서 농경의 발달로 인해 잉여 생산물(product)이 생기게 되었고, 자연스럽게 사회 집단 다스림을 내부에는 받는 자와 다스리는 자로 나뉘기 시작했다. 고인돌은 다스리는 자인 '권력자의 무덤'으로 이용되었으며, 이 안에는 주검뿐만 아니라 토기, 석기, 청동기 등의 다양한 유물(遺物)이 함께 묻혔다. 이러한 이유로 고인돌도 청동기 시대의 사회상을 파악하는 데 매우 중요한 유적이 되었으며, 지역에 따라 고인돌의 형태는 다양하게 나타난다.

2. 우리나라의 고인돌 ← 돋움, 12pt, 진하게

고인돌은 전 세계에 분포되어 있지만, 특히 우리나라, 일본, 중국 등 동북아시아 지역에서 많이 찾아볼 수 있다. 우리나라는 '고인돌 왕국'이라고 부를 수 있을 정도로 많은 수의 고인돌 유적이 존재하고 있다. 현재 남한에서는 약 3만, 북한에서는 약 1만 5천기에 달하는 고인돌이 있으며, 이는 전 세계 고인돌의 40퍼센트 이상에 해당하는 수치(figure)이다. 우리나라의 고인돌은 주로 서해안 지역, 그중에서도 호남지방(湖南地方)에 집중적으로 밀집(密集)되어 있다. 고인돌은 기본적으로 지상이나 지하의 무덤방 위에 거대한 덮개돌을 얹어 만든 형태(形態)이지만, 덮개돌의 구체적인 모양에 따라 크게 탁자식과 바둑판식, 개석식, 위석식으로 나뉜다.

2페이지 문서 내용 입력 ▷ 한자 변환 ▷ 소제목 글꼴 서식 변경

Check 01 ⟩ 1번 내용 작성 : 교정부호를 고려해 첫 번째 문단 내용을 입력해요!

고인돌에 대

1. 고인돌이란?
고인돌이란 청동기 시대의 대표적인 무덤 형식으로, 말 그대로 '돌을 고였다'라고 하여 붙여진 이름이다. 기원전 1000년 무렵, 원시 농업 경제 사회가 형성되면서 농경의 발달로 인해 잉여 생산물(product)이 생기게 되었고, 자연스럽게 사회 집단 내부에는 다스림을 받는 자와 다스리는 자로 나뉘기 시작했다. 고인돌은 다스리는 자인 '권력자의 무덤'으로 이용되었으며, 이 안에는 주검뿐만 아니라 토기, 석기, 청동기 등의 다양한 유물이 함께 묻혔다. 이러한 이유로 고인돌은 청동기 시대의 사회상을 파악하는 데 매우 중요한 유적이 되었으며, 지역에 따라 고인돌의 형태는 다양하게 나타난다.

교정부호를 고려해 내용 입력

고인돌에 대

1. 고인돌이란?
고인돌이란 청동기 시대의 대표적인 무덤 형식으로, 말 그대로 '돌을 고였다'라고 하여 붙여진 이름이다. 기원전(紀元前) 1000년 무렵, 원시 농업 경제 사회가 형성되면서 농경의 발달로 인해 잉여 생산물(product)이 생기게 되었고, 자연스럽게 사회 집단 내부에는 다스림을 받는 자와 다스리는 자로 나뉘기 시작했다. 고인돌은 다스리는 자인 '권력자의 무덤'으로 이용되었으며, 이 안에는 주검뿐만 아니라 토기, 석기, 청동기 등의 다양한 유물(遺物)이 함께 묻혔다. 이러한 이유로 고인돌은 청동기 시대의 사회상을 파악하는 데 매우 중요한 유적이 되었으며, 지역에 따라 고인돌의 형태는 다양하게 나타난다.

한자 변환

Check 02 ⟩ 2번 내용 작성 : 오탈자 없이 두 번째 문단 내용을 입력해요!

은 청동기 시대의 사회상을 파악하는 데 매우 중요한 유적이 되었으며, 지역에 따라 고인돌의 형태는 다양하게 나타난다.

2. 우리나라의 고인돌
고인돌은 전 세계에 분포되어 있지만, 특히 우리나라, 일본, 중국 등 동북아시아 지역에서 많이 찾아볼 수 있다. 우리나라는 '고인돌 왕국'이라고 부를 수 있을 정도로 많은 수의 고인돌 유적이 존재하고 있다. 현재 남한에서는 약 3만, 북한에서는 약 1만 5천기에 달하는 고인돌이 있으며, 이는 전 세계 고인돌의 40퍼센트 이상에 해당하는 수치(figure)이다. 우리나라의 고인돌은 주로 서해안 지역, 그중에서도 호남지방(湖南地方)에 집중적으로 밀집(密集)되어 있다. 고인돌은 기본적으로 지상이나 지하의 무덤방 위에 거대한 덮개돌을 얹어 만든 형태(形態)이지만, 덮개돌의 구체적인 모양에 따라 크게 탁자식과 바둑판식, 개석식, 위석식으로 나뉜다.

두 번째 문단 내용 입력

고인돌에 대

1. 고인돌이란?
고인돌이란 청동기 시대의 대표적인 무덤 형식으로, 말 그대로 '돌을 고였다'라고 하여 붙여진 이름이다. 기원전(紀元前) 1000년 무렵, 원시 농업 경제 사회가 형성되면서 농경의 발달로 인해 잉여 생산물(product)이 생기게 되었고, 자연스럽게 사회 집단 내부에는 다스림을 받는 자와 다스리는 자로 나뉘기 시작했다. 고인돌은 다스리는 자인 '권력자의 무덤'으로 이용되었으며, 이 안에는 주검뿐만 아니라 토기, 석기, 청동기 등의 다양한 유물(遺物)이 함께 묻혔다. 이러한 이유로 고인돌은 청동기 시대의 사회상을 파악하는 데 매우 중요한 유적이 되었으며, 지역에 따라 고인돌의 형태는 다양하게 나타난다.

2. 우리나라의 고인돌
고인돌은 전 세계에 분포되어 있지만, 특히 우리

소제목 글꼴 서식 변경

STEP 01 교정부호를 고려해 첫 번째 문단 작성하기

1 한글 2022 프로그램을 실행한 후 [07차시] 폴더에서 **07차시 문제.hwpx** 파일을 불러옵니다.

2 '고인돌이란?' 뒤쪽을 선택해 Enter 를 눌러 한 줄 아래에 커서를 위치시킵니다.

➕ 2페이지의 줄 간격(160%)과 글꼴 서식(바탕, 10pt)이 지정되어 있는지 확인하며 작업해요.

3 교정부호를 적용하여 내용을 입력합니다.

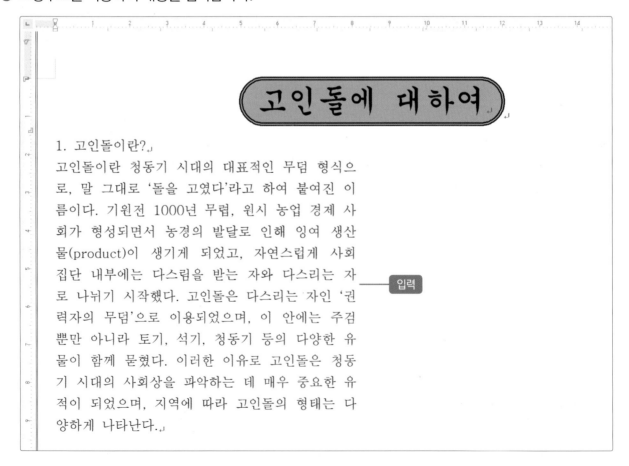

두 번째 페이지에서는 교정부호를 적용하는 문제가 출제됩니다. '자리 바꾸기'와 '다른 단어로 바꾸기' 문제가 고정적으로 출제되고 있으니 교정부호의 의미를 이해하고 문서를 입력할 때 적용합니다.

❶ 자리 바꾸기(◯◯)

름이다. 기원전 1000년 무렵, 원시 농업 경제 사회가 형성되면서 농경의 발달로 인해 잉여 생산물(product)이 생기게 되었고, 자연스럽게 사회 집단 다스림을 내부에는 받는 자와 다스리는 자로 나뉘기 시작했다. 고인돌은 다스리는 자인 '권력자의 무덤'으로 이용되었으며, 이 안에는 주검뿐만 아니라 토기, 석기, 청동기 등의 다양한 유

▲ 교정 전(문제지)

름이다. 기원전 1000년 무렵, 원시 농업 경제 사회가 형성되면서 농경의 발달로 인해 잉여 생산물(product)이 생기게 되었고, 자연스럽게 사회 집단 내부에는 다스림을 받는 자와 다스리는 자로 나뉘기 시작했다. 고인돌은 다스리는 자인 '권력자의 무덤'으로 이용되었으며, 이 안에는 주검뿐만 아니라 토기, 석기, 청동기 등의 다양한 유

▲ 교정 후(작성 답안)

❷ 다른 단어로 바꾸기(◯◯ 은)

물이 함께 묻혔다. 이러한 이유로 고인돌도 청동기 시대의 사회상을 파악하는 데 매우 중요한 유적이 되었으며, 지역에 따라 고인돌의 형태는 다양하게 나타난다.

▲ 교정 전(문제지)

물이 함께 묻혔다. 이러한 이유로 고인돌은 청동기 시대의 사회상을 파악하는 데 매우 중요한 유적이 되었으며, 지역에 따라 고인돌의 형태는 다양하게 나타난다.

▲ 교정 후(작성 답안)

02 한자 변환하기

1 한자로 변환할 단어인 '**기원전**'을 블록으로 지정한 다음 [한자]를 누릅니다.

1. 고인돌이란? 고인돌이란 청동기 시대의 대표적인 무덤 형식으로, 말 그대로 '돌을 고였다'라고 하여 붙여진 이름이다. 기원전 1000년 무렵, 원시 농업 경제 사회가 형성되면서 농경의 발달로 인해 잉여 생산물(product)이 생기게 되었고, 자연스럽게 사회 집단 내부에는 다스림을 받는 자와 다스리는 자로 나뉘기 시작했다. 고인돌은 다스리는 자인 '권

❶ 블록 지정   ❷ 한자

2 문제지와 동일한 모양의 한자를 선택하고 입력 형식을 '**한글(漢字)**'에 체크한 다음 **<바꾸기>**를 클릭합니다.

3 문제지와 동일한 형식으로 한자가 입력된 것을 확인합니다.

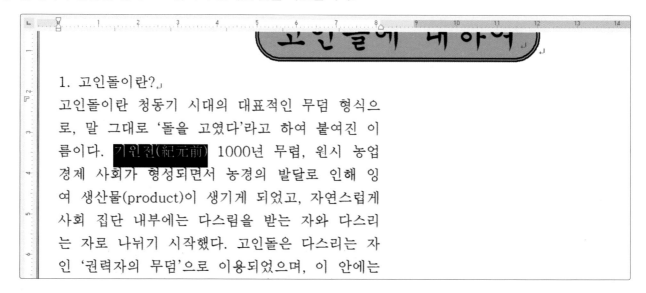

◈ **DIAT 꿀팁**
  • 입력된 단어를 한자로 변환하는 문제가 5개 정도 출제됩니다.
  • 영어 단어를 입력하는 문제가 2개 정도 출제됩니다.

03 문서 입력 및 글꼴 서식 변경하기

• 돋움, 12pt, 진하게

1 교정부호, 한자 변환, 영어 단어, 오탈자에 등에 유의하며 첫 번째 단락 작성을 완료합니다.

고인돌에 대하여

1. 고인돌이란?

고인돌이란 청동기 시대의 대표적인 무덤 형식으로, 말 그대로 '돌을 고였다'라고 하여 붙여진 이름이다. 기원전(紀元前) 1000년 무렵, 원시 농업 경제 사회가 형성되면서 농경의 발달로 인해 잉여 생산물(product)이 생기게 되었고, 자연스럽게 사회 집단 내부에는 다스림을 받는 자와 다스리는 자로 나뉘기 시작했다. 고인돌은 다스리는 자인 '권력자의 무덤'으로 이용되었으며, 이 안에는 주검뿐만 아니라 토기, 석기, 청동기 등의 다양한 유물(遺物)이 함께 묻혔다. 이러한 이유로 고인돌은 청동기 시대의 사회상을 파악하는 데 매우 중요한 유적이 되었으며, 지역에 따라 고인돌의 형태는 다양하게 나타난다.

LEVEL UP 오탈자 확인하기

영어 단어 입력 및 한자 변환이 끝난 상태에서 오탈자가 없는지 확인하는 작업이 필요합니다. 문제지의 좌측과 우측 끝 글자를 살펴 보고 내가 작성한 문서와 동일한지 살펴보세요. 만약 다르게 표시된다면 띄어쓰기 또는 오탈자가 있거나, 글꼴 서식(바탕, 10p), 문서 여백 등이 잘못된 경우입니다.

> 1. 고인돌이란?
> 고인돌이란 청동기 시대의 대표적인 무덤 형식으로, 말 그대로 '돌을 고였다'라고 하여 붙여진 이름이다. 기원전(紀元前) 1000년 무렵, 원시 농업 경제 사회가 형성되면서 농경의 발달로 인해 잉여 생산물(product)이 생기게 되었고, 자연스럽게 사회 집단 내부에는 다스림을 받는 자와 다스리는 자로 나뉘기 시작했다. 고인돌은 다스리는 자인 '권력자의 무덤'으로 이용되었으며, 이 안에는 주검뿐만 아니라 토기, 석기, 청동기 등의 다양한 유물(遺物)이 함께 묻혔다. 이러한 이유로 고인돌은 청동기 시대의 사회상을 파악하는 데 매우 중요한 유적이 되었으며, 지역에 따라 고인돌의 형태는 다양하게 나타난다.

2 문단의 마지막 내용인 '나타난다.' 뒤쪽을 선택하여 [Enter]를 2번 누른 후 두 번째 단락의 제목을 입력합니다.

> 요한 유적이 되었으며, 지역에 따라 고인돌의 형
> 태는 다양하게 나타난다. — ❶ 클릭 ❷ Enter (2번)
>
> ⌐
> ∣ — ❸ 확인

▼

> 요한 유적이 되었으며, 지역에 따라 고인돌의 형
> 태는 다양하게 나타난다.
>
> ⌐
> 2. 우리나라의 고인돌 — ❹ 입력

3 교정부호 적용, 한자 변환, 영어 단어, 오탈자에 등에 유의하며 두 번째 단락을 입력합니다.

4 각 단락의 제목 글꼴 서식(**돋움, 12pt, 진하게**)을 변경합니다.

고인돌에 대하여

1. 고인돌이란? ── ❷ 글꼴 서식 변경

고인돌이란 청동기 시대의 대표적인 무덤 형식으로, 말 그대로 '돌을 고였다'라고 하여 붙여진 이름이다. 기원전(紀元前) 1000년 무렵, 원시 농업 경제 사회가 형성되면서 농경의 발달로 인해 잉여 생산물(product)이 생기게 되었고, 자연스럽게 사회 집단 내부에는 다스림을 받는 자와 다스리는 자로 나뉘기 시작했다. 고인돌은 다스리는 자인 '권력자의 무덤'으로 이용되었으며, 이 안에는 주검뿐만 아니라 토기, 석기, 청동기 등의 다양한 유물(遺物)이 함께 묻혔다. 이러한 이유로 고인돌은 청동기 시대의 사회상을 파악하는 데 매우 중요한 유적이 되었으며, 지역에 따라 고인돌의 형태는 다양하게 나타난다.

2. 우리나라의 고인돌 ── ❸ 글꼴 서식 변경

고인돌은 전 세계에 분포되어 있지만, 특히 우리나라, 일본, 중국 등 동북아시아 지역에서 많이 찾아볼 수 있다. 우리나라는 '고인돌 왕국'이라고 부를 수 있을 정도로 많은 수의 고인돌 유적이 존재하고 있다. 현재 남한에서는 약 3만, 북한에서는 약 1만 5천기에 달하는 고인돌이 있으며, 이는 전 세계 고인돌의 40퍼센트 이상에 해당하는 수치(figure)이다. 우리나라의 고인돌은 주로 서해안 지역, 그중에서도 호남지방(湖南地方)에 집중적으로 밀집(密集)되어 있다. 고인돌은 기본적으로 지상이나 지하의 무덤방 위에 거대한 덮개돌을 얹어 만든 형태(形態)이지만, 덮개돌의 구체적인 모양에 따라 크게 탁자식과 바둑판식, 개석식, 위석식으로 나뉜다. ── ❶ 입력

5 작업이 완료되면 [저장(💾)]을 클릭하거나 Alt + S 를 눌러 **답안 파일을 저장합니다.**

➕ 시험이 진행되는 40분 동안 수시로 저장하여 작업 내용이 누락되지 않도록 해요.

01 아래의 조건 및 출력형태를 고려해 문서를 작성하시오.

실습파일 : 07-01(문제).hwpx
완성파일 : 07-01(완성).hwpx

《출력형태》

초등교육박람회

1. 미래직업교육체험관 ← 굴림, 12pt, 진하게

초등교육박람회에서는 미래(未來)를 대비하는 선생님들과 부모님, 그리고 아이들을 위해서 '미래직업교육체험관'을 운영한다. 아이들의 미래 적성 검사를 해 보고, 미래 전망 있는 직업까지 체험해 볼 수 좋은 기회가 될 것이다. 초등학생(schoolchild)들이 하는 미래 직업 체험과 검사는 모두 무료(無料)로 진행할 예정이다. 성인 1명당 초등학생 2명까지 동반할 수 있으며, 최대 하루 이용(利用) 가능 인원은 100~300명이다.

2. 학교실내체육특별관 ← 굴림, 12pt, 진하게

날씨가 따뜻해지면 어김없이 찾아오는 불청객이 바로 미세먼지다. 미세먼지의 영향으로 공기의 질이 나빠지면서 외부 활동을 이 하거나 운동장에 나가서 뛰어노는 활동(活動)가 점점 줄어들 수밖에 없어 한창 뛰어놀아야 할 나이의 아이들에 대한 학교의 고민은 깊어질 수밖에 없다. 이에 대한 대책으로 초등교육박람회에서는 좁은 교실이나 강당 등 실내 공간에서 체육 활동을 할 수 있는 환경을 제공하는 제품을 전시하는 '학교실내체육특별관'을 만들었다. 표적(標的)과 타깃을 가상 시뮬레이션으로 즐길 수 있는 스크린 양궁, 초등체육 교과 커리큘럼에 맞춰 수업 과정과 연계한 11종의 교육 콘텐츠로 구성된 VR(Virtual Reality), AR을 기반으로 한 체육 콘텐츠도 전시된다. 뿐만 아니라 에어 매트와 점핑 매트로 실내에서 아이들이 운동을 할 수 있도록 구성되어 있는 체육용 에어매트도 전시한다.

실습파일 : 07-02(문제).hwpx
완성파일 : 07-02(완성).hwpx

《출력형태》

공룡의 역사와 공룡 발자국

1. 공룡의 탄생과 멸종 ◀── 돋움체, 11pt, 진하게

고성공룡박물관에서는 공룡이 태어나고 공룡이 살아가고, 멸종(滅種)되기까지의 모습을 직접 둘러보고 확인할 수 있다. 최초의 공룡(dinosaur)은 몸 길이가 1m 밖에 안 되는 작은 육식공룡이었지만 시간이 지나면서 개체수가 많아지고 더 많은 공룡이 나타나기 시작했다. 중생대의 마지막 시기인 백악기에 공룡의 수는 기하급수적으로 늘어났다. 쥐라기와 백악기에 걸쳐 지구를 지배하던 공룡(恐龍)이 6500만년 전 갑자기 멸종되었다. 공룡이 멸종하게 된 이유는 정확하게 밝혀진 것은 없고, 여러 가지 학설(學說)이 있다. 해수면이 내려가면서 공룡이 멸종되었다는 '해수면 저하설', 운석이 충돌하여 공중(空中)으로 날아오르면서 먼지가 태양 빛을 차단, 기후를 떨어뜨려서 멸종하게 되었다는 '운석 충돌설', 수십만 년에 걸친 화산활동(火山活動)으로 용암이 분출된 식으면서 2km 두께로 용암 대지가 형성되어 멸종되었다는 '화산 폭발설' 등이 있다.

2. 공룡 발자국 화석지 ◀── 돋움체, 11pt, 진하게

우리나라 고성에는 실존했던 공룡의 발자국을 확인할 수 있다. 고성군에는 중생대 공룡이 살던 시대에 만들어진 지층이 많아 지진 작용에 의해 열변성을 받아 단단하게 구워져 발자국이 현재까지 남아 있게 된 것이다. 아직까지 공룡 뼈는 발견되지 않아 어떤 이름의 공룡이 서식(inhabitation)했는지 알 수 없지만, 발자국을 통해 공룡의 주인이 육식인지, 초식인지 정도는 확인 가능하다.

《출력형태》

초등학생이 좋아하는 간식

1. 간식의 종류는? ← 굴림체, 12pt, 진하게

요즘은 남녀노소 할 것 없이 다이어트가 유행이긴 하지만 간식(間食)에 대한 유혹은 떨쳐낼 수 없다. 학교가 끝나고 학교 앞 분식집에서 먹는 떡볶이, 떡꼬치, 순대꼬치, 알꼬치 등은 별미 중에 별미(別味)다. 열심히 공부하고 집에 가는 길에 먹는 분식은 단연 간식의 최고라고 할 수 있다. 짭쪼롬한 감자튀김과 톡 쏘는 콜라와 함께 먹는 햄버거는 식사 대용으로도 손색이 없는 간식이다. 또, 영화관에서 안 먹으면 서운한 팝콘, 핫도그, 나초 등도 빼 놓을 수 없는 간식(snack) 중 하나이다. 이 외에도 가족들과 여행(旅行)을 갈 때 휴게소에서 먹는 어묵, 통감자, 버터구이 오징어, 소떡소떡도 훌륭한 간식이다. 몸에 썩 좋지 않다는 것을 알고는 있지만 간식의 단짠단짠 매력(魅力)은 헤어나올 수가 없다.

2. 선호하는 간식은? ← 굴림체, 12pt, 진하게

전국 초등학생 1,027명을 대상으로 일주일 동안 좋아하는 간식을 물어보고 그 결과(結果)를 표로 만들었다. 두 가지 음식을 고를 수 있도록 했으며, 두 가지 중 순위를 따로 매기지는 않았다. 설문조사 결과 초등학생들이 가장 좋아하는 간식은 바로 '치킨(chicken)'이었다. 바삭한 튀김과 쫄깃쫄깃한 닭고기의 조화를 가장 선호하는 것으로 나타났다. 두 번째로 좋아하는 간식은 '떡볶이'였다. 비교적 저렴한 가격으로 매콤하고 달달한 맛의 떡볶이는 둘째가라면 서러운 메뉴이다. 이 외에도 피자, 라면, 토스트, 햄버거, 아이스크림, 소떡소떡, 짜장면 등이 순위에 올랐다.

실습파일 : 07-04(문제).hwpx
완성파일 : 07-04(완성).hwpx

《출력형태》

달빛어린이병원

1. 달빛어린이병원의 시작 ← 돋움, 12pt, 진하게

달빛어린이병원은 만 18세 이하의 환자들이 밤늦게나 휴일(休日)에 갑자기 아파 병원을 가야할 때 종합병원(General hospital)의 응급실이 아닌 소아아동병원을 찾아가면 된다. 응급실은 기본 2~3시간(time)은 기다려야만 진료를 볼 수 있을 뿐만 아니라 비용 또한 일반 병원보다 훨씬 비싸기 때문에 대기시간 대비 환자들의 만족도는 떨어진다. 이런 불편함과 응급실 과밀화를 해소하기 위한 일환으로 만들어진 달빛어린이병원은 가벼운 상처가 있거나 경증(輕症)환자들이 찾아 보다 저렴한 짧은 비용과 대기 시간으로 진료를 볼 수 있다. 또, 소아과 전문의에게 전문적인 진료를 받을 수 있으며, 응급실의 중환자로 인한 아이들의 두려움이 방지할 수 있다. → 을

2. 달빛어린이병원의 아쉬운 점 ← 돋움, 12pt, 진하게

안타깝게도 현재 달빛어린이병원은 서울, 경기, 부산, 제주 등 전국 22곳뿐이며 대전, 광주, 울산, 세종, 충남, 전남에서는 이용 가능한 병원이 없어서 아쉽다는 목소리가 높다. 또, 운영하는 병원이 있다 하더라도 운영 병원(病院) 개수가 많지 않아서 이용하기가 쉽지 않다. 이는 달빛어린이병원이 의무적으로 운영(運營)되는 것이 아니라 공모를 통해 선정하는데, 운영비에 대한 부담과 의료진 피로도 등 여러 요인으로 지역 병원들의 참여가 활발하지 않기 때문이다. 이에 복지부는 달빛어린이병원의 이용자 만족도가 매우 높아 확대 운영에 대한 요구가 지속적으로 제기되어 온 만큼 소아진료기관의 참여(參與)를 독려하고 있다.

《출력형태》

가상현실과 증강현실

1. 가상현실 ← 중고딕, 11pt, 진하게

가상현실(Virtual Reality)은 인간의 상상에 따른 공간과 사물을 컴퓨터에 가상으로 만들어, 시각, 청각(聽覺), 촉각을 비롯한 인간 오감을 활용한 작용으로 현실(現實) 세계에서는 직접 경험하지 못하는 상황을 간접으로 체험할 수 있도록 하는 기술을 말한다. 이런 가상현실 기술을 가장 유용 〔중〕 하고 활발하게 이용할 수 있는 분야 〔종〕 하나는 엔터테인먼트 산업으로서, 인간의 오감을 자극하 면서 사실같은 게임을 즐길 수 있기 때문이다. 놀 이공원에서는 어린이들이 시뮬레이션 놀이기구에 타고서 실감(實感) 있는 시각효과 및 음향효과, 그리고 거기에 일치하는 의자의 흔들림과 진동 등을 느끼면서 현실에 가까운 가상현실을 체험할 수 있다.

2. 증강현실(Augmented Reality) ← 중고딕, 11pt, 진하게

오감을 통해 실제와 유사한 체험을 제공하는 기 술인 가상현실이 실제 환경을 볼 수 없는 반면 실제 환경에 가상 정보를 섞는 증강현실은 더욱 심화된 현실감과 부가정보를 제공하는 기술이다. 컴퓨터 게임으로 예를 들면, 가상현실 격투게임은 '나를 대신하는 캐릭터'가 '가상의 공간'에서 '가상 의 적'과 대결하지만 증강현실 격투게임은 '현실 의 내'가 '현실의 공간'에서 '가상의 적'과 대결을 벌이는 형태가 된다. 최근(最近) 공개된 '식스센 스'라는 기기는 스마트폰 정도의 크기에 빔프로젝 터 기능이 있어 영상을 공간에 투사하거나, 주변 의 사진(寫眞) 또는 영상을 받아 들여 그에 해당 하는 상세 정보를 보여준다.

《출력형태》

컴퓨팅 사고력과 알고리즘

1. 컴퓨팅 사고력 ← 돋움체, 12pt, 진하게

오늘날 컴퓨팅 사고는 새로운 창의적(創意的) 사고의 방법으로 주목받고 있다. 많은 나라들이 소프트웨어(software) 교육을 실시하는 것은 단지 국민을 컴퓨터 코딩을 능숙하게 다루는 프로그래머로 만들자는 것이 아니라, 국민들이 모든 분야의 문제를 새로운 방향으로 생각하여 수월하게 해결할 수 있는 능력을 키워주기 위해서 이다. 따라서 컴퓨팅 사고력은 컴퓨터가 문제를 해결하는 방식처럼 복잡한 문제를 단순화하고 이를 논리적, 효율적으로 해결하는 능력뿐만 아니라 컴퓨터가 여러 일들을 묶어서 처리하거나, 우선순위를 정하여 순서대로 처리하는 원리를 배워서 실생활에서 자신이 해야 할 일들을 효율적으로 처리하는 능력(能力)을 기를 수 있다.

2. 알고리즘(algorithm) ← 돋움체, 12pt, 진하게

우리는 해결해야 할 문제에 접하면 순간적인 판단으로 해결한다. 하지만 여러 가지 조건과 상황을 고려하여 최적의 판단을 해야 하는 복잡한 문제가 발생할 때는 컴퓨터를 이용하기도 한다. 알고리즘은 주어진 문제를 논리적으로 해결하기 위해 필요한 절차(節次), 방법, 명령어들을 모아놓은 것이라 정의할 수 있으며 넓게는 사람 손으로 해결하는 것, 컴퓨터로 해결하는 것, 수학적인 것, 비수학적인 것을 모두 포함한다. 그리고 알고리즘에서 가장 중요한 것은 효율성이라고 할 수 있는데 똑같은 문제(問題) 해결에 있어 결과는 같아도 해결방법에 따라 실행속도나 오차(誤差) 또는 오류 등에 차이가 있을 수 있기 때문이다.

출제유형 마스터하기 08

[문제 2] 그림과 각주 삽입

※ 실습파일 : 08차시(문제).hwpx   ※ 완성파일 : 08차시(완성).hwpx

문제 미리보기

《출력형태》

DIAT

고인돌에 대하여

1. 고인돌이란?

> 그림A 삽입(바탕화면-KAIT-제출파일 폴더)
> 너비(85mm), 높이(40mm)
> 위치 : 어울림(가로 – 쪽의 왼쪽:0.0mm,
>   세로 – 쪽의 위:22mm)

고인돌이란 청동기 시대의 대표적인 무덤 형식으로, 말 그대로 '돌을 고였다'라고 하여 붙여진 이름이다. 기원전(紀元前) 1000년 무렵, 원시 농업 경제 사회가 형성되면서 농경의 발달로 인해 잉여 생산물(product)이 생기게 되었고, 자연스럽게 사회 집단 내부에는 다스림을 받는 자와 다스리는 자로 나뉘기 시작했다. 고인돌은 다스리는 자인 '권력자의 무덤'으로 이용되었으며, 이 안에는 주검뿐만 아니라 토기, 석기, 청동기 등의 다양한 유물(遺物)이 함께 묻혔다. 이러한 이유로 고인돌은 청동기 시대의 사회상을 파악하는 데 매우 중

는 수치(figure)이다. 우리나라의 고인돌은 주로 서해안 지역, 그중에서도 호남지방(湖南地方)에 집중적으로 밀집(密集)되어 있다. 고인돌은 기본적으로 지상이나 지하의 무덤방 위에 거대한 덮개돌㉮을 얹어 만든 형태(形態)이지만, 덮개돌의 구체적인 모양에 따라 크게 탁자식과 바둑판식, 개석식, 위석식으로 나뉜다.

> 각주

───────────────

㉮ 고인돌에서 받침돌 위에 올려진 큰 돌 ◄— 궁서, 9pt

- B -

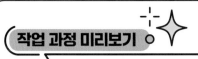
그림 삽입 ▷ 크기 및 위치 설정 ▷ 각주 삽입 ▷ 각주 글꼴 서식 변경

Check 01 > 그림 삽입 : 그림을 삽입한 후 제시된 값을 입력해 크기와 위치를 지정해요!

1. 고인돌이란?

석식, 위석식으로 나뉜다.

고인돌이란 청동기 시대의 대표적인 무덤 형식으로, 말 그대로 '돌을 고였다'라고 하여 붙여진 이

▽ 그림 A 삽입

1. 고인돌이란?

고인돌이란 청동기 시대의 대표적인 무덤 형식으로, 말 그대로 '돌을 고였다'라고 하여 붙여진 이

그림 크기 및 위치 지정

Check 02 > 각주 삽입 : 문서 하단에 각주를 삽입하고 서식을 변경해요!

적으로 지상이나 지하의 무덤방 위에 거개돌1)을 얹어 만든 형태(形態)이지만, 됨구체적인 모양에 따라 크게 탁자식과 비개석식, 위석식으로 나뉜다.

―――――――――――――
1) 고인돌에서 받침돌 위에 올려진 큰 돌

▷

적으로 지상이나 지하의 무덤방 위에 거개돌㉮을 얹어 만든 형태(形態)이지만, 됨구체적인 모양에 따라 크게 탁자식과 비개석식, 위석식으로 나뉜다.

―――――――――――――
㉮ 고인돌에서 받침돌 위에 올려진 큰 돌

'덮개돌' 단어에 각주 삽입

각주 모양 & 글꼴 서식 변경

STEP 01 그림 삽입하고 편집하기

- 그림A 삽입(바탕화면-KAIT-제출파일 폴더)
  너비(85mm), 높이(40mm)
  위치 : 어울림(가로-쪽의 왼쪽:0.0mm, 세로-쪽의 위:22mm)

1 한글 2022 프로그램을 실행한 후 [08차시] 폴더에서 **08차시 문제.hwpx** 파일을 불러옵니다.

2 그림을 삽입하기 위해 첫 번째 본문이 시작하는 곳에 커서를 위치시킨 후 [입력] 탭-[**그림**]을 클릭합니다.

➕ Ctrl + N , I 를 눌러도 그림을 삽입할 수 있어요.

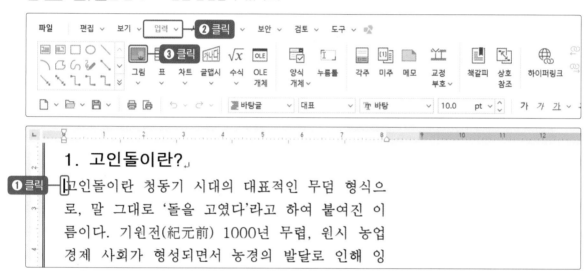

3 [08차시] 폴더에서 **그림A**를 선택합니다.

> ◈ **DIAT 꿀팁**
> 시험장에서는 [바탕 화면]-[KAIT]-
> [제출파일] 경로에서 필요한 그림 파일
> 을 선택할 수 있습니다.

4 그림이 삽입된 것을 확인한 다음 속성을 지정하기 위해 더블클릭합니다.

5 [기본] 탭에서 **크기**와 **본문과의 배치** 옵션을 지정합니다.

➕ 그림의 크기를 고정해 문서 편집 시 크기가 바뀌지 않도록 해요.

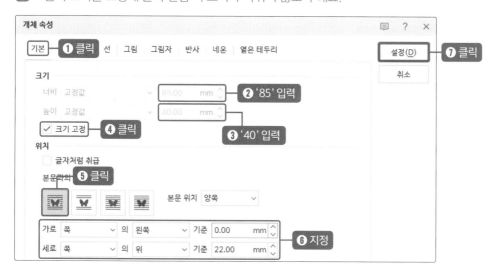

6 그림의 크기와 위치가 문제지와 동일하게 변경되었는지 확인합니다.

02 각주 삽입하고 수정하기

- 궁서, 9pt

1 각주를 삽입할 단어(**덮개돌**) 뒤에 커서를 놓은 후 [입력] 탭에서 [**각주**]를 클릭합니다.

➕ Ctrl + N , N 을 눌러 각주를 입력할 수도 있어요.

서해안 지역, 그중에서도 호남지방(湖南地方)에 집중적으로 밀집(密集)되어 있다. 고인돌은 기본적으로 지상이나 지하의 무덤방 위에 거대한 덮개돌을 ❶클릭 만든 형태(形態)이지만, 덮개돌의 구체적인 모양에 따라 크게 탁자식과 바둑판식, 개석식, 위석식으로 나뉜다.↵

각주란 무엇일까요?

각주는 긴 글에서 어려운 단어 또는 해당 단어에 대한 추가 정보를 설명하고자 할 때 문서 아래에 작게 표시하는 기능입니다.

2 문서 하단에 각주 입력 영역이 표시되면 문제지를 참고하여 내용을 입력합니다.

이는 전 세계 고인돌의 40퍼센트 이상에 해당하는 수치(figure)이다. 우리나라의 고인돌은 주로 서해안 지역, 그중에서도 호남지방(湖南地方)에 집중적으로 밀집(密集)되어 있다. 고인돌은 기본적으로 지상이나 지하의 무덤방 위에 거대한 덮개돌1)을 얹어 만든 형태(形態)이지만, 덮개돌의 구체적인 모양에 따라 크게 탁자식과 바둑판식, 개석식, 위석식으로 나뉜다.↵

_____

1) 고인돌에서 받침돌 위에 올려진 큰 돌↵ ─ 입력

- B -

3 각주의 번호 모양을 변경하기 위해 [주석] 탭에서 **[번호 모양]**을 클릭한 후 문제지와 동일한 모양을 선택합니다.

💬 각주의 번호 모양은 조건에 제시되지 않으므로 《출력형태》를 참고하여 동일한 모양을 선택해 주세요.

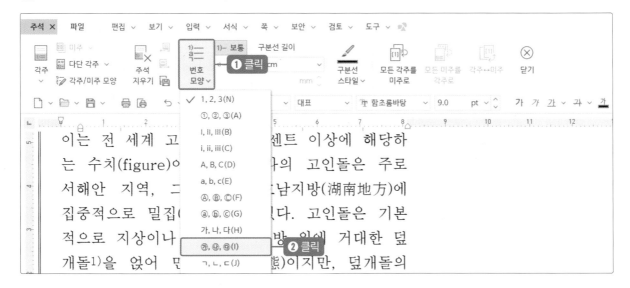

4 번호 모양이 변경되면 각주 내용을 모두 블록으로 지정한 후 글꼴 서식(궁서, 9pt)을 변경합니다.

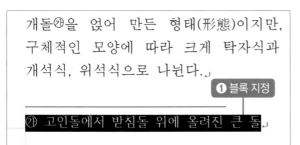 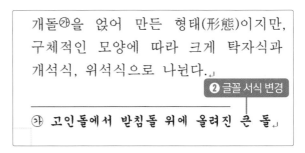

 DIAT 꿀팁
각주의 번호 모양은 '1)', 'ㄱ', 'ⓘ', '㉮', 'Ⓐ', 'ⓐ'가 자주 출제되고 있습니다.

5 [주석] 탭에서 **[닫기]**를 클릭해 각주 입력 상태를 종료합니다.

6 작업이 완료되면 [저장(🖫)]을 클릭하거나 Alt + S 를 눌러 **답안 파일을 저장**합니다.

💬 시험이 진행되는 40분 동안 수시로 저장하여 작업 내용이 누락되지 않도록 해요.

01 아래의 조건 및 출력형태를 고려해 문서를 작성하시오.

실습파일 : 08-01(문제).hwpx
완성파일 : 08-01(완성).hwpx

《출력형태》

초등교육박람회

1. 미래직업교육체험관

그림B 삽입(바탕화면-KAIT-제출파일 폴더)
너비(85mm), 높이(40mm)
위치 : 어울림(가로 – 쪽의 왼쪽 : 0mm,
　　　　세로 – 쪽의 위 : 22mm)

초등교육박람회에서는 미래(未來)를 대비하는 선생님들과 부모님, 그리고 아이들을 위해서 '미래직업교육체험관'을 운영한다. 아이들의 미래 적성 검사를 해 보고, 미래 전망 있는 직업까지 체험해 볼 수 좋은 기회가 될 것이다. 초등학생(schoolchild)들이 하는 미래 직업 체험과 검사는 모두 무료(無料)로 진행할 예정이다. 성인 1명당 초등학생 2명까지 동반할 수 있으며, 하루 최대 이용(利用) 가능 인원은 100~300명이다.

2. 학교실내체육특별관

날씨가 따뜻해지면 어김없이 찾아오는 불청객이 바로 미세먼지다. 미세먼지의 영향으로 공기의 질이 나빠지면서 외부 활동을 하거나 운동장에 나가서 뛰어노는 활동(活動)이 점점 줄어들 수밖에 없어 한창 뛰어놀아야 할 나이의 아이들에 대한 학교의 고민은 깊어질 수밖에 없다. 이에 대한 대책으로 초등교육박람회에서는 좁은 교실이나 강당 등 실내 공간에서 체육 활동을 할 수 있는 환경을 제공하는 제품을 전시하는 '학교실내체육특별관'을 만들었다. 표적(標的)과 타깃을 가상 시뮬레이션으로 즐길 수 있는 스크린 양궁, 초등체육 교과 커리큘럼에 맞춰 수업 과정과 연계한 11종의 교육 콘텐츠로 구성된 VR(Virtual Reality), AR㉮을 기반으로 한 체육 콘텐츠도 전시된다. 뿐만 아니라 에어 매트와 점핑 매트로 실내에서 아이들이 운동을 할 수 있도록 구성되어 있는 체육용 에어매트도 전시한다.

각주

㉮ 증강 현실, 현실의 이미지나 배경에 3차원 가상 이미지를 겹쳐 하나의 영상으로 보여주는 기술

굴림, 9pt

《출력형태》

공룡의 역사와 공룡 발자국

1. 공룡의 탄생과 멸종

그림C 삽입(바탕화면-KAIT-제출파일 폴더)
너비(83mm), 높이(40mm)
위치 : 어울림(가로 - 쪽의 왼쪽 : 0mm,
　　　　　세로 - 쪽의 위 : 24mm)

고성공룡박물관에서는 공룡이 태어나고 공룡이 살아가고, 멸종(滅種)되기까지의 모습을 직접 둘러보고 확인할 수 있다. 최초의 공룡(dinosaur)은 몸 길이가 1m 밖에 안 되는 작은 육식공룡이었지만 시간이 지나면서 개체수가 많아지고 더 많은 공룡이 나타나기 시작했다. 중생대의 마지막 시기인 백악기에 공룡의 수는 기하급수적으로 늘어났다. 쥐라기와 백악기에 걸쳐 지구를 지배하던 공룡(恐龍)이 6500만년 전 갑자기 멸종되었다. 공룡이 멸종하게 된 이유는 정확하게 밝혀진 것은 없고, 여러 가지 학설(學說)이 있다. 해수면이 내려가면서 공룡이 멸종되었다는 '해수면 저하설', 운석이 충돌하여 공중(空中)으로 날아오르면서 먼지가 태양 빛을 차단, 기후를 떨어뜨려서 멸종하게 되었다는 '운석 충돌설', 수십만 년에 걸친 화산활동(火山活動)으로 분출된 용암이 식으면서 2km 두께로 용암 대지가 형성되어 멸종되었다는 '화산 폭발설' 등이 있다.

2. 공룡 발자국 화석지

각주

우리나라 고성에는 실존했던 공룡의 발자국을 확인할 수 있다. 고성군에는 중생대Ⓐ 공룡이 살던 시대에 만들어진 지층이 많아 지질 작용에 의해 열변성을 받아 단단하게 구워져 발자국이 현재까지 남아 있게 된 것이다. 아직까지 공룡 뼈는 발견되지 않아 어떤 이름의 공룡이 서식(inhabitation)했는지 알 수 없지만, 발자국을 통해 공룡의 주인이 육식인지, 초식인지 정도는 확인 가능하다.

Ⓐ 고생대와 신생대 사이의 시대 ◀── 궁서체, 9pt

《출력형태》

초등학생이 좋아하는 간식

1. 간식의 종류는?

그림D 삽입(바탕화면-KAIT-제출파일 폴더)
너비(85mm), 높이(38mm)
위치 : 어울림(가로 - 쪽의 왼쪽 : 0mm,
　　　　　세로 - 쪽의 위 : 23mm)

요즘은 남녀노소 할 것 없이 다이어트가 유행이긴 하지만 간식(間食)에 대한 유혹은 떨쳐낼 수 없다. 학교가 끝나고 학교 앞 분식집에서 먹는 떡볶이, 떡꼬치, 순대꼬치, 알꼬치 등은 별미 중에 별미(別味)다. 열심히 공부하고 집에 가는 길에 먹는 분식은 단연 간식의 최고라고 할 수 있다. 짭쪼롬한 감자튀김과 톡 쏘는 콜라와 함께 먹는 햄버거는 식사 대용으로도 손색이 없는 간식이다. 또, 영화관에서 안 먹으면 서운한 팝콘, 핫도그, 나초 등도 빼 놓을 수 없는 간식(snack) 중 하나이다. 이 외에도 가족들과 여행(旅行)을 갈 때 휴게소에서 먹는 어묵, 통감자, 버터구이 오징어, 소떡소떡도 훌륭한 간식이다. 몸에 썩 좋지 않다는 것을 알고는 있지만 간식의 단짠단짠[a] 매력(魅力)은 헤어나올 수가 없다.

각주

2. 선호하는 간식은?

전국 초등학생 1,027명을 대상으로 일주일 동안 좋아하는 간식을 물어보고 그 결과(結果)를 표로 만들었다. 두 가지 음식을 고를 수 있도록 했으며, 두 가지 중 순위를 따로 매기지는 않았다. 설문조사 결과 초등학생들이 가장 좋아하는 간식은 바로 '치킨(chicken)'이었다. 바삭한 튀김과 쫄깃쫄깃한 닭고기의 조화를 가장 선호하는 것으로 나타났다. 두 번째로 좋아하는 간식은 '떡볶이'였다. 비교적 저렴한 가격으로 매콤하고 달달한 맛의 떡볶이는 둘째가라면 서러운 메뉴이다. 이 외에도 피자, 라면, 토스트, 햄버거, 아이스크림, 소떡소떡, 짜장면 등이 순위에 올랐다.

――――――――――――――――
[a] 달고 짜고의 줄임말 　　맑은 고딕, 9pt

《출력형태》

달빛어린이병원

1. 달빛어린이병원의 시작

그림E 삽입(바탕화면-KAIT-제출파일 폴더)
너비(85mm), 높이(40mm)
위치 : 어울림(가로 – 쪽의 왼쪽 : 0mm,
　　　　세로 – 쪽의 위 : 22mm)

달빛어린이병원은 만 18세 이하의 환자들이 밤늦게나 휴일(休日)에 갑자기 아파 병원을 가야할 때 종합병원(General hospital)의 응급실이 아닌 소아아동병원을 찾아가면 된다. 응급실은 기본 2~3시간(time)은 기다려야만 진료를 볼 수 있을 뿐만 아니라 비용 또한 일반 병원보다 훨씬 비싸기 때문에 대기시간 대비 환자들의 만족도는 떨어진다. 이런 불편함과 응급실 과밀화를 해소하기 위한 일환으로 만들어진 달빛어린이병원은 가벼운 상처가 있거나 경증(輕症)환자들이 찾아 보다 저렴한 비용과 짧은 대기 시간으로 진료를 볼 수 있다. 또, 소아과 전문의에게 전문적인 진료를 받을 수 있으며, 응급실의 중환자로 인한 아이들의 두려움을 방지할 수 있다.

2. 달빛어린이병원의 아쉬운 점

안타깝게도 현재 달빛어린이병원은 서울, 경기, 부산, 제주 등 전국 22곳뿐이며 대전, 광주, 울산, 세종, 충남, 전남에서는 이용 가능한 병원이 없어서 아쉽다는 목소리가 높다. 또, 운영하는 병원이 있다 하더라도 운영 병원(病院) 개수가 많지 않아서 이용하기가 쉽지 않다. 이는 달빛어린이병원이 의무적으로 운영(運營)되는 것이 아니라 공모를 통해 선정하는데, 운영비에 대한 부담과 의료진 피로도 등 여러 요인으로 지역 병원들의 참여가 활발하지 않기 때문이다. 이에 복지부는 달빛어린이병원㉠의 이용자 만족도가 매우 높아 확대 운영에 대한 요구가 지속적으로 제기되어 온 만큼 소아진료기관의 참여(參與)를 독려하고 있다.

각주

─────────────────

㉠ 365일 야간, 휴일 진료가 가능한 병원 ◀ 중고딕, 9pt

《출력형태》

가상현실과 증강현실

1. 가상현실

그림F 삽입(바탕화면-KAIT-제출파일 폴더)
너비(82mm), 높이(40mm)
위치 : 어울림(가로 - 쪽의 왼쪽 : 0mm,
　　　　　　세로 - 쪽의 위 : 20mm)

가상현실(Virtual Reality)은 인간의 상상에 따른 공간과 사물을 컴퓨터에 가상으로 만들어, 시각, 청각(聽覺), 촉각을 비롯한 인간 오감을 활용한 작용으로 현실(現實) 세계에서는 직접 경험하지 못하는 상황을 간접으로 체험할 수 있도록 하는 기술을 말한다. 이런 가상현실 기술을 가장 유용하고 활발하게 이용할 수 있는 분야 중 하나는 엔터테인먼트 산업으로서, 인간의 오감을 자극하면서 사실같은 게임을 즐길 수 있기 때문이다. 놀이공원에서는 어린이들이 시뮬레이션 놀이기구에 타고서 실감(實感) 있는 시각효과 및 음향효과, 그리고 거기에 일치하는 의자의 흔들림과 진동 등을 느끼면서 현실에 가까운 가상현실을 체험할 수 있다.

각주

2. 증강현실(Augmented Reality)

오감⊖을 통해 실제와 유사한 체험을 제공하는 기술인 가상현실이 실제 환경을 볼 수 없는 반면 실제 환경에 가상 정보를 섞는 증강현실은 더욱 심화된 현실감과 부가정보를 제공하는 기술이다. 컴퓨터 게임으로 예를 들면, 가상현실 격투게임은 '나를 대신하는 캐릭터'가 '가상의 공간'에서 '가상의 적'과 대결하지만 증강현실 격투게임은 '현실의 내'가 '현실의 공간'에서 '가상의 적'과 대결을 벌이는 형태가 된다. 최근(最近) 공개된 '식스센스'라는 기기는 스마트폰 정도의 크기에 빔프로젝터 기능이 있어 공간에 영상을 투사하거나, 주변의 사진(寫眞) 또는 영상을 받아 들여 그에 해당하는 상세 정보를 보여준다.

⊖ 오감이라는 것은 시각, 청각, 후각, 미각, 촉각의 다
섯 감각을 말함

돋움, 9pt

《출력형태》

컴퓨팅 사고력과 알고리즘

1. 컴퓨팅 사고력

그림G 삽입(바탕화면-KAIT-제출파일 폴더)
너비(85mm), 높이(40mm)
위치 : 어울림(가로 – 쪽의 왼쪽 : 0mm,
　　　　　세로 – 쪽의 위 : 22mm)

오늘날 컴퓨팅 사고는 새로운 창의적(創意的) 사고의 방법으로 주목받고 있다. 많은 나라들이 소프트웨어(software) 교육을 실시하는 것은 단지 국민을 컴퓨터 코딩을 능숙하게 다루는 프로그래머로 만들자는 것이 아니라, 국민들이 모든 분야의 문제를 새로운 방향으로 생각하여 수월하게 해결할 수 있는 능력을 키워주기 위해서 이다. 따라서 컴퓨팅 사고력은 컴퓨터가 문제를 해결하는 방식처럼 복잡한 문제를 단순화하고 이를 논리적, 효율적으로 해결하는 능력뿐만 아니라 컴퓨터가 여러 일들을 묶어서 처리하거나, 우선순위를 정하여 순서대로 처리하는 원리를 배워서 실생활에서 자신이 해야 할 일들을 효율적으로 처리하는 능력(能力)을 기를 수 있다.

2. 알고리즘(algorithm)

우리는 해결해야 할 문제에 접하면 순간적인 판단으로 해결한다. 하지만 여러 가지 조건과 상황을 고려하여 최적의 판단을 해야 하는 복잡한 문제가 발생할 때는 컴퓨터를 이용하기도 한다. 알고리즘Ⓐ 은 주어진 문제를 논리적으로 해결하기 위해 필요한 절차(節次), 방법, 명령어들을 모아놓은 것이라 정의할 수 있으며 넓게는 사람 손으로 해결하는 것, 컴퓨터로 해결하는 것, 수학적인 것, 비수학적인 것을 모두 포함한다. 그리고 알고리즘에서 가장 중요한 것은 효율성이라고 할 수 있는데 똑같은 문제(問題) 해결에 있어 결과는 같아도 해결방법에 따라 실행속도나 오차(誤差) 또는 오류 등에 차이가 있을 수 있기 때문이다.

각주

Ⓐ 수학자 알고리즈미(Al-Khowarizmi) 이름에서 유래　　바탕체, 9pt

[문제 2]
표 삽입 및 편집

❋ 실습파일 : 09차시(문제).hwpx ❋ 완성파일 : 09차시(완성).hwpx

《출력형태》

DIAT

고인돌에 대하여

굴림체, 12pt, 진하게, 가운데 정렬

1. 고인돌이란?

고인돌이란 청동기 시대의 대표적인 무덤 형식으로, 말 그대로 '돌을 고였다'라고 하여 붙여진 이름이다. 기원전(紀元前) 1000년 무렵, 원시 농업 경제 사회가 형성되면서 농경의 발달로 인해 잉여 생산물(product)이 생기게 되었고, 자연스럽게 사회 집단 내부에는 다스림을 받는 자와 다스리는 자로 나뉘기 시작했다. 고인돌은 다스리는 자인 '권력자의 무덤'으로 이용되었으며, 이 안에는 주검뿐만 아니라 토기, 석기, 청동기 등의 다양한 유물(遺物)이 함께 묻혔다. 이러한 이유로 고인돌은 청동기 시대의 사회상을 파악하는 데 매우 중요한 유적이 되었으며, 지역에 따라 고인돌의 형태는 다양하게 나타난다.

2. 우리나라의 고인돌

고인돌은 전 세계에 분포되어 있지만, 특히 우리나라, 일본, 중국 등 동북아시아 지역에서 많이 찾아볼 수 있다. 우리나라는 '고인돌 왕국'이라고 부를 수 있을 정도로 많은 수의 고인돌 유적이

지역별 고인돌 분포 (개)

지역	1980년	2015년
강원도	314	388
충청남도	521	572
전라남도	18154	19058
경상북도	2119	2890
합계	21,108	22,908

위쪽 제목 셀 : 색상(RGB:202, 86, 167), 진하게
제목 셀 아래선 : 이중 실선(0.5mm)
글자 모양 : 굴림, 10pt, 가운데 정렬
합계는 블록 계산식 기능을 이용

표 제목 입력 ▷ 표 삽입 ▷ 표 내용 입력 ▷ 블록 계산식 ▷ 표 편집하기

Check 01 표 만들기 : 표에 내용을 입력하고 블록 계산식을 적용해요!

지역별 고인돌 분포 (개)

표 제목 작업

지역별 고인돌 분포 (개)

지역	1980년	2015년
강원도	314	388
충청남도	521	572
전라남도	18154	19058
경상북도	2119	2890
합계		

표 삽입 & 내용 입력

지역별 고인돌 분포 (개)

지역	1980년	2015년
강원도	314	388
충청남도	521	572
전라남도	18154	19058
경상북도	2119	2890
합계	21,108	22,908

블록 계산식(합계)

지역별 고인돌 분포 (개)

지역	1980년	2015년
강원도	314	388
충청남도	521	572
전라남도	18154	19058
경상북도	2119	2890
합계	21,108	22,908

표 & 글꼴 서식 변경

• 굴림체, 12pt, 진하게, 가운데 정렬

1 한글 2022 프로그램을 실행한 후 [09차시] 폴더에서 **09차시 문제.hwpx** 파일을 불러옵니다.

2 표 제목 입력을 위해 왼쪽 단 끝에 커서를 놓은 후 Enter 를 눌러 오른쪽 단으로 옮겨줍니다.

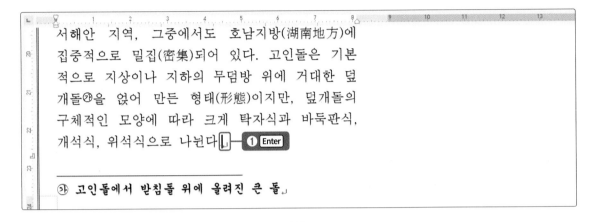

▼

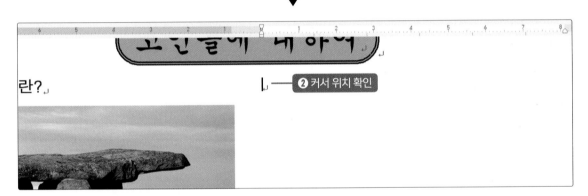

3 커서가 이동되면 표 제목을 입력한 다음 [서식 도구 상자]에서 글꼴 서식(굴림체, 12pt, 진하게, 가운데 정렬)을 변경합니다.

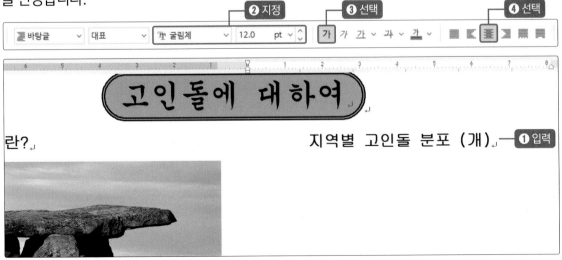

• 합계는 블록 계산식 기능을 이용

1 표 제목 끝에서 Enter 를 눌러 다음 줄로 커서가 이동되면 [입력] 탭-[표]를 클릭합니다.

◘ Ctrl + N , T 를 눌러 표를 삽입할 수도 있어요.

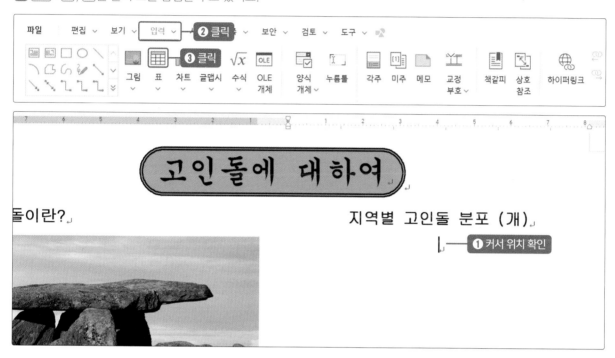

2 문제지를 참고하여 **줄 수(6)와 칸 수(3)**를 입력하고 **'글자처럼 취급'**에 체크한 후 표를 만들어줍니다.

3 삽입된 표의 셀 전체를 마우스로 드래그하여 블록으로 지정한 후 ⌈Ctrl⌉+⌈↓⌉를 눌러 표 높이를 조절합니다.

➕ 표 안쪽 임의의 셀을 선택한 다음 ⌈F5⌉를 3번 눌러도 전체 셀 선택이 가능해요.

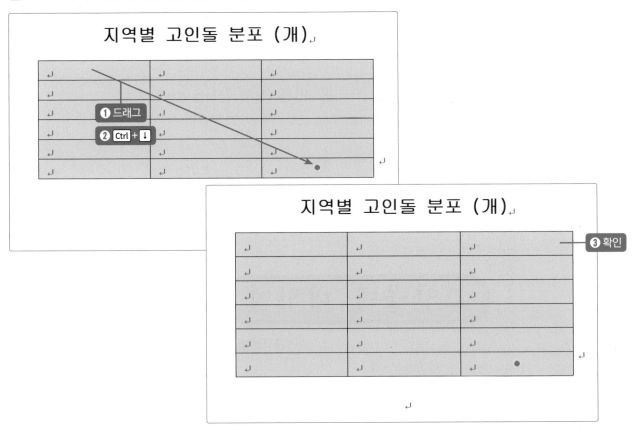

 표 높이 조절

표 높이 조절은 채점 기준과 무관하지만 책에서는 《출력형태》와 비슷하게 작업하기 위해 작업했으니 참고해 주세요.

4 108 페이지의 《출력형태》를 참고하여 표 안에 데이터를 입력합니다.

➕ 표 아래쪽의 합계(또는 평균) 값은 블록 계산식을 이용해 입력할 거예요.

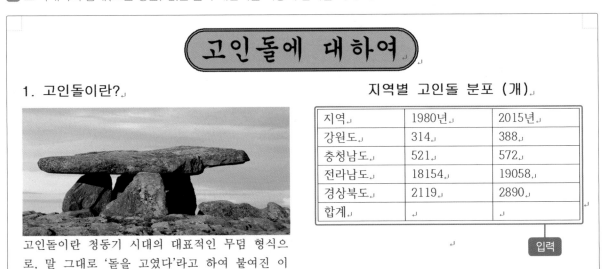

지역별 고인돌 분포 (개)

지역	1980년	2015년
강원도	314	388
충청남도	521	572
전라남도	18154	19058
경상북도	2119	2890
합계		

LEVEL UP 표 안 셀의 너비 조절하기

• 표 안에 입력되는 텍스트의 길이가 넘쳐서 두 줄이 되는 경우 셀의 너비를 조절합니다.
• 표 안쪽의 세로 줄을 드래그하여 셀의 너비 조절이 가능합니다.

5 1980년의 값과 2015년의 값을 다음과 같이 블록으로 지정한 다음 마우스 오른쪽 버튼을 눌러 [블록 계산식]-[블록 합계]를 클릭합니다.

6 블록 계산식을 통해 합계 값이 표시된 것을 확인합니다.

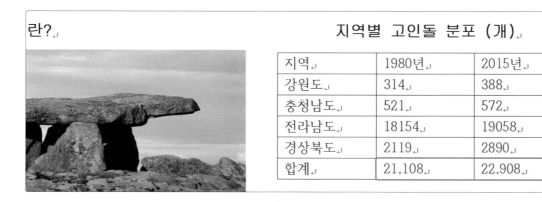

지역별 고인돌 분포 (개)

지역	1980년	2015년
강원도	314	388
충청남도	521	572
전라남도	18154	19058
경상북도	2119	2890
합계	21,108	22,908

확인

◆ **DIAT 꿀팁**

블록 계산식 기능을 이용해 값을 계산하는 문제는 2025년부터 변경되는 DIAT 워드프로세서 시험에서 새롭게 추가된 평가 기준입니다. 합계뿐만 아니라 평균도 출제될 수 있으니 《출력형태》와 《작성조건》에 유의하여 작업합니다.

STEP 03 표 편집하기

- 위쪽 제목 셀 : 색상(RGB:202,86,167), 진하게
  제목 셀 아래선 : 이중 실선(0.5mm)
  글자 모양 : 굴림, 10pt, 가운데 정렬

1 표 전체를 블록으로 지정한 다음 [서식 도구 상자]에서 글꼴 서식(**굴림, 10pt, 가운데 정렬**)을 변경합니다.

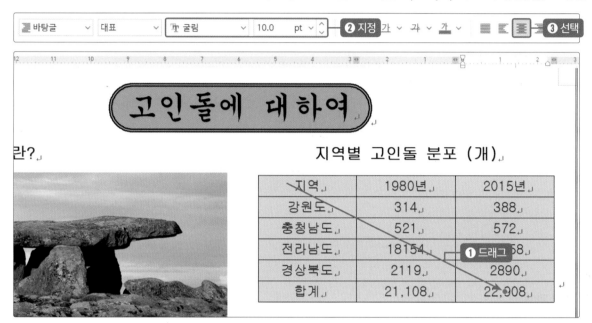

2 첫 번째 행을 블록으로 지정한 다음 마우스 오른쪽 버튼을 눌러 [셀 테두리/배경]-[**각 셀마다 적용**]을 클릭합니다.

➕ 셀이 블록으로 지정된 상태에서 ⓒ를 누르는 방법도 있어요.

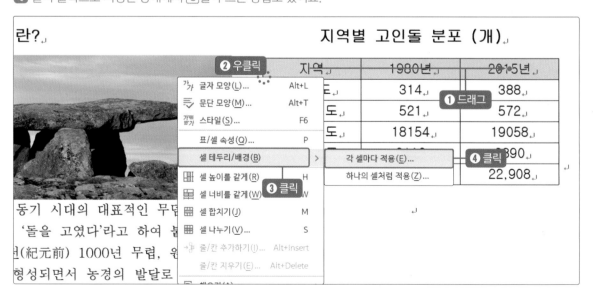

3 [배경] 탭에서 면 색을 RGB : 202, 86, 167로 지정한 다음 [테두리] 탭을 클릭해 **이중 실선-아래**를 선택합니다.

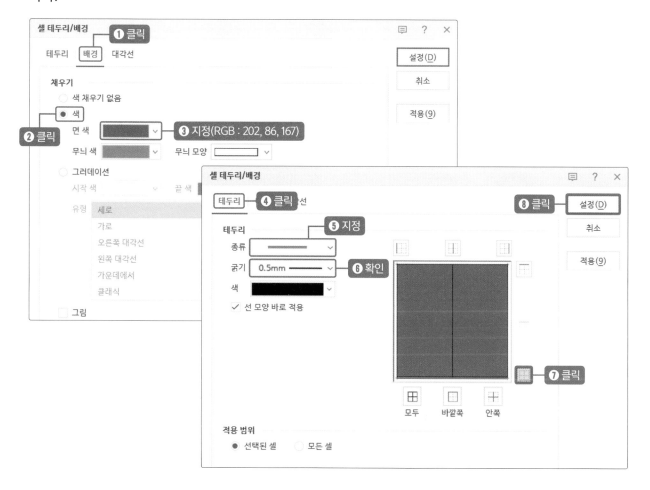

4 표의 색상과 테두리가 변경된 것을 확인한 후 **첫 번째 행**에 '진하게' 서식을 적용합니다.

➕ 해당 셀을 블록으로 지정한 다음 서식을 변경할 수 있어요.

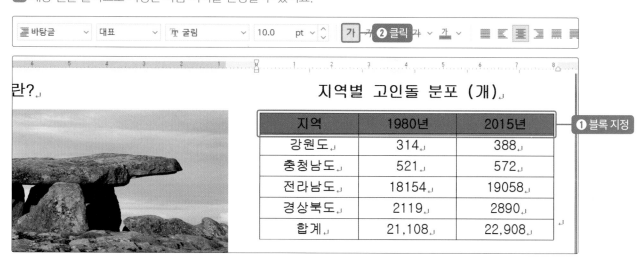

5 작업이 완료되면 [저장(💾)]을 클릭하거나 Alt + S 를 눌러 **답안 파일을 저장**합니다.

➕ 시험이 진행되는 40분 동안 수시로 저장하여 작업 내용이 누락되지 않도록 해요.

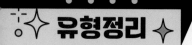

01 아래의 조건 및 출력형태를 고려해 문서를 작성하시오.

실습파일 : 09-01(문제).hwpx
완성파일 : 09-01(완성).hwpx

《출력형태》

초등교육박람회

궁서, 12pt, 진하게,
가운데 정렬

1. 미래직업교육체험관

초등교육박람회에서는 미래(未來)를 대비하는 선생님들과 부모님, 그리고 아이들을 위해서 '미래직업교육체험관'을 운영한다. 아이들의 미래 적성 검사를 해 보고, 미래 전망 있는 직업까지 체험해 볼 수 좋은 기회가 될 것이다. 초등학생(schoolchild)들이 하는 미래 직업 체험과 검사는 모두 무료(無料)로 진행할 예정이다. 성인 1명당 초등학생 2명까지 동반할 수 있으며, 하루 최대 이용(利用) 가능 인원은 100~300명이다.

초등교육박람회 인지 경로

구분	학부모(단위:%)	업계(단위:%)
인터넷	47	46
초청장	18	22
SNS	11	12
문자	10	12
합계	86	92

위쪽 제목 셀 : 색상(RGB:233, 174, 43), 진하게
제목 셀 아래선 : 이중 실선(0.5mm)
글자 모양 : 바탕체, 10pt, 가운데 정렬
합계는 블록 계산식 기능을 이용

2. 학교실내체육특별관

날씨가 따뜻해지면 어김없이 찾아오는 불청객이 바로 미세먼지다. 미세먼지의 영향으로 공기의 질이 나빠지면서 외부 활동을 하거나 운동장에 나가서 뛰어노는 활동(活動)이 점점 줄어들 수밖에 없어 한창 뛰어놀아야 할 나이의 아이들에 대한 학교의 고민은 깊어질 수밖에 없다. 이에 대한 대책으로 초등교육박람회에서는 좁은 교실이나 강당 등 실내 공간에서 체육 활동을 할 수 있는 환경을 제공하는 제품을 전시하는 '학교실내체육특별관'을 만들었다. 표적(標的)과 타깃을 가상 시뮬레이션으로 즐길 수 있는 스크린 양궁, 초등체육 교과 커리큘럼에 맞춰 수업 과정과 연계한 11종의 교육 콘텐츠로 구성된 VR(Virtual Reality), AR㉑을 기반으로 한 체육 콘텐츠도 전시된다. 뿐만 아니라 에어 매트와 점핑 매트로 실내에서 아이들이 운동을 할 수 있도록 구성되어 있는 체육용 에어매트도 전시한다.

《출력형태》

공룡의 역사와 공룡 발자국

1. 공룡의 탄생과 멸종

고성공룡박물관에서는 공룡이 태어나고 공룡이 살아가고, 멸종(滅種)되기까지의 모습을 직접 둘러보고 확인할 수 있다. 최초의 공룡(dinosaur)은 몸 길이가 1m 밖에 안 되는 작은 육식공룡이었지만 시간이 지나면서 개체수가 많아지고 더 많은 공룡이 나타나기 시작했다. 중생대의 마지막 시기인 백악기에 공룡의 수는 기하급수적으로 늘어났다. 쥐라기와 백악기에 걸쳐 지구를 지배하던 공룡(恐龍)이 6500만년 전 갑자기 멸종되었다. 공룡이 멸종하게 된 이유는 정확하게 밝혀진 것은 없고, 여러 가지 학설(學說)이 있다. 해수면이 내려가면서 공룡이 멸종되었다는 '해수면 저하설', 운석이 충돌하여 공중(空中)으로 날아오르면서 먼지가 태양 빛을 차단, 기후를 떨어뜨려서 멸종하게 되었다는 '운석 충돌설', 수십만 년에 걸친 화산활동(火山活動)으로 분출된 용암이 식으면서 2km 두께로 용암 대지가 형성되어 멸종되었다는 '화산 폭발설' 등이 있다.

2. 공룡 발자국 화석지

우리나라 고성에는 실존했던 공룡의 발자국을 확인할 수 있다. 고성군에는 중생대ⓐ 공룡이 살던 시대에 만들어진 지층이 많아 지질 작용에 의해 열변성을 받아 단단하게 구워져 발자국이 현재까지 남아 있게 된 것이다. 아직까지 공룡 뼈는 발견되지 않아 어떤 이름의 공룡이 서식(inhabitation)했는지 알 수 없지만, 발자국을 통해 공룡의 주인이 육식인지, 초식인지 정도는 확인 가능하다.

고성 공룡박물관 관람객 누적 현황

구분	관람객(단위 : 만 명)
2021년	35
2022년	72
2023년	113
2024년	150
2025년	198
평균	113.60

《출력형태》

돋움, 12pt, 진하게,
가운데 정렬

초등학생이 좋아하는 간식

1. 간식의 종류는?

요즘은 남녀노소 할 것 없이 다이어트가 유행이긴 하지만 간식(間食)에 대한 유혹은 떨쳐낼 수 없다. 학교가 끝나고 학교 앞 분식집에서 먹는 떡볶이, 떡꼬치, 순대꼬치, 알꼬치 등은 별미 중에 별미(別味)다. 열심히 공부하고 집에 가는 길에 먹는 분식은 단연 간식의 최고라고 할 수 있다. 짭쪼롬한 감자튀김과 톡 쏘는 콜라와 함께 먹는

초등학생이 좋아하는 간식

목록	결과(단위 : %)
치킨	48
피자	25
떡볶이	37
라면	20
토스트	33
합계	163

위쪽 제목 셀 : 색상(RGB:53, 135, 145), 진하게
제목 셀 아래선 : 실선(0.5mm)
글자 모양 : 궁서, 10pt, 가운데 정렬
합계는 블록 계산식 기능을 이용

《출력형태》

굴림체, 12pt, 진하게
가운데 정렬

달빛어린이병원

1. 달빛어린이병원의 시작

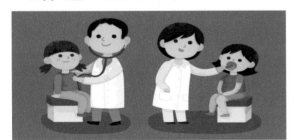

달빛어린이병원은 만 18세 이하의 환자들이 밤늦게나 휴일(休日)에 갑자기 아파 병원을 가야할 때 종합병원(General hospital)의 응급실이 아닌 소아아동병원을 찾아가면 된다. 응급실은 기본 2~3시간(time)은 기다려야만 진료를 볼 수 있을 뿐만 아니라 비용 또한 일반 병원보다 훨씬 비싸기 때문에 대기시간 대비 환자들의 만족도는 떨어진다.

달빛어린이병원 만족도(단위 : %)

항목	만족	불만족
이용 만족도	80.7	15.1
의료진 전문성	88.3	5.9
비용 만족도	75.2	20.4
위치 만족도	30.5	65.7
평균	68.68	26.78

위쪽 제목 셀 : 색상(RGB:227, 220, 193), 진하게
제목 셀 아래선 : 이중 실선(0.5mm)
글자 모양 : 돋움, 10pt, 가운데 정렬
평균은 블록 계산식 기능을 이용

아래의 조건 및 출력형태를 고려해 문서를 작성하시오.

실습파일 : 09-05(문제).hwpx
완성파일 : 09-05(완성).hwpx

《출력형태》

가상현실과 증강현실

궁서체, 12pt, 진하게,
가운데 정렬

1. 가상현실

가상현실(Virtual Reality)은 인간의 상상에 따른 공간과 사물을 컴퓨터에 가상으로 만들어, 시각, 청각(聽覺), 촉각을 비롯한 인간 오감을 활용한 작용으로 현실(現實) 세계에서는 직접 경험하지 못하는 상황을 간접으로 체험할 수 있도록 하는 기술을 말한다. 이런 가상현실 기술을 가장 유용하고 활발하게 이용할 수 있는 분야 중 하나는

공룡엑스포 관람자

횟수	학생(만명)	일반인(만명)
1회	47	50
2회	78	90
3회	70	75
4회	54	42
합계	249	257

위쪽 제목 셀 : 색상(RGB:255, 255, 0), 진하게
제목 셀 아래선 : 실선(0.5mm)
글자 모양 : 중고딕, 10pt, 가운데 정렬
합계는 블록 계산식 기능을 이용

아래의 조건 및 출력형태를 고려해 문서를 작성하시오.

실습파일 : 09-06(문제).hwpx
완성파일 : 09-06(완성).hwpx

《출력형태》

컴퓨팅 사고력과 알고리즘

중고딕, 12pt, 진하게
가운데 정렬

1. 컴퓨팅 사고력

오늘날 컴퓨팅 사고는 새로운 창의적(創意的) 사고의 방법으로 주목받고 있다. 많은 나라들이 소프트웨어(software) 교육을 실시하는 것은 단지 국민을 컴퓨터 코딩을 능숙하게 다루는 프로그래머로 만들자는 것이 아니라, 국민들이 모든 분야의 문제를 새로운 방향으로 생각하여 수월하게 해결할 수 있는 능력을 키워주기 위해서 이다. 따

대회 참가 현황

구분	이론부문	실기부문
초등부	25	31
중등부	19	22
고등부	22	18
평균	22.00	23.67

위쪽 제목 셀 : 색상(RGB:233, 174, 43), 진하게
제목 셀 아래선 : 이중 실선(0.5mm)
글자 모양 : 돋움, 10pt, 가운데 정렬
평균은 블록 계산식 기능을 이용

[문제 2]
차트 삽입 및 편집

※ 실습파일 : 10차시(문제).hwpx   ※ 완성파일 : 10차시(완성).hwpx

《출력형태》

고인돌에 대하여

1. 고인돌이란?

고인돌이란 청동기 시대의 대표적인 무덤 형식으로, 말 그대로 '돌을 고였다'라고 하여 붙여진 이름이다. 기원전(紀元前) 1000년 무렵, 원시 농업 경제 사회가 형성되면서 농경의 발달로 인해 잉여 생산물(product)이 생기게 되었고, 자연스럽게 사회 집단 내부에는 다스림을 받는 자와 다스리는 자로 나뉘기 시작했다. 고인돌은 다스리는 자인 '권력자의 무덤'으로 이용되었으며, 이 안에는 주검뿐만 아니라 토기, 석기, 청동기 등의 다양한 유물(遺物)이 함께 묻혔다. 이러한 이유로 고인돌은 청동기 시대의 사회상을 파악하는 데 매우 중요한 유적이 되었으며, 지역에 따라 고인돌의 형태는 다양하게 나타난다.

2. 우리나라의 고인돌

고인돌은 전 세계에 분포되어 있지만, 특히 우리나라, 일본, 중국 등 동북아시아 지역에서 많이 찾아볼 수 있다. 우리나라는 '고인돌 왕국'이라고 부를 수 있을 정도로 많은 수의 고인돌 유적이 존재하고 있다. 현재 남한에서는 약 3만, 북한에서는 약 1만 5천기에 달하는 고인돌이 있으며, 이는 전 세계 고인돌의 40퍼센트 이상에 해당하는 수치(figure)이다. 우리나라의 고인돌은 주로 서해안 지역, 그중에서도 호남지방(湖南地方)에 집중적으로 밀집(密集)되어 있다. 고인돌은 기본적으로 지상이나 지하의 무덤방 위에 거대한 덮

지역별 고인돌 분포 (개)

지역	1980년	2015년
강원도	314	388
충청남도	521	572
전라남도	18154	19058
경상북도	2119	2890
합계	21,108	22,908

> 차트데이터는 표 내용에서 합계 부분을 제외한 나머지 부분의 값 이용

> 궁서체, 13pt, 진하게

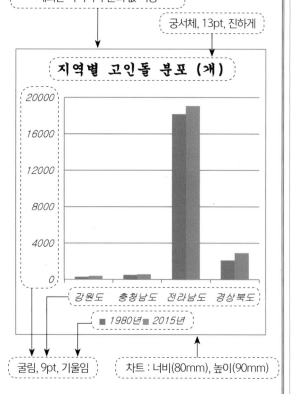

> 굴림, 9pt, 기울임

> 차트 : 너비(80mm), 높이(90mm)

차트 삽입 ▷ 차트 크기 설정 ▷ 차트 편집

Check 01 ᐳ 차트 만들기 : 차트를 삽입하고 크기를 설정해요!

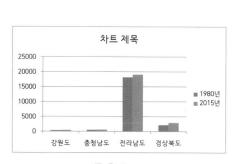

표 데이터를 활용해 차트 삽입

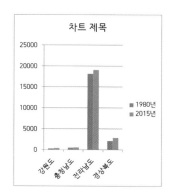

차트 크기 설정

Check 02 ᐳ 차트 편집하기 : 각 요소의 글꼴 서식을 변경하고 축 눈금 단위를 지정해요!

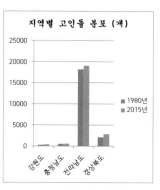

제목 편집

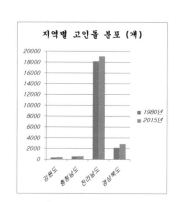

축 & 범례 글꼴 지정

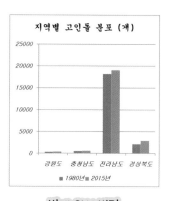

범례 위치 변경

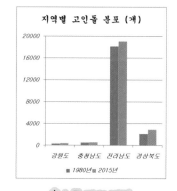

축 눈금 단위 변경

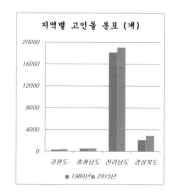

세로 축 눈금 없음 지정

STEP 01 차트 삽입하기

- 차트데이터는 표 내용에서 합계 부분을 제외한 나머지 부분의 값 이용
- 차트 : 너비(80mm), 높이(90mm)

1 한글 2022 프로그램을 실행한 후 [10차시] 폴더에서 **10차시 문제.hwpx** 파일을 불러옵니다.

2 아래 그림과 같이 표 내용을 드래그하여 블록으로 지정한 후 [입력] 탭에서 [차트]-**[묶은 세로 막대형]**을 클릭합니다.

🔲 블록 계산식을 통해 나온 결과 데이터는 차트 범위에 포함시키지 않아요.

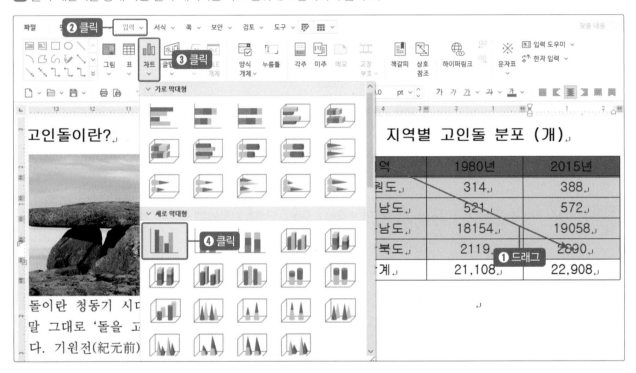

◈ **DIAT 꿀팁**

DIAT 워드프로세서 시험에서 차트 종류는 '묶은 세로 막대형, 묶은 가로 막대형, 꺾은선형, 표식이 있는 꺾은선형'이 주로 출제됩니다. 차트 이름은 조건에 표시되지 않기 때문에 문제지를 보고 동일한 모양을 선택하여 작업합니다.

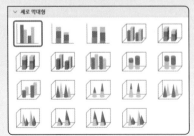

3 차트가 만들어지면 크기를 변경하기 위해 마우스 오른쪽 버튼을 눌러 [개체 속성]을 클릭합니다.

➕ [차트 데이터 편집] 대화상자는 드래그한 영역과 동일한 값이 적용되었는지 확인 후 종료해요.

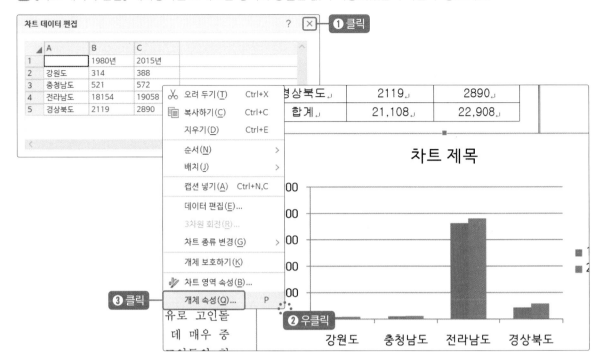

4 너비(80mm)와 높이(90mm)를 입력한 후 '크기 고정'과 '글자처럼 취급'에 체크합니다.

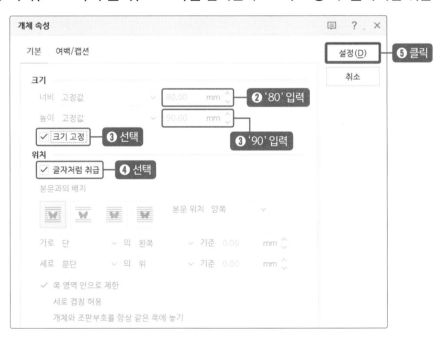

STEP 02 차트 구성 요소의 서식 변경하기

- 궁서체, 13pt, 진하게 (차트 제목)
- 굴림, 9pt, 기울임 (축, 범례)

1 차트 제목 위에서 마우스 오른쪽 버튼을 눌러 [제목 편집]을 클릭한 다음 글꼴 서식을 지정합니다.

➕ 차트가 미리 선택된 상태에서 차트 제목을 우클릭해요.

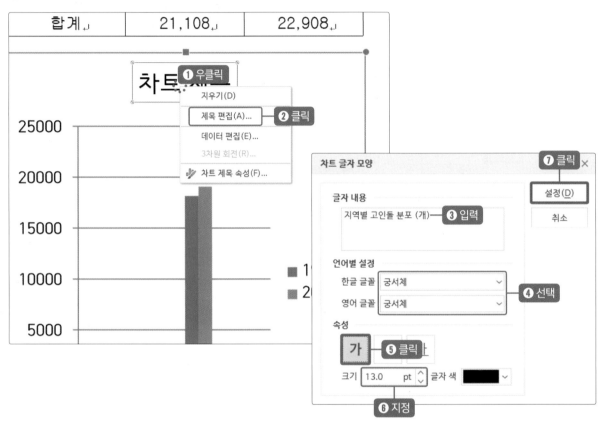

 LEVEL UP 차트 글자 모양 선택하기

- 한글 글꼴과 영어 글꼴을 똑같은 모양으로 선택합니다.
- 한컴오피스 한글 2022 세부 버전에 따라 선택한 글꼴이 적용되지 않는 경우가 있습니다.
- 글꼴 입력 칸에 타이핑하여 지정하는 것보다, 목록에서 찾아 마우스로 선택하는 것이 좋습니다.
- <설정>을 누른 후 제대로 글꼴 모양이 적용되었는지 확인하도록 합니다.

2 이번에는 **세로 축** 위에서 마우스 오른쪽 버튼을 눌러 **[글자 모양 편집]**을 클릭한 후 글꼴 서식을 지정합니다.

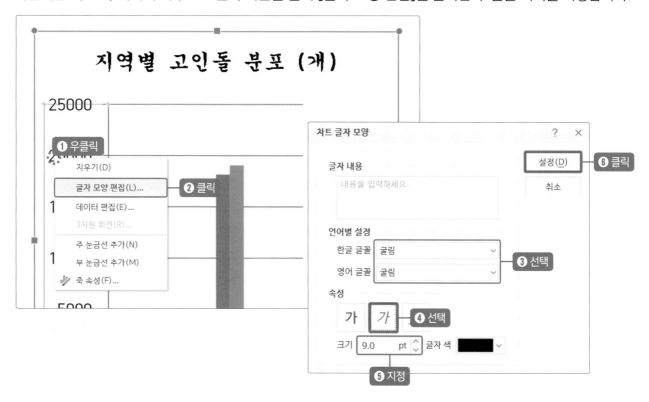

3 똑같은 방법으로 **가로 축**과 **범례**의 글꼴 서식을 변경해 보세요.

➕ 차트의 세로 축, 가로 축, 범례의 글꼴 서식은 동일하게 지정하도록 출제되고 있어요.

4 범례의 위치를 변경하기 위해 **[범례 속성]**을 클릭한 후 위치를 **아래쪽**으로 선택합니다.

STEP 03 차트 축의 눈금 편집하기

1 세로 축 위에서 마우스 오른쪽 버튼을 눌러 [축 속성]을 클릭합니다.

2 《출력형태》를 참고하여 **최댓값**과 **주 단위**의 값을 입력해 축의 눈금 단위를 조절합니다.

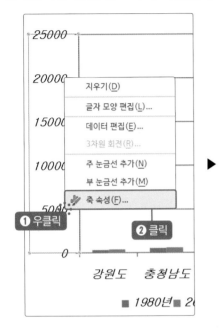
▶
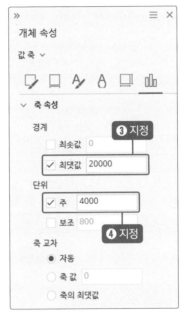
▶
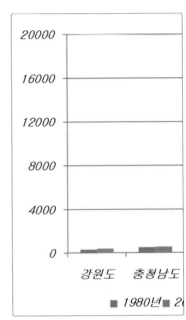

3 세로 축의 주 눈금을 '**없음**'으로 지정해 《출력형태》와 동일하게 맞춰줍니다.

▶
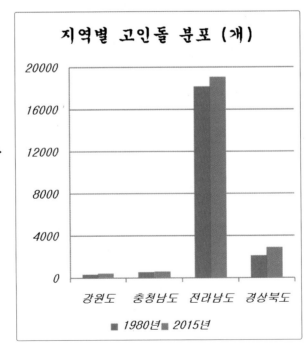

◈ DIAT 꿀팁

DIAT 워드프로세서 시험에서는 조건에 맞추어 차트를 만든 후《출력형태》와 동일하게 편집해야 합니다. 가끔씩 축의 눈금선을 '안쪽, 바깥쪽, 없음' 등으로 수정하는 문제가 출제되며, 주눈금선을 지우는 형태의 문제도 나오고 있으니 참고해 주세요.

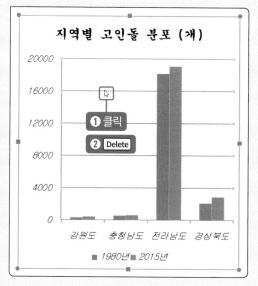

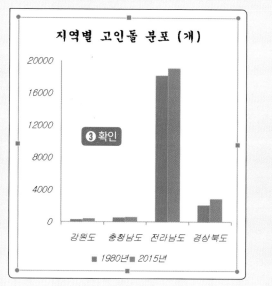

4 표 뒤쪽을 선택한 후 `Enter`를 4번 정도 눌러 문제지와 비슷하게 표와 차트 사이의 간격을 넓혀줍니다.

➕ 표와 차트 사이에 정해진 간격은 없으며, 해당 내용은 채점 기준과 무관합니다.

전라남도	18154	19058
경상북도	2119	2890
합계	21,108	22,908

고인돌이란 청동기 시대의 대표적인 무덤 형식으로, 말 그대로 '돌을 고였다'라고 하여 붙여진 이름이다. 기원전(紀元前) 1000년 무렵, 원시 농업 경제 사회가 형성되면서 농경의 발달로 인해 잉여 생산물(product)이 생기게 되었고, 자연스럽게 사회 집단 내부에는 다스림을 받는 자와 다스리는 자로 나뉘기 시작했다. 고인돌은 다스리는 자인 '권력자의 무덤'으로 이용되었으며, 이 안에는 주검뿐만 아니라 토기, 석기, 청동기 등의 다양한 유물(遺物)이 함께 묻혔다. 이러한 이유로 고인돌은 청동기 시대의 사회상을 파악하는 데 매우 중요한 유적이 되었으며, 지역에 따라 고인돌의 형

5 작업이 완료되면 [저장(💾)]을 클릭하거나 `Alt`+`S`를 눌러 **답안 파일을 저장합니다.**

➕ 시험이 진행되는 40분 동안 수시로 저장하여 작업 내용이 누락되지 않도록 해요.

01 아래의 조건 및 출력형태를 고려해 문서를 작성하시오.

실습파일 : 10-01(문제).hwpx
완성파일 : 10-01(완성).hwpx

《출력형태》

초등교육박람회

1. 미래직업교육체험관

초등교육박람회에서는 미래(未來)를 대비하는 선생님들과 부모님, 그리고 아이들을 위해서 '미래직업교육체험관'을 운영한다. 아이들의 미래 적성 검사를 해 보고, 미래 전망 있는 직업까지 체험해 볼 수 좋은 기회가 될 것이다. 초등학생 (schoolchild)들이 하는 미래 직업 체험과 검사는 모두 무료(無料)로 진행할 예정이다. 성인 1명당 초등학생 2명까지 동반할 수 있으며, 하루 최대 이용(利用) 가능 인원은 100~300명이다.

2. 학교실내체육특별관

날씨가 따뜻해지면 어김없이 찾아오는 불청객이 바로 미세먼지다. 미세먼지의 영향으로 공기의 질이 나빠지면서 외부 활동을 하거나 운동장에 나가서 뛰어노는 활동(活動)이 점점 줄어들 수밖에 없어 한창 뛰어놀아야 할 나이의 아이들에 대한 학교의 고민은 깊어질 수밖에 없다. 이에 대한 대책으로 초등교육박람회에서는 좁은 교실이나 강당 등 실내 공간에서 체육 활동을 할 수 있는 환경을 제공하는 제품을 전시하는 '학교실내체육특별관'을 만들었다. 표적(標的)과 타깃을 가상 시뮬레이션으로 즐길 수 있는 스크린 양궁, 초등체육 교과 커리큘럼에 맞춰 수업 과정과 연계한 11종의 교육 콘텐츠로 구성된 VR(Virtual Reality), AR㉠을 기반으로 한 체육 콘텐츠도 전시된다. 뿐만 아니라 에어 매트와 점핑 매트로 실내에서 아이들이 운동을 할 수 있도록 구성되어 있는 체육용 에어매트도 전시한다.

초등교육박람회 인지 경로

구분	학부모(단위:%)	업계(단위:%)
인터넷	47	46
초청장	18	22
SNS	11	12
문자	10	12
합계	86	92

차트데이터는 표 내용에서 합계 부분을 제외한 나머지 부분의 값 이용

돋움체, 13pt, 진하게

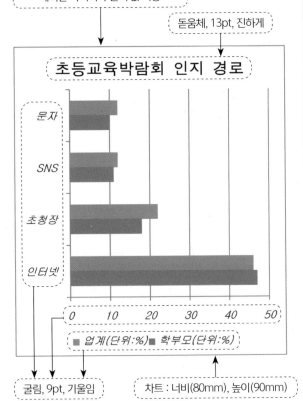

굴림, 9pt, 기울임

차트 : 너비(80mm), 높이(90mm)

《출력형태》

공룡의 역사와 공룡 발자국

1. 공룡의 탄생과 멸종

고성공룡박물관에서는 공룡이 태어나고 공룡이 살아가고, 멸종(滅種)되기까지의 모습을 직접 둘러보고 확인할 수 있다. 최초의 공룡(dinosaur)은 몸 길이가 1m 밖에 안 되는 작은 육식공룡이었지만 시간이 지나면서 개체수가 많아지고 더 많은 공룡이 나타나기 시작했다. 중생대의 마지막 시기인 백악기에 공룡의 수는 기하급수적으로 늘어났다. 쥐라기와 백악기에 걸쳐 지구를 지배하던 공룡(恐龍)이 6500만년 전 갑자기 멸종되었다. 공룡이 멸종하게 된 이유는 정확하게 밝혀진 것은 없고, 여러 가지 학설(學說)이 있다. 해수면이 내려가면서 공룡이 멸종되었다는 '해수면 저하설', 운석이 충돌하여 공중(空中)으로 날아오르면서 먼지가 태양 빛을 차단, 기후를 떨어뜨려서 멸종하게 되었다는 '운석 충돌설', 수십만 년에 걸친 화산활동(火山活動)으로 분출된 용암이 식으면서 2km 두께로 용암 대지가 형성되어 멸종되었다는 '화산 폭발설' 등이 있다.

2. 공룡 발자국 화석지

우리나라 고성에는 실존했던 공룡의 발자국을 확인할 수 있다. 고성군에는 중생대Ⓐ 공룡이 살던 시대에 만들어진 지층이 많아 지질 작용에 의해 열변성을 받아 단단하게 구워져 발자국이 현재까지 남아 있게 된 것이다. 아직까지 공룡 뼈는 발견되지 않아 어떤 이름의 공룡이 서식(inhabitation)했는지 알 수 없지만, 발자국을 통해 공룡의 주인이 육식인지, 초식인지 정도는 확인 가능하다.

고성 공룡박물관 관람객 누적 현황

구분	관람객(단위 : 만 명)
2021년	35
2022년	72
2023년	113
2024년	150
2025년	198
평균	113.60

차트데이터는 표 내용에서 평균 부분을 제외한 나머지 부분의 값 이용

굴림체, 12pt, 진하게, 기울임

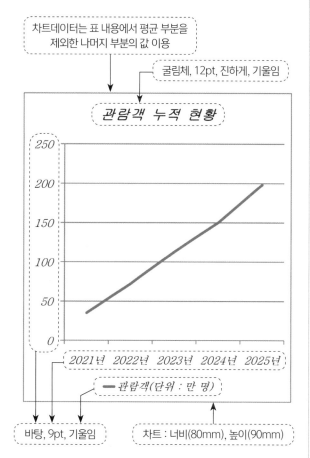

관람객 누적 현황

관람객(단위 : 만 명)

바탕, 9pt, 기울임

차트 : 너비(80mm), 높이(90mm)

아래의 조건 및 출력형태를 고려해 문서를 작성하시오.

실습파일 : 10-03(문제).hwpx
완성파일 : 10-03(완성).hwpx

《출력형태》

짭쪼름한 감자튀김과 햄버거는 식사 대용 또, 영화관에서 안 먹으면 서운한 팝콘, 핫도그, 나초 등도 빼 놓을 수 없는 간식(snack) 중 하나이다. 이 외에도 가족들과 여행(旅行)을 갈 때 휴게소에서 먹는 어묵, 통감자, 버터구이 오징어, 소떡소떡도 훌륭한 간식이다. 몸에 썩 좋지 않다는 것을 알고는 있지만 간식의 단짠단짠ⓐ 매력(魅力)은 헤어나올 수가 없다.

2. 선호하는 간식은?

전국 초등학생 1,027명을 대상으로 일주일 동안 좋아하는 간식을 물어보고 그 결과(結果)를 표로 만들었다. 두 가지 음식을 고를 수 있도록 했으며, 두 가지 중 순위를 따로 매기지는 않았다. 설문조사 결과 초등학생들이 가장 좋아하는 간식은 바로 '치킨(chicken)'이었다. 바삭한 튀김과 쫄깃쫄깃한 닭고기의 조화를 가장 선호하는 것으로

궁서, 13pt, 진하게

차트데이터는 표 내용에서 합계 부분을 제외한 나머지 부분의 값 이용

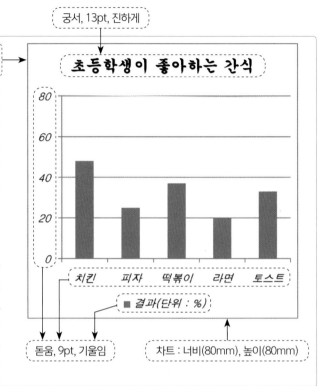

돋움, 9pt, 기울임

차트 : 너비(80mm), 높이(80mm)

아래의 조건 및 출력형태를 고려해 문서를 작성하시오.

실습파일 : 10-04(문제).hwpx
완성파일 : 10-04(완성).hwpx

《출력형태》

시간(time)은 기다려야만 진료를 볼 수 있을 뿐만 아니라 비용 또한 문에 대기시간 대이런 불편함과 응급실 과밀화를 해소하기 위한 일환으로 만들어진 달빛어린이병원은 가벼운 상처가 있거나 경증(輕症)환자들이 찾아 보다 저렴한 비용과 짧은 대기 시간으로 진료를 볼 수 있다. 또, 소아과 전문의에게 전문적인 진료를 받을 수 있으며, 응급실의 중환자로 인한 아이들의 두려움을 방지할 수 있다.

2. 달빛어린이병원의 아쉬운 점

안타깝게도 현재 달빛어린이병원은 서울, 경기, 부산, 제주 등 전국 22곳뿐이며 대전, 광주, 울산, 세종, 충남, 전남에서는 이용 가능한 병원이 없어서 아쉽다는 목소리가 높다. 또, 운영하는 병원이 있다 하더라도 운영 병원(病院) 개수가 많지 않아서 이용하기가 쉽지 않다. 이는 달빛어린이병원이

바탕체, 12pt, 진하게

차트데이터는 표 내용에서 평균 부분을 제외한 나머지 부분의 값 이용

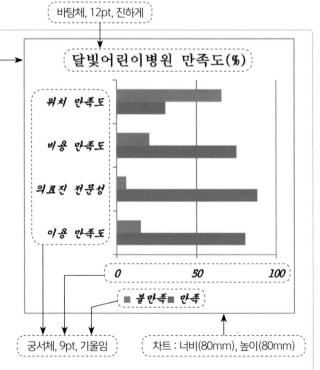

궁서체, 9pt, 기울임

차트 : 너비(80mm), 높이(80mm)

아래의 조건 및 출력형태를 고려해 문서를 작성하시오.

실습파일 : 10-05(문제).hwpx
완성파일 : 10-05(완성).hwpx

《출력형태》

하고 활발하게 이... 엔터테인먼트 산업... 면서 사실같은 게임을 즐길 수 있기 때문이다. 놀이공원에서는 어린이들이 시뮬레이션 놀이기구에 타고서 실감(實感) 있는 시각효과 및 음향효과, 그리고 거기에 일치하는 의자의 흔들림과 진동 등을 느끼면서 현실에 가까운 가상현실을 체험할 수 있다.

2. 증강현실(Augmented Reality)

오감⊖을 통해 실제와 유사한 체험을 제공하는 기술인 가상현실이 실제 환경을 볼 수 없는 반면 실제 환경에 가상 정보를 섞는 증강현실은 더욱 심화된 현실감과 부가정보를 제공하는 기술이다. 컴퓨터 게임으로 예를 들면, 가상현실 격투게임은 '나를 대신하는 캐릭터'가 '가상의 공간'에서 '가상의 적'과 대결하지만 증강현실 격투게임은 '현실의 내'가 '현실의 공간'에서 '가상의 적'과 대결을

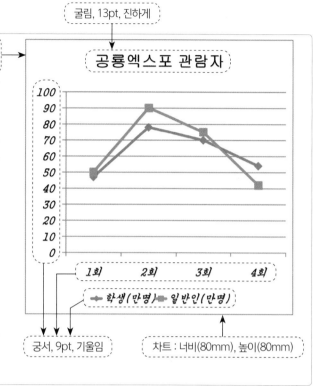

굴림, 13pt, 진하게

차트데이터는 표 내용에서 합계 부분을 제외한 나머지 부분의 값 이용

궁서, 9pt, 기울임

차트 : 너비(80mm), 높이(80mm)

아래의 조건 및 출력형태를 고려해 문서를 작성하시오.

실습파일 : 10-06(문제).hwpx
완성파일 : 10-06(완성).hwpx

《출력형태》

머로 만들자는 것이 아니라, 국민들이 모든 분야의 문제를 새로운... 해결할 수 있는 능... 라서 컴퓨팅 사고력은 컴퓨터가 문제를 해결하는 방식처럼 복잡한 문제를 단순화하고 이를 논리적, 효율적으로 해결하는 능력뿐만 아니라 컴퓨터가 여러 일들을 묶어서 처리하거나, 우선순위를 정하여 순서대로 처리하는 원리를 배워서 실생활에서 자신이 해야 할 일들을 효율적으로 처리하는 능력(能力)을 기를 수 있다.

2. 알고리즘(algorithm)

우리는 해결해야 할 문제에 접하면 순간적인 판단으로 해결한다. 하지만 여러 가지 조건과 상황을 고려하여 최적의 판단을 해야 하는 복잡한 문제가 발생할 때는 컴퓨터를 이용하기도 한다. 알고리즘Ⓐ은 주어진 문제를 논리적으로 해결하기 위해 필요한 절차(節次), 방법, 명령어들을 모아놓

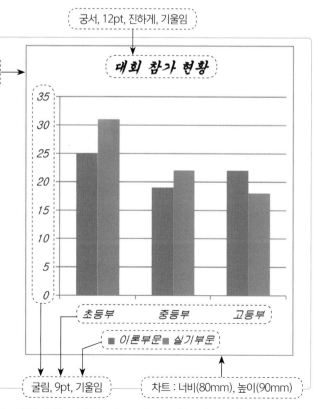

궁서, 12pt, 진하게, 기울임

차트데이터는 표 내용에서 평균 부분을 제외한 나머지 부분의 값 이용

굴림, 9pt, 기울임

차트 : 너비(80mm), 높이(90mm)

Digital Information Ability Test

PART 02

실전
모의고사

 실전모의고사를 통해 시험을 완벽하게 대비할 수 있습니다.

제 01 회 실전모의고사　제 11 회 실전모의고사

제 02 회 실전모의고사　제 12 회 실전모의고사

제 03 회 실전모의고사　제 13 회 실전모의고사

제 04 회 실전모의고사　제 14 회 실전모의고사

제 05 회 실전모의고사　제 15 회 실전모의고사

제 06 회 실전모의고사　제 16 회 실전모의고사

제 07 회 실전모의고사　제 17 회 실전모의고사

제 08 회 실전모의고사　제 18 회 실전모의고사

제 09 회 실전모의고사　제 19 회 실전모의고사

제 10 회 실전모의고사　제 20 회 실전모의고사

제01회 실전모의고사

‣ 시험과목 : 워드프로세서(한글)
‣ 시험일자 : 20XX. XX. XX.(X)
‣ 응시자 기재사항 및 감독위원 확인

수 검 번 호	DIW - XXXX -	감독위원 확인
성 명		

응시자 유의사항

1. 응시자는 반드시 신분증을 지참하여야 시험에 응시할 수 있으며, 시험이 종료될 때까지 신분증을 제시하지 못할 경우 해당 시험은 0점 처리됩니다.

2. 시스템(PC 작동 여부, 네트워크 상태 등)의 이상 여부를 반드시 확인하여야 하며, 시스템 이상이 있을시 감독위원에게 조치를 받으셔야 합니다.

3. 시험 중 부주의 또는 고의로 시스템을 파손한 경우는 수검자 부담으로 합니다.

4. 답안 전송 프로그램을 통해 다운로드 받은 파일을 이용하여 답안 파일을 작성하시기 바랍니다.

5. 작성한 답안 파일은 답안 전송 프로그램을 통하여 전송됩니다. 감독위원의 지시에 따라 주시기 바랍니다.

6. 다음 사항의 경우 실격(0점) 혹은 부정행위 처리됩니다.

   ❶ 답안 파일을 저장하지 않았거나, 저장한 파일이 손상되었을 경우

   ❷ 답안 파일을 지정된 폴더(바탕화면 – "KAIT" 폴더)에 저장하지 않았을 경우

   ※ 답안 전송 프로그램 로그인 시 바탕화면에 자동 생성됨

   ❸ 답안 파일을 다른 보조기억장치(USB) 혹은 네트워크(메신저, 게시판 등)로 전송할 경우

   ❹ 휴대용 전화기 등 통신기기를 사용할 경우

7. 시험지에 제시된 글꼴이 응시 프로그램에 없는 경우, 반드시 감독위원에게 해당 내용을 통보한 뒤 조치를 받아야 합니다.

8. 시험의 완료는 작성이 완료된 답안을 저장하고, 답안 전송이 완료된 상태를 확인한 것으로 합니다. 답안 전송 확인 후 문제지는 감독관에게 제출한 후 퇴실하여야 합니다.

9. 답안 전송이 완료된 경우에는 수정 또는 정정이 불가능합니다.

10. 시험 시행 후 합격자 발표는 홈페이지(www.ihd.or.kr)에서 확인하시기 바랍니다.

   ❶ 문제 및 모범답안 공개 : 20XX. XX. XX.(X)

   ❷ 합격자 발표 : 20XX. XX. XX.(X)

Korea Association for ICT Promotion
한국정보통신진흥협회 KAIT

【문제】 첨부된 문제를 다음의 조건을 적용하여 문서를 작성하시오.

① 문서는 A4(210mm×297mm) 크기, 세로 용지방향으로 작성한다.

② 페이지 여백은 아래와 같이 설정한다.

왼쪽	오른쪽	위쪽	아래쪽	머리말	꼬리말	제본
20mm	20mm	20mm	20mm	10mm	10mm	0mm

③ 아래와 같이 "자동 글머리 기호 넣기"와 "자동 번호 매기기" 기능을 해제한다.

도구 → 빠른 교정 → 빠른 교정 내용 → 입력 자동 서식 ┌→ 자동 글머리 기호 넣기(해제)
└→ 자동 번호 매기기(해제)

※ 만약 입력 자동 서식 메뉴가 없는 경우에는, "자동 글머리 기호 넣기"와 "자동 번호 매기기" 기능이 설정되어 있지 않은 것이므로 별도의 기능 해제 없이 그대로 시험에 응시하시면 됩니다.

④ 글자는 별도의 지시사항이 없는 한 **바탕, 10pt, 양쪽정렬, 줄간격 160%**로 작성한다.

⑤ 영문, 숫자 등은 별도의 지시가 없는 한 반각(1byte) 문자를 사용한다.

⑥ 특수문자는 문자표(전각 기호)를 이용하여 작성한다.

⑦ 교정부호 및 화살표로 기재된 지시사항대로 처리하되, ⌒⌒⌒⌒→ 은 지시사항이므로 작성하지 않는다.

⑧ 1페이지에 [문제1]을 작성하고, 구역을 나누어 2페이지에 [문제2]를 작성한다.

※ 해당 페이지에 작성하지 않거나 의도적으로 텍스트 작성을 하지 않은 경우 0점 처리

⑨ [문제2]는 문제지와 같이 2단으로 다단을 나누어 작성한다.

⑩ '그림 삽입' 시에는 반드시 "KAIT 수검프로그램"을 통해 다운로드 한 그림 파일을 사용한다.

⑪ 총점 : 200점

[공통사항1(기본설정, 용지설정)] : 8점, [공통사항2(오탈자)] : 40점
[문제1] : 46점, [문제2] : 106점

⑫ 기타 특별히 지시되어 있지 않은 사항은 문제지에 준하여 작성한다.

글맵시 - 휴먼옛체, 채우기 : 색상(RGB:53,135,145)
크기 : 너비(120mm), 높이(20mm), 위치 : 글자처럼 취급, 가운데 정렬

머리말(궁서, 9pt, 오른쪽 정렬) ➔ DIAT

호주문화탐방참가자모집

문단 첫 글자 장식 - 모양 : 2줄, 궁서체
면 색 : 색상(RGB:255,255,0), 본문과의 간격 : 3.0mm

진하게, 기울임

경 기도청소년센터에서는 *청소년들이 자신의 소질을 찾고 미래를 탐색할 수 있도록* 다양하고 유익한 청소년 활동들을 운영하는 청소년시설입니다. 청소년들이 다양한 해외문화체험을 통한 세계시민의식 함양과 외국 청소년 교류 활동을 통한 글로벌리더십 향상을 목적으로 하고 있습니다. 호주 멜버른에서 세인트 패트릭 성당, 대학교 탐방, 시드니의 블루마운틴, 농가체험, 오페라하우스 등을 중심으로 8박 10일간의 프로그램을 진행합니다.

문자표 ➔ ◆ 행사안내 ◆

돋움, 가운데 정렬

1. 활동내용 : *호주 멜버른과 시드니 문화탐방 및 체험활동 중 다양한 현지 미션 프로그램* ◀ 기울임, 밑줄
2. 참가자격 : 10세 ~ 20세까지의 대한민국 청소년 30명
3. 신청방법 : 신청서 작성 후 이메일(gaja@ihd.or.kr) 또는 팩스(02-1234-5678)로 제출
4. 세부내용 : 경기도청소년센터 홈페이지 동계국제문화탐방 참조(http://www.ihd.or.kr)

문자표

※ 기타사항

왼쪽여백 : 10pt
내어쓰기 : 12pt

- 일정은 현지 도로 및 기후 등 기타 제반 사항에 의해 다소 변경될 수 있습니다.
- 개인의 부주의로 인한 부상, 분실, 또는 천재지변, 불가항력으로 인한 일정의 변경 및 취소에 따른 손해에 대해서는 관례에 따라 면책됨을 알려드립니다.

2026. 11. 05. ◀ 13pt, 가운데 정렬

경기도청소년센터협회 ◀ 견고딕, 25pt, 가운데 정렬

문제1은 줄 간격 180%로 작성
문제1은 1구역, 문제2는 2구역으로 나누어 답안 작성

쪽 번호 매기기, Ⅰ,Ⅱ,Ⅲ 순으로, 가운데 아래

쪽 테두리 : 이중 실선, 머리말 포함

글상자 - 크기 : 너비(60mm), 높이(12mm), 테두리 : 이중 실선(1.00mm), 반원
채우기 : 색상(RGB:227, 220,193), 위치 : 글자처럼 취급, 가운데 정렬
글자 모양 : 견고딕, 15pt, 가운데 정렬

DIAT

머리말(궁서, 9pt, 오른쪽 정렬)

호주의 세계유산

굴림체, 12pt, 진하게, 가운데 정렬

그림A 삽입(바탕화면-KAIT-제출파일폴더)
너비(85mm), 높이(40mm)
위치 : 어울림(가로-쪽의 왼쪽:0mm,
세로-쪽의 위:22mm)

1. 오페라하우스 ◀ 돋움체, 12pt, 진하게

참가자 현황

구분	15세 이하	16세 이상
8기	13	17
9기	15	15
10기	18	12
11기	20	10
합계	66	54

위쪽 제목 셀 : 색상(RGB:202,86,167), 진하게
제목 셀 아래선 : 이중 실선(0.5mm)
글자 모양 : 굴림, 10pt, 가운데 정렬
합계는 블록 계산식 기능을 이용

하버브리지의 남동쪽에 위치하며, 공연(公演) 예술의 중심지로서 극장과 녹음실, 음악당, 전시장을 갖추고 있는 시드니 오페라하우스는 호주를 대표하는 하나의 아이콘(Icon)이다. 1960년대 이 독특한 건축의 등장은 오스트레일리아(호주)의 현대적이고 활기와 젊음이 넘치는 분위기를 상징적으로 보여주고 있다. 1973년 10월 20일 시드니 오페라하우스 개관식에는 영국(英國) 여왕 엘리자베스 2세가 참석하여 테이프를 끊었다. 시드니 (하)구에 정박되어 있는 요트들의 돛 모양을 되살린 조가비 모양의 지붕이 바다와 묘한 조화를 이루며 세계의 가장 아름다운 건축물 중 하나로 2007년 유네스코Ⓐ 세계문화유산으로 지정되었다.

항

각주

차트데이터는 표 내용에서 합계 부분을 제외한 나머지 부분의 값 이용

궁서, 13pt, 진하게

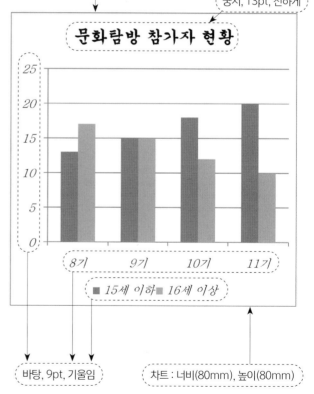

문화탐방 참가자 현황

2. 블루마운틴 ◀ 돋움체, 12pt, 진하게

시드니에서 서쪽으로 약 60km 떨어진 곳에 위치한 산악 국립공원(國立公園)으로 유칼립투스나무로 뒤덮인 해발 1,100m의 사암(砂巖) 고원이다. 특유의 푸른빛과 가파른 계곡, 폭포, 기암(奇巖)등이 빚어내는 아름다운 경관을 갖추고 있어 그 가치를 인정받아 2000년에 유네스코(UNESCO) 세계자연유산으로 등록되었다. 바다도 아닌 산에 블루라는 색을 가져다가 이름을 붙인 이유는 이 산이 멀리에서 보면 파랗게 보이기 때문이다. 이 푸른빛은 유칼립투스나무에서 (유액들이) (증발되는) 태양광선과 만나 푸른빛의 파장을 만들어 내기 때문이다. 서울의 4배 정도의 면적에 91종이나 되는 다양한 유칼립투스나무들이 주종을 이루는 것이 이 숲의 특징이다.

바탕, 9pt, 기울임

차트 : 너비(80mm), 높이(80mm)

Ⓐ 유엔교육과학문화기구로 지적 활동 분야의 국제협력 촉진 ◀ 궁서, 8pt

쪽 번호 매기기, Ⅰ,Ⅱ,Ⅲ 순으로, 가운데 아래

- Ⅱ -

한글 2022 버전용

제02회 실전모의고사

▸ 시험과목 : 워드프로세서(한글)
▸ 시험일자 : 20XX. XX. XX.(X)
▸ 응시자 기재사항 및 감독위원 확인

수 검 번 호	DIW - XXXX -	감독위원 확인
성 명		

응시자 유의사항

1. 응시자는 반드시 신분증을 지참하여야 시험에 응시할 수 있으며, 시험이 종료될 때까지 신분증을 제시하지 못할 경우 해당 시험은 0점 처리됩니다.

2. 시스템(PC 작동 여부, 네트워크 상태 등)의 이상 여부를 반드시 확인하여야 하며, 시스템 이상이 있을시 감독위원에게 조치를 받으셔야 합니다.

3. 시험 중 부주의 또는 고의로 시스템을 파손한 경우는 수검자 부담으로 합니다.

4. 답안 전송 프로그램을 통해 다운로드 받은 파일을 이용하여 답안 파일을 작성하시기 바랍니다.

5. 작성한 답안 파일은 답안 전송 프로그램을 통하여 전송됩니다. 감독위원의 지시에 따라 주시기 바랍니다.

6. 다음 사항의 경우 실격(0점) 혹은 부정행위 처리됩니다.

   ❶ 답안 파일을 저장하지 않았거나, 저장한 파일이 손상되었을 경우
   ❷ 답안 파일을 지정된 폴더(바탕화면 – "KAIT" 폴더)에 저장하지 않았을 경우
       ※ 답안 전송 프로그램 로그인 시 바탕화면에 자동 생성됨
   ❸ 답안 파일을 다른 보조기억장치(USB) 혹은 네트워크(메신저, 게시판 등)로 전송할 경우
   ❹ 휴대용 전화기 등 통신기기를 사용할 경우

7. 시험지에 제시된 글꼴이 응시 프로그램에 없는 경우, 반드시 감독위원에게 해당 내용을 통보한 뒤 조치를 받아야 합니다.

8. 시험의 완료는 작성이 완료된 답안을 저장하고, 답안 전송이 완료된 상태를 확인한 것으로 합니다. 답안 전송 확인 후 문제지는 감독관에게 제출한 후 퇴실하여야 합니다.

9. 답안 전송이 완료된 경우에는 수정 또는 정정이 불가능합니다.

10. 시험 시행 후 합격자 발표는 홈페이지(www.ihd.or.kr)에서 확인하시기 바랍니다.

    ❶ 문제 및 모범답안 공개 : 20XX. XX. XX.(X)
    ❷ 합격자 발표 : 20XX. XX. XX.(X)

Korea Association for ICT Promotion
한국정보통신진흥협회 KAIT

【문제】 첨부된 문제를 다음의 조건을 적용하여 문서를 작성하시오.

① 문서는 A4(210mm×297mm) 크기, 세로 용지방향으로 작성한다.

② 페이지 여백은 아래와 같이 설정한다.

왼쪽	오른쪽	위쪽	아래쪽	머리말	꼬리말	제본
20mm	20mm	20mm	20mm	10mm	10mm	0mm

③ 아래와 같이 "자동 글머리 기호 넣기"와 "자동 번호 매기기" 기능을 해제한다.

도구 → 빠른 교정 → 빠른 교정 내용 → 입력 자동 서식 ┬→ 자동 글머리 기호 넣기(해제)
                                           └→ 자동 번호 매기기(해제)

※ 만약 입력 자동 서식 메뉴가 없는 경우에는, "자동 글머리 기호 넣기"와 "자동 번호 매기기" 기능이 설정되어 있지 않은 것이므로 별도의 기능 해제 없이 그대로 시험에 응시하시면 됩니다.

④ 글자는 별도의 지시사항이 없는 한 **바탕**, 10pt, 양쪽정렬, 줄간격 160%로 작성한다.

⑤ 영문, 숫자 등은 별도의 지시가 없는 한 반각(1byte) 문자를 사용한다.

⑥ 특수문자는 문자표(전각 기호)를 이용하여 작성한다.

⑦ 교정부호 및 화살표로 기재된 지시사항대로 처리하되, ⟨⋯⋯⟩→ 은 지시사항이므로 작성하지 않는다.

⑧ 1페이지에 [문제1]을 작성하고, 구역을 나누어 2페이지에 [문제2]를 작성한다.

※ 해당 페이지에 작성하지 않거나 의도적으로 텍스트 작성을 하지 않은 경우 0점 처리

⑨ [문제2]는 문제지와 같이 2단으로 다단을 나누어 작성한다.

⑩ '그림 삽입' 시에는 반드시 "KAIT 수검프로그램"을 통해 다운로드 한 그림 파일을 사용한다.

⑪ 총점 : 200점

[공통사항1(기본설정, 용지설정)] : 8점, [공통사항2(오탈자)] : 40점
[문제1] : 46점, [문제2] : 106점

⑫ 기타 특별히 지시되어 있지 않은 사항은 문제지에 준하여 작성한다.

글맵시 - 중고딕, 채우기 : 색상(RGB:202,86,167)
크기 : 너비(120mm), 높이(20mm), 위치 : 글자처럼 취급, 가운데 정렬

머리말(굴림, 8pt, 오른쪽 정렬) → DIAT

양재꽃시장안내

문단 첫 글자 장식 - 모양 : 2줄, 돋움체
면 색 : 색상(RGB:206,166,29), 본문과의 간격 : 3.0mm

꽃 을 사랑하는 대한민국의 모든 분을 초대합니다. 10년 진 개장 이후 첫 리모델링이 완료되어 한 달간 무료개방을 하고 있습니다. 각 교육기관의 무료교육안내도 진행하고 있으니 저희 홈페이지를 방문하시어 자세한 내용을 확인하시고 신청해주시면 되겠습니다. 수많은 멸종위기의 꽃을 보유하고 관리하고 있는 저희 양재꽃시장에서는 도소매 판매사업도 진행하고 있으니 많은 분들의 관심을 부탁드립니다. 이제는 <u>건강하고 깨끗한 자연환경</u> 우리 손으로 지켜야 합니다.

진하게, 밑줄   문자표 → **◉ 안내사항 ◉**

궁서, 가운데 정렬

1. 개방시간 : 10:00~18:00(매주 월요일 및 공휴일은 휴관)
2. 개방장소 : 양재꽃시장 건물 본관 전체
3. 관람비용 : 한 달간 누구나 무료
4. 신청안내 : *양재꽃시장 홈페이지 (http://www.ihd.or.kr)* ← 진하게, 기울임

문자표

※ 기타사항

- 교육 신청시 최소 인원은 따로 없지만, 최대 인원은 신청자에게 정확한 내용을 전달하고자 해당시간의 15명까지 인원제한이 있습니다.
- 단체 교육 신청시 양재꽃시장 안내실(02-123-4567)로 문의 주시기 바랍니다.

왼쪽여백 : 10pt
내어쓰기 : 12pt

2026. 10. 20. ← 13pt, 가운데 정렬

양재꽃시장협회 ← 돋움, 24pt, 가운데 정렬

문제1은 줄 간격 180%로 작성

문제1은 1구역, 문제2는 2구역으로 나누어 답안 작성

쪽 번호 매기기, A,B,C 순으로,
왼쪽 아래

- A -

친환경 식용꽃

1. 식용꽃이란?

우리나라의 조상(祖上)들은 화전과 같은 음식을 통하여 꽃을 식용으로 사용하는 경우가 많다. 특히 최근에 각광받는 직업으로는 꽃티 소믈리에로 많은 분들의 관심을 받고 있다. 식용꽃은 농촌진흥청 도시농업연구팀의 성분에 대한 연구결과에 따르면, 식용꽃 속에는 사람 신체(身體)의 유해산소를 줄여주는 폴리페놀과 플라보노이드 함량이 채소 및 과일에 비해 최대 10배 이상 포함되어 있다고 한다. 폴리페놀(Polyphenol)은 치매와 뇌질환을 예방하고 플라보노이드는 노화, 심혈관[1] 질환을 방지하는 큰 효과가 있다고 한다. 식용꽃은 구매 후 밀폐용기에 담아 저온에서 보관하고 직접 채취 시 꽃받침과 암술, 수술을 제거한 후 섭취하면 된다. 식용꽃은 판매용 따로 약물처리를 하지 않고 이미 세척(洗滌)이 되어 있는 꽃이므로 씻지 않고 바로 먹어도 무방하다.

2. 식용꽃의 종류

식품의약품안전처에서 발표한 우리나라의 식용꽃 종류로는 민들레꽃, 국화꽃, 달맞이꽃, 아카시아꽃, 살구꽃, 복숭아꽃, 호박꽃, 하얀들찔레꽃 등이 있으며 서양꽃으로는 팬지, 장미, 제라늄, 자스민, 금어초 등으로 살펴볼 수 있다. 반면 절대(絶對) 먹을 수 없는 꽃도 있다. 바로 동의나물꽃, 애기똥풀꽃, 철쭉꽃, 은방울꽃 등으로 이것들은 독성이 있는 꽃이므로 직접 채취 시 각별한 주의가 필요하다. 직접 채취 시에는 정확한 정보(情報)가 필요하오니 전문가의 도움으로 구매 또는 채취하면 된다.

식용꽃의 판매수량

종 류	상반기	하반기
국화꽃	45	55
진달래꽃	30	65
동백꽃	27	85
아카시아꽃	50	32
평균	38.00	59.25

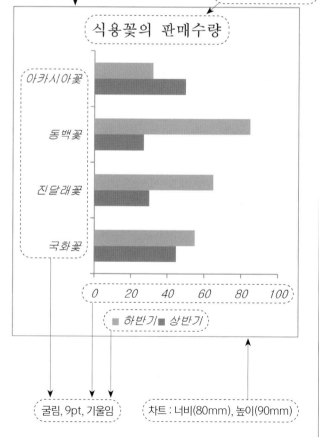

식용꽃의 판매수량

---

1) 신체의 노폐물을 수용하는 계통의 조직

- B -

제03회 실전모의고사

▸ 시험과목 : 워드프로세서(한글)
▸ 시험일자 : 20XX. XX. XX.(X)
▸ 응시자 기재사항 및 감독위원 확인

수 검 번 호	DIW - XXXX -	감독위원 확인
성 명		

응시자 유의사항

1. 응시자는 반드시 신분증을 지참하여야 시험에 응시할 수 있으며, 시험이 종료될 때까지 신분증을 제시하지 못할 경우 해당 시험은 0점 처리됩니다.

2. 시스템(PC 작동 여부, 네트워크 상태 등)의 이상 여부를 반드시 확인하여야 하며, 시스템 이상이 있을시 감독위원에게 조치를 받으셔야 합니다.

3. 시험 중 부주의 또는 고의로 시스템을 파손한 경우는 수검자 부담으로 합니다.

4. 답안 전송 프로그램을 통해 다운로드 받은 파일을 이용하여 답안 파일을 작성하시기 바랍니다.

5. 작성한 답안 파일은 답안 전송 프로그램을 통하여 전송됩니다. 감독위원의 지시에 따라 주시기 바랍니다.

6. 다음 사항의 경우 실격(0점) 혹은 부정행위 처리됩니다.

   ❶ 답안 파일을 저장하지 않았거나, 저장한 파일이 손상되었을 경우

   ❷ 답안 파일을 지정된 폴더(바탕화면 – "KAIT" 폴더)에 저장하지 않았을 경우

   ※ 답안 전송 프로그램 로그인 시 바탕화면에 자동 생성됨

   ❸ 답안 파일을 다른 보조기억장치(USB) 혹은 네트워크(메신저, 게시판 등)로 전송할 경우

   ❹ 휴대용 전화기 등 통신기기를 사용할 경우

7. 시험지에 제시된 글꼴이 응시 프로그램에 없는 경우, 반드시 감독위원에게 해당 내용을 통보한 뒤 조치를 받아야 합니다.

8. 시험의 완료는 작성이 완료된 답안을 저장하고, 답안 전송이 완료된 상태를 확인한 것으로 합니다. 답안 전송 확인 후 문제지는 감독관에게 제출한 후 퇴실하여야 합니다.

9. 답안 전송이 완료된 경우에는 수정 또는 정정이 불가능합니다.

10. 시험 시행 후 합격자 발표는 홈페이지(www.ihd.or.kr)에서 확인하시기 바랍니다.

   ❶ 문제 및 모범답안 공개 : 20XX. XX. XX.(X)

   ❷ 합격자 발표 : 20XX. XX. XX.(X)

Korea Association for ICT Promotion
한국정보통신진흥협회 KAIT

【문제】 첨부된 문제를 다음의 조건을 적용하여 문서를 작성하시오.

① 문서는 A4(210mm×297mm) 크기, 세로 용지방향으로 작성한다.

② 페이지 여백은 아래와 같이 설정한다.

왼쪽	오른쪽	위쪽	아래쪽	머리말	꼬리말	제본
20mm	20mm	20mm	20mm	10mm	10mm	0mm

③ 아래와 같이 "자동 글머리 기호 넣기"와 "자동 번호 매기기" 기능을 해제한다.

> 도구 → 빠른 교정 → 빠른 교정 내용 → 입력 자동 서식 ┬→ 자동 글머리 기호 넣기(해제)
> 　　　　　　　　　　　　　　　　　　　　　　　　　 └→ 자동 번호 매기기(해제)

　※ 만약 입력 자동 서식 메뉴가 없는 경우에는, "자동 글머리 기호 넣기"와 "자동 번호 매기기" 기능이 설정되어 있지 않은 것이므로 별도의 기능 해제 없이 그대로 시험에 응시하시면 됩니다.

④ 글자는 별도의 지시사항이 없는 한 바탕, 10pt, 양쪽정렬, 줄간격 160%로 작성한다.

⑤ 영문, 숫자 등은 별도의 지시가 없는 한 반각(1byte) 문자를 사용한다.

⑥ 특수문자는 문자표(전각 기호)를 이용하여 작성한다.

⑦ 교정부호 및 화살표로 기재된 지시사항대로 처리하되, ⋯⋯⋯⋯→ 은 지시사항이므로 작성하지 않는다.

⑧ 1페이지에 [문제1]을 작성하고, 구역을 나누어 2페이지에 [문제2]를 작성한다.

　※ 해당 페이지에 작성하지 않거나 의도적으로 텍스트 작성을 하지 않은 경우 0점 처리

⑨ [문제2]는 문제지와 같이 2단으로 다단을 나누어 작성한다.

⑩ '그림 삽입' 시에는 반드시 "KAIT 수검프로그램"을 통해 다운로드 한 그림 파일을 사용한다.

⑪ 총점 : 200점

　[공통사항1(기본설정, 용지설정)] : 8점, [공통사항2(오탈자)] : 40점
　[문제1] : 46점, [문제2] : 106점

⑫ 기타 특별히 지시되어 있지 않은 사항은 문제지에 준하여 작성한다.

글맵시 - 견고딕, 채우기 : 색상(RGB:233,174,43)
크기 : 너비(100mm), 높이(20mm), 위치 : 글자처럼 취급, 가운데 정렬

문단 첫 글자 장식 - 모양 : 2줄, 굴림체
면 색 : 색상(RGB:209,209,209), 본문과의 간격 : 3.0mm

콘텐츠 미디어 선문기업 디자인하우스는 품격 있는 라이프스타일을 지면에 소개하는 데에 그치지 않고, 전시를 통해 자신의 삶에 현실로 구현하는 가이드라인을 제시하고자 부산리빙디자인페어를 개막했습니다. 리빙 산업을 선도하는 브랜드와 소비자들의 좋은 동반자가 될 이번 행사는 단순히 좋은 상품들을 모아서 전시만 하는 것이 아니라, 역량 있는 디자이너들과의 콜라보레이션을 통해 고부가가치 콘텐츠를 생산하며 **토털 마케팅 솔루션을 제시**합니다.

진하게, 밑줄

문자표 ▶ 행사안내 ◀

굴림, 가운데 정렬

1. 행 사 명 : 부산리빙디자인페어
2. 행사일시 : 2026. 09. 12(수) ~ 2026. 09. 16(일), 10:30 ~ 18:00
3. 행사장소 : 부산 벡스코 전관(Hall A, B, C, D)
4. 사전등록 : *2026. 08. 11(화) 18:00까지 온라인으로 등록(http://www.ihd.or.kr)* ← 기울임, 밑줄

문자표

※ 기타사항

- 입장료 : 10,000원(사전등록 시 입장료 10% 할인)
- 기획전시 : 트렌드를 선도하는 디자이너와 크리에이터가 함께하는 특별 기획전(디자이너스 초이스)
- 무료입장 또는 할인 대상자는 반드시 증빙서류를 지참하여야 합니다.

왼쪽여백 : 10pt

2026. 07. 21. ← 12pt, 가운데 정렬

리빙디자인협의회 ← 중고딕, 25pt, 가운데 정렬

문제1은 줄 간격 180%로 작성

문제1은 1구역, 문제2는 2구역으로 나누어 답안 작성

쪽 번호 매기기, ①,②,③ 순으로,
가운데 아래

쪽 테두리 : 이중 실선, 머리말 포함

글상자 - 크기 : 너비(60mm), 높이(12mm), 테두리 : 이중 실선(1.00mm), 반원
채우기 : 색상(RGB:211,235,111), 위치 : 글자처럼 취급, 가운데 정렬
글자 모양 : 궁서체, 20pt, 가운데 정렬

DIAT

그림C 삽입(바탕화면-KAIT-제출파일폴더)
너비(85mm), 높이(40mm)
위치 : 어울림(가로-쪽의 왼쪽:0.0mm,
세로-쪽의 위:22mm)

머리말(궁서, 9pt, 오른쪽 정렬)

리빙 디자인

궁서, 12pt, 진하게, 가운데 정렬

1. 리빙 디자인

중고딕, 12pt, 진하게

리빙 디자인(living design)은 생활 디자인의 뜻으로 생활 조형과 같은 뜻으로 사용한다. 즉 회화, 조각이라는 원래 실용으로 제공하는 목적으로 창작하는 일이 없는, 소위 전부터의 순수 미술에 대립하는 실용(實用)과 미 모두를 목적으로 한 일상생활을 위해 제공하는 조형상의 디자인을 가리키는 말이다. 이 발상은 19세기 후반 모리스의 수공예운동① 이래 일반에도 정착되었다. 생활 주변과 인간의 생활, 특히 가정에 있어서 주거(住居) 공간의 설계 및 설비 등의 여러 조건을 다루는 디자인이다.

각주

2. 리빙 산업

중고딕, 12pt, 진하게

최근 리빙 산업 시장 규모는 총 33조 원으로 추정되며 노후(老朽) 건물 증가 및 주거공간에 대한 지출 확대로 향후 시장이 더 확대될 것으로 전이된다. 리빙과 관련된 전문기업과 유통채널(distribution channel)이 성장 중이나 수요를 충족시키지 못하고 있고 산업의 주된 구성원인 영세한 시공업체로부터 여러 가지 문제점들이 파생(派生)되고 있다. 따라서 한국 시장에 맞는 대형 복합몰 인테리어 도입으로 신규 수요 창출 및 소비자의 인테리어 구상과 쇼핑을 도와줄 직업군 형성으로 리빙 산업을 활성화해야 할 필요가 있다. 그리고 인테리어 시공업체의 법인화 및 전문화를 통한 질적 성장이 필요하고, 친환경 인테리어에 대한 정책지원 확대 등 리빙 산업의 저변(底邊)을 확대해야 한다.

해외 리빙 브랜드 점유율

브랜드	점유율
스웨덴	45
일본	25
네덜란드	15
이탈리아	5
합계	90

위쪽 제목 셀 : 색상(RGB:233,174,43), 진하게
제목 셀 아래선 : 실선(0.5mm)
글자 모양 : 굴림, 10pt, 가운데 정렬
합계는 블록 계산식 기능을 이용

차트데이터는 표 내용에서 합계 부분을 제외한 나머지 부분의 값 이용

궁서체, 12pt, 진하게

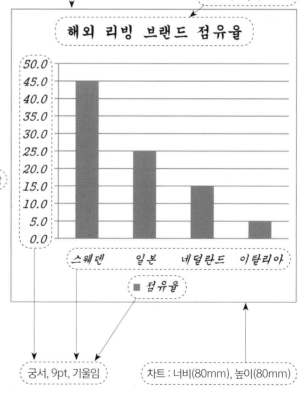

궁서, 9pt, 기울임

차트 : 너비(80mm), 높이(80mm)

---

① 영국에서 모리스와 그의 동료들이 수공예를 중시하면서 건축과 공예를 중심으로 전개하였던 예술운동.

돋움, 9pt

쪽 번호 매기기, ①,②,③ 순으로, 가운데 아래

제04회 실전모의고사

▷ 시험과목 : 워드프로세서(한글)
▷ 시험일자 : 20XX. XX. XX.(X)
▷ 응시자 기재사항 및 감독위원 확인

수 검 번 호	DIW - XXXX -	감독위원 확인
성 명		

응시자 유의사항

1. 응시자는 반드시 신분증을 지참하여야 시험에 응시할 수 있으며, 시험이 종료될 때까지 신분증을 제시하지 못할 경우 해당 시험은 0점 처리됩니다.

2. 시스템(PC 작동 여부, 네트워크 상태 등)의 이상 여부를 반드시 확인하여야 하며, 시스템 이상이 있을시 감독위원에게 조치를 받으셔야 합니다.

3. 시험 중 부주의 또는 고의로 시스템을 파손한 경우는 수검자 부담으로 합니다.

4. 답안 전송 프로그램을 통해 다운로드 받은 파일을 이용하여 답안 파일을 작성하시기 바랍니다.

5. 작성한 답안 파일은 답안 전송 프로그램을 통하여 전송됩니다. 감독위원의 지시에 따라 주시기 바랍니다.

6. 다음 사항의 경우 실격(0점) 혹은 부정행위 처리됩니다.

　❶ 답안 파일을 저장하지 않았거나, 저장한 파일이 손상되었을 경우
　❷ 답안 파일을 지정된 폴더(바탕화면 – "KAIT" 폴더)에 저장하지 않았을 경우
　　※ 답안 전송 프로그램 로그인 시 바탕화면에 자동 생성됨
　❸ 답안 파일을 다른 보조기억장치(USB) 혹은 네트워크(메신저, 게시판 등)로 전송할 경우
　❹ 휴대용 전화기 등 통신기기를 사용할 경우

7. 시험지에 제시된 글꼴이 응시 프로그램에 없는 경우, 반드시 감독위원에게 해당 내용을 통보한 뒤 조치를 받아야 합니다.

8. 시험의 완료는 작성이 완료된 답안을 저장하고, 답안 전송이 완료된 상태를 확인한 것으로 합니다. 답안 전송 확인 후 문제지는 감독관에게 제출한 후 퇴실하여야 합니다.

9. 답안 전송이 완료된 경우에는 수정 또는 정정이 불가능합니다.

10. 시험 시행 후 합격자 발표는 홈페이지(www.ihd.or.kr)에서 확인하시기 바랍니다.

　❶ 문제 및 모범답안 공개 : 20XX. XX. XX.(X)
　❷ 합격자 발표 : 20XX. XX. XX.(X)

【문제】 **첨부된 문제를 다음의 조건을 적용하여 문서를 작성하시오.**

① 문서는 A4(210mm×297mm) 크기, 세로 용지방향으로 작성한다.

② 페이지 여백은 아래와 같이 설정한다.

왼쪽	오른쪽	위쪽	아래쪽	머리말	꼬리말	제본
20mm	20mm	20mm	20mm	10mm	10mm	0mm

③ 아래와 같이 "자동 글머리 기호 넣기"와 "자동 번호 매기기" 기능을 해제한다.

> 도구 → 빠른 교정 → 빠른 교정 내용 → 입력 자동 서식 ┬→ 자동 글머리 기호 넣기(해제)
> └→ 자동 번호 매기기(해제)

※ 만약 입력 자동 서식 메뉴가 없는 경우에는, "자동 글머리 기호 넣기"와 "자동 번호 매기기" 기능이 설정되어 있지 않은 것이므로 별도의 기능 해제 없이 그대로 시험에 응시하시면 됩니다.

④ 글자는 별도의 지시사항이 없는 한 바탕, 10pt, 양쪽정렬, 줄간격 160%로 작성한다.

⑤ 영문, 숫자 등은 별도의 지시가 없는 한 반각(1byte) 문자를 사용한다.

⑥ 특수문자는 문자표(전각 기호)를 이용하여 작성한다.

⑦ 교정부호 및 화살표로 기재된 지시사항대로 처리하되, ⤳ 은 지시사항이므로 작성하지 않는다.

⑧ 1페이지에 [문제1]을 작성하고, 구역을 나누어 2페이지에 [문제2]를 작성한다.

※ 해당 페이지에 작성하지 않거나 의도적으로 텍스트 작성을 하지 않은 경우 0점 처리

⑨ [문제2]는 문제지와 같이 2단으로 다단을 나누어 작성한다.

⑩ '그림 삽입' 시에는 반드시 "KAIT 수검프로그램"을 통해 다운로드 한 그림 파일을 사용한다.

⑪ 총점 : 200점

[공통사항1(기본설정, 용지설정)] : 8점, [공통사항2(오탈자)] : 40점
[문제1] : 46점, [문제2] : 106점

⑫ 기타 특별히 지시되어 있지 않은 사항은 문제지에 준하여 작성한다.

글맵시 – 굴림, 채우기 : 색상(RGB:199,82,82)
크기 : 너비(100mm), 높이(20mm), 위치 : 글자처럼 취급, 가운데 정렬

→ DIAT
머리말(굴림, 9pt, 오른쪽 정렬)

문단 첫 글자 장식 – 모양 : 2줄, 돋움
면 색 : 색상(RGB:216,190,228), 본문과의 간격 : 3.0mm

진하게, 밑줄

서 울 힉여울억 세택에서 펼쳐지는 서울경향 하우징 페어는 <u>**품격과 전문성의 차별화**</u>에 초점을 맞추어 보석을 담는 마음으로 국내외 명품 건축자재만을 엄선해 준비합니다. 세계적으로 유명한 전문 전시기업 리드 엑스포가 오랜 노하우를 바탕으로 보다 품위있게 전시회를 준비할 뿐 아니라 다양한 홍보부스를 통해 대대적인 홍보를 펼쳐 참여기업의 브랜드 이미지 향상에 크게 기여할 것이며, 특히 바이어를 한자리에서 만나 맨투맨 타겟 마케팅을 할 수 있는 별도의 공간을 제공해드립니다.

문자표 → ◐ 행사안내 ◐
중고딕, 가운데 정렬

1. 행 사 명 : 서울경향 하우징 페어
2. 행사일시 : 09월 12일(목) ~ 09월 15일(일), 4일간
3. 행사장소 : 학여울역 세택 A, B, C홀
4. 사전등록 : *09월 08일(수) 18:00까지 온라인으로 등록* ← 진하게, 기울임

문자표
※ 기타사항
- 올해의 최신 하우징 트렌드를 읽어내고 주거문화의 새로운 패러다임을 제시하는 프리미엄 특별전에 참여를 원하시는 분
- 참가비 : 1인당 15,000원(미성년자는 참여할 수 없음)

왼쪽여백 : 10pt
내어쓰기 : 13pt

2026. 08. 27. ← 13pt, 가운데 정렬

경향하우징페어 사무국 ← 바탕, 27pt, 가운데 정렬

문제1은 줄 간격 180%로 작성
문제1은 1구역, 문제2는 2구역으로 나누어 답안 작성

쪽 번호 매기기, 가,나,다 순으로, 오른쪽 아래

- 가 -

글상자 - 크기 : 너비(55mm), 높이(12mm), 테두리 : 이중 실선(1.00mm), 둥근 모양
채우기 : 색상(RGB:53,135,145), 위치 : 글자처럼 취급, 가운데 정렬
글자 모양 : 굴림체, 22pt, 진하게, 가운데 정렬

쪽 테두리 : 이중 실선, 머리말 포함

DIAT

머리말(굴림, 9pt, 오른쪽 정렬)

주택과 주거

돋움, 12pt, 진하게, 가운데 정렬

그림A 삽입(바탕화면-KAIT-제출파일폴더)
너비(85mm), 높이(40mm)
위치 : 어울림(가로-쪽의 왼쪽:0.0mm,
세로-쪽의 위:24mm)

1. 주택 개요

돋움, 12pt, 진하게

인간을 비, 바람이나 추위, 더위와 같은 자연적 피해와 도난, 파괴와 같은 사회적 침해로부터 보호하기 위한 건물(建物)을 말하는데, 가족 구성의 핵가족화와 순수한 생활의 장소로서 소형화, 단순화가 이루어져 가는 경향이 있다. 이와 동시에 인간의 욕구를 생리적 해결하고, 재창조를 위한 휴식과 문화생활을 담는 그릇이기도 하다. 그러므로 주택(housing)이란 외부로부터 적당히 차폐된 공간을 건축적으로 해결한 것이라고 할 수 있다. 그러나 이 사생활에 대한 욕구는 적절한 사회적 관계, 즉 공동 취락(聚落) 관계를 벗어나서 형성되지는 않는다. 인류는 태초부터 주택을 짓기 시작하였으며, 인지가 발달함에 따라 보다 쾌적(快適)하고 견실한 사택을 짓기 위해 많은 노력을 기울여왔다.

2. 주거 개요

돋움, 12pt, 진하게

주택이 물리적 건물 그 자체만을 의미한다면 주거(住居)㉠는 사람이 생활을 영위하는 장소 및 그 안에서 이루어지는 생활까지 모두 포함한다. 즉, 주거란 작게는 생활기기, 가구 및 실내 장비, 실내 공간, 주택, 거주지 등까지 확대되는 물리적 주택 범위가 있으며, 취침, 취미 등의 개인 생활, 식사, 휴식 등의 가족 공동생활, 접객, 사교 등의 근린(neighbourhood) 생활을 포함하여 사회생활이 함께 어우러지는 생활의 장소(場所)로 생각할 수 있다. 이러한 주거의 역할은 가족생활을 유지하고 화목을 도모한다.

각주

㉠ 가옥 외에 대지를 포함하는 사람이 거주하는 장소, 주택은 거의 같은 뜻이지만 건물이라는 의미가 강함

굴림, 9pt

돋움, 12pt, 진하게, 가운데 정렬

주택 매매 거래량(단위:만 건)

년 도	전 국	수도권
2023년	6	2
2024년	8	3
2025년	6	2
2026년	13	5
평균	8.25	3.00

위쪽 제목 셀 : 색상(RGB:106,233,189), 진하게
제목 셀 아래선 : 이중 실선(0.5mm)
글자 모양 : 중고딕, 10pt, 가운데 정렬
평균은 블록 계산식 기능을 이용

차트데이터는 표 내용에서 평균 부분을
제외한 나머지 부분의 값 이용

돋움체, 12pt, 진하게

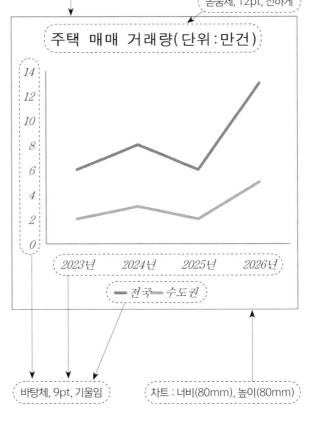

주택 매매 거래량(단위:만건)

바탕체, 9pt, 기울임

차트 : 너비(80mm), 높이(80mm)

쪽 번호 매기기, 가,나,다 순으로,
오른쪽 아래

- 나 -

제05회 실전모의고사

▸ 시험과목 : 워드프로세서(한글)
▸ 시험일자 : 20XX. XX. XX.(X)
▸ 응시자 기재사항 및 감독위원 확인

수 검 번 호	DIW - XXXX -	감독위원 확인
성 명		

응시자 유의사항

1. 응시자는 반드시 신분증을 지참하여야 시험에 응시할 수 있으며, 시험이 종료될 때까지 신분증을 제시하지 못할 경우 해당 시험은 0점 처리됩니다.

2. 시스템(PC 작동 여부, 네트워크 상태 등)의 이상 여부를 반드시 확인하여야 하며, 시스템 이상이 있을시 감독위원에게 조치를 받으셔야 합니다.

3. 시험 중 부주의 또는 고의로 시스템을 파손한 경우는 수검자 부담으로 합니다.

4. 답안 전송 프로그램을 통해 다운로드 받은 파일을 이용하여 답안 파일을 작성하시기 바랍니다.

5. 작성한 답안 파일은 답안 전송 프로그램을 통하여 전송됩니다. 감독위원의 지시에 따라 주시기 바랍니다.

6. 다음 사항의 경우 실격(0점) 혹은 부정행위 처리됩니다.

    ❶ 답안 파일을 저장하지 않았거나, 저장한 파일이 손상되었을 경우

    ❷ 답안 파일을 지정된 폴더(바탕화면 – "KAIT" 폴더)에 저장하지 않았을 경우

       ※ 답안 전송 프로그램 로그인 시 바탕화면에 자동 생성됨

    ❸ 답안 파일을 다른 보조기억장치(USB) 혹은 네트워크(메신저, 게시판 등)로 전송할 경우

    ❹ 휴대용 전화기 등 통신기기를 사용할 경우

7. 시험지에 제시된 글꼴이 응시 프로그램에 없는 경우, 반드시 감독위원에게 해당 내용을 통보한 뒤 조치를 받아야 합니다.

8. 시험의 완료는 작성이 완료된 답안을 저장하고, 답안 전송이 완료된 상태를 확인한 것으로 합니다. 답안 전송 확인 후 문제지는 감독관에게 제출한 후 퇴실하여야 합니다.

9. 답안 전송이 완료된 경우에는 수정 또는 정정이 불가능합니다.

10. 시험 시행 후 합격자 발표는 홈페이지(www.ihd.or.kr)에서 확인하시기 바랍니다.

    ❶ 문제 및 모범답안 공개 : 20XX. XX. XX.(X)

    ❷ 합격자 발표 : 20XX. XX. XX.(X)

Korea Association for ICT Promotion
한국정보통신진흥협회 KAIT

【문제】 첨부된 문제를 다음의 조건을 적용하여 문서를 작성하시오.

① 문서는 A4(210mm×297mm) 크기, 세로 용지방향으로 작성한다.

② 페이지 여백은 아래와 같이 설정한다.

왼쪽	오른쪽	위쪽	아래쪽	머리말	꼬리말	제본
20mm	20mm	20mm	20mm	10mm	10mm	0mm

③ 아래와 같이 "자동 글머리 기호 넣기"와 "자동 번호 매기기" 기능을 해제한다.

> 도구 → 빠른 교정 → 빠른 교정 내용 → 입력 자동 서식 ┬→ 자동 글머리 기호 넣기(해제)
> 　　　　　　　　　　　　　　　　　　　　　　　　　└→ 자동 번호 매기기(해제)

※ 만약 입력 자동 서식 메뉴가 없는 경우에는, "자동 글머리 기호 넣기"와 "자동 번호 매기기" 기능이 설정되어 있지 않은 것이므로 별도의 기능 해제 없이 그대로 시험에 응시하시면 됩니다.

④ 글자는 별도의 지시사항이 없는 한 **바탕**, 10pt, 양쪽정렬, 줄간격 160%로 작성한다.

⑤ 영문, 숫자 등은 별도의 지시가 없는 한 반각(1byte) 문자를 사용한다.

⑥ 특수문자는 문자표(전각 기호)를 이용하여 작성한다.

⑦ 교정부호 및 화살표로 기재된 지시사항대로 처리하되, ⸺⸺▶ 은 지시사항이므로 작성하지 않는다.

⑧ 1페이지에 [문제1]을 작성하고, 구역을 나누어 2페이지에 [문제2]를 작성한다.

※ 해당 페이지에 작성하지 않거나 의도적으로 텍스트 작성을 하지 않은 경우 0점 처리

⑨ [문제2]는 문제지와 같이 2단으로 다단을 나누어 작성한다.

⑩ '그림 삽입' 시에는 반드시 "KAIT 수검프로그램"을 통해 다운로드 한 그림 파일을 사용한다.

⑪ 총점 : 200점

[공통사항1(기본설정, 용지설정)] : 8점, [공통사항2(오탈자)] : 40점
[문제1] : 46점, [문제2] : 106점

⑫ 기타 특별히 지시되어 있지 않은 사항은 문제지에 준하여 작성한다.

머리말(돋움, 9pt, 오른쪽 정렬) → DIAT

글맵시 – 궁서, 채우기 : 색상(RGB:49,95,151)
크기 : 너비(110mm), 높이(20mm), 위치 : 글자처럼 취급, 가운데 정렬

서울국제정원박람회

문단 첫 글자 장식 – 모양 : 2줄, 궁서
면 색 : 색상(RGB:9,215,215), 본문과의 간격 : 3.0mm

진하게, 기울임

기존 타도시의 정원박람회와는 달리 서울국제정원박람회는 *<정원, 도시재생의 씨앗이 되다>*라는 *주제와 <어딜 가든 동네 정원>*이라는 슬로건 아래, 대형공원이 이닌 해방촌 일대에 '동네 정원'을 조성합니다. 이러한 장소의 변화를 통해 낡은 공원의 재생을 넘어 도시재생과 연계한 박람회로의 패러다임 변화를 꾀하고, 녹지 소외지역에 작지만 일상생활에서 즐길 수 있는 동네 정원을 조성함으로써 정원 문화의 접근성을 향상시키며 녹지 소외지역의 해소를 목표로 하고 있습니다.

문자표 → ★ 행사개요 ★

굴림, 가운데 정렬

1. 행사주제 : 정원, 도시재생의 씨앗이 되다
2. 행사일시 : 2026. 06. 11.(목) ~ 2026. 06. 17.(수)
3. 행사장소 : 만리동광장 ~ 해방촌 일대
4. 세부행사 : *서울국제정원박람회 홈페이지(http://www.idh.or.kr) 공지사항 참고* ← 기울임, 밑줄

문자표

※ 기타사항

왼쪽여백 : 10pt
내어쓰기 : 10pt

- 정원 조성 시 대상지의 현장 여건에 따라 사업 주최자가 디자인의 보완 및 수정을 요청할 경우 당선 팀(또는 개인)은 이를 최대한 반영하여 작품 완성에 협력해야 합니다.
- 기타 관련된 문의사항은 환경과조경(02-123-4567)으로 문의 바랍니다.

2026. 05. 23. ← 14pt, 가운데 정렬

서울국제정원 조직위원회

궁서체, 23pt, 가운데 정렬

문제1은 줄 간격 180%로 작성

문제1은 1구역, 문제2는 2구역으로 나누어 답안 작성

쪽 번호 매기기, ⅰ,ⅱ,ⅲ 순으로, 오른쪽 아래

DIAT

다양한 정원

1. 정원이란?

정원(庭園)은 일반적으로 실외에 식물 등 자연을 이용해 조성되는 공간이다. 자연(自然)적으로 형성될 수도 있으며, 인공적으로 조성될 수도 있다. 가장 흔한 것은 주택 바깥의 뜰이다. 동양에는 고산수㉮라는 형식의 정원이 있어 식물과 물 없이 돌 위주로 꾸며지기도 한다. 장식용 건물과 연못, 폭포, 개울 등을 포함할 수 있다. 순수 관상용 정원과 소규모 농장을 포함한 정원이 있다. 동양적(oriental) 의미에서 정원은 일정하게 구획된 빈 땅에 약간의 화초류나 유실수를 심고 채원을 만들어 여유 있는 삶을 살고자 하는 서민들의 바람에서 출발한 장소인 반면에 서구적 의미에서는 대개 주택의 실용적이고 외부공간을 심리적 목적으로 처리한 뜰을 뜻한다.

2. 각국의 이색 정원

런던의 큐 왕립 정원은 전 세계 식물학자들에게 큰 공헌(貢獻)을 한 식물원이다. 35만 분류군의 700만 점이 넘는 식물 표본이 있다. 16세기 중반 개인 소유의 정원에서 출발했다. 여러 사람의 손을 거친 이후 확장 공사를 통해 1759년에 식물원(植物園)으로 탄생했다. 일본인 건축가가 작업해 신사의 상징인 붉은색 도리이까지 설치한 '일본정원', 약 1400종의 장미가 있는 장미 정원, 셰익스피어 희곡 속 식물 80여 종이 있는 셰익스피어 정원 등 특색(特色) 있는 주제를 지닌 정원들이 있다. 도쿄의 고이시카와 가든은 약용 식물이나 기근 대비를 위해 연구(research) 목적으로 만들어졌다.

___

㉮ 동양의 정원 구성양식, 식물과 물이 없이 이루어진 정원

국가별 국가정원 방문객

국가	2025년	2026년
영국	35	38
그리스	15	20
미국	55	56
일본	23	21
한국	9	11
합계	137	146

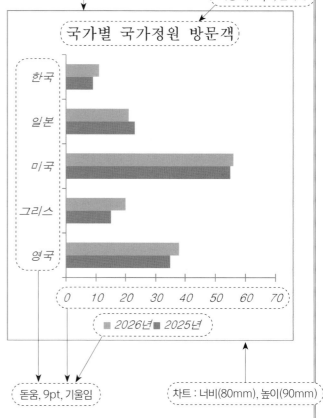

한글 2022 버전용

제06회 실전모의고사

▷ 시험과목 : 워드프로세서(한글)
▷ 시험일자 : 20XX. XX. XX.(X)
▷ 응시자 기재사항 및 감독위원 확인

수 검 번 호	DIW - XXXX -	감독위원 확인
성 명		

응시자 유의사항

1. 응시자는 반드시 신분증을 지참하여야 시험에 응시할 수 있으며, 시험이 종료될 때까지 신분증을 제시하지 못할 경우 해당 시험은 0점 처리됩니다.

2. 시스템(PC 작동 여부, 네트워크 상태 등)의 이상 여부를 반드시 확인하여야 하며, 시스템 이상이 있을시 감독위원에게 조치를 받으셔야 합니다.

3. 시험 중 부주의 또는 고의로 시스템을 파손한 경우는 수검자 부담으로 합니다.

4. 답안 전송 프로그램을 통해 다운로드 받은 파일을 이용하여 답안 파일을 작성하시기 바랍니다.

5. 작성한 답안 파일은 답안 전송 프로그램을 통하여 전송됩니다. 감독위원의 지시에 따라 주시기 바랍니다.

6. 다음 사항의 경우 실격(0점) 혹은 부정행위 처리됩니다.

   ❶ 답안 파일을 저장하지 않았거나, 저장한 파일이 손상되었을 경우

   ❷ 답안 파일을 지정된 폴더(바탕화면 – "KAIT" 폴더)에 저장하지 않았을 경우

      ※ 답안 전송 프로그램 로그인 시 바탕화면에 자동 생성됨

   ❸ 답안 파일을 다른 보조기억장치(USB) 혹은 네트워크(메신저, 게시판 등)로 전송할 경우

   ❹ 휴대용 전화기 등 통신기기를 사용할 경우

7. 시험지에 제시된 글꼴이 응시 프로그램에 없는 경우, 반드시 감독위원에게 해당 내용을 통보한 뒤 조치를 받아야 합니다.

8. 시험의 완료는 작성이 완료된 답안을 저장하고, 답안 전송이 완료된 상태를 확인한 것으로 합니다. 답안 전송 확인 후 문제지는 감독관에게 제출한 후 퇴실하여야 합니다.

9. 답안 전송이 완료된 경우에는 수정 또는 정정이 불가능합니다.

10. 시험 시행 후 합격자 발표는 홈페이지(www.ihd.or.kr)에서 확인하시기 바랍니다.

    ❶ 문제 및 모범답안 공개 : 20XX. XX. XX.(X)

    ❷ 합격자 발표 : 20XX. XX. XX.(X)

Korea Association for ICT Promotion
한국정보통신진흥협회 KAIT

【문제】 **첨부된 문제를 다음의 조건을 적용하여 문서를 작성하시오.**

① 문서는 A4(210mm×297mm) 크기, 세로 용지방향으로 작성한다.

② 페이지 여백은 아래와 같이 설정한다.

왼쪽	오른쪽	위쪽	아래쪽	머리말	꼬리말	제본
20mm	20mm	20mm	20mm	10mm	10mm	0mm

③ 아래와 같이 "자동 글머리 기호 넣기"와 "자동 번호 매기기" 기능을 해제한다.

> 도구 → 빠른 교정 → 빠른 교정 내용 → 입력 자동 서식 ┌→ 자동 글머리 기호 넣기(해제)
> └→ 자동 번호 매기기(해제)

※ 만약 입력 자동 서식 메뉴가 없는 경우에는, "자동 글머리 기호 넣기"와 "자동 번호 매기기" 기능이 설정되어 있지 않은 것이므로 별도의 기능 해제 없이 그대로 시험에 응시하시면 됩니다.

④ 글자는 별도의 지시사항이 없는 한 **바탕**, 10pt, 양쪽정렬, 줄간격 160%로 작성한다.

⑤ 영문, 숫자 등은 별도의 지시가 없는 한 반각(1byte) 문자를 사용한다.

⑥ 특수문자는 문자표(전각 기호)를 이용하여 작성한다.

⑦ 교정부호 및 화살표로 기재된 지시사항대로 처리하되, ⟨⸺⸺⸺⟩➞ 은 지시사항이므로 작성하지 않는다.

⑧ 1페이지에 [문제1]을 작성하고, 구역을 나누어 2페이지에 [문제2]를 작성한다.

※ 해당 페이지에 작성하지 않거나 의도적으로 텍스트 작성을 하지 않은 경우 0점 처리

⑨ [문제2]는 문제지와 같이 2단으로 다단을 나누어 작성한다.

⑩ '그림 삽입' 시에는 반드시 "KAIT 수검프로그램"을 통해 다운로드 한 그림 파일을 사용한다.

⑪ 총점 : 200점

[공통사항1(기본설정, 용지설정)] : 8점, [공통사항2(오탈자)] : 40점
[문제1] : 46점, [문제2] : 106점

⑫ 기타 특별히 지시되어 있지 않은 사항은 문제지에 준하여 작성한다.

제주도녹색도시체험센터홍보

제 주도에서는 녹색도시 조성을 통해 세계적인 탄소저감운동에 동참하기 위한 모델을 제시하고, 도시부문에서 차지하는 약 43%의 온실가스 배출량을 저감하는 방법에 대한 대안을 마련하기 위해 녹색도시체험센터를 운영하고 있습니다. 외부에서 생산한 화석연료 에너지를 이용하지 않고 자체적으로 에너지를 생산하는 친환경적인 태양광 및 지열 발전 시스템 그리고 이와 같은 방식으로 생산된 에너지를 저장하고 효율적으로 사용할 수 있는 다양한 방법을 홍보하고 있습니다.

☆ 이용안내 ☆

1. 프로그램 : 제주도 초록도시 시스템견학
2. 이용기간 : 연중무휴(일요일 및 국경일 제외) / 홈페이지 참조
3. 이용시간 : 오전 10시 ~ 오후 5시
4. 접수방법 : *홈페이지(http://www.ihd.or.kr)에서 [예약안내] 클릭 후 프로그램 선택*

※ 기타사항

- 제주도 초록도시 시스템견학 온라인 신청은 전기차 체험이 포함되어 있습니다. 전기차 체험은 현장 방문 신청의 경우는 제외되며, 예약취소는 회원정보관리에서 가능합니다.
- 오전 및 오후 행사 정원은 각 23명입니다.

2026. 04. 12.

제주도녹색도시체험센터

쪽 테두리 : 이중 실선, 머리말 포함

글상자 - 크기 : 너비(60mm), 높이(12mm), 테두리 : 이중 실선(1.00mm), 반원,
채우기 : 색상(RGB:106,192,233), 위치 : 글자처럼 취급, 가운데 정렬
글자 모양 : 궁서체, 18pt, 가운데 정렬

DIAT

머리말(궁서, 9pt, 오른쪽 정렬)

그림C 삽입(바탕화면-KAIT-제출파일폴더)
너비(85mm), 높이(40mm)
위치 : 어울림(가로-쪽의 왼쪽:0.0mm,
세로-쪽의 위:22mm)

친환경 에너지

1. 기후변화 조약

돋움, 12pt, 진하게

지구 온난화의 주범으로 지적받고 있는 6가지의 온실가스의 감축을 목표로 국제연합 기후변화 조약은 1997년 12월에 채택되고 2005년 2월 공식 발효된 교토 의정서(kyoto protocol)에 따라 공동 이행, 청정개발체제, 배출권거래의 3가지 제도를 시행하기로 했다. 당시 이 조약의 최초의 의무이행 대상국은 미국, 일본, 유럽연합 등 37개 선진국으로 온실가스(greenhouse gases) 총 배출량을 2008~2012년까지 1990년 수준보다 평균 5.2% 감축하기로 했었다. 한국은 당시 개발도상국으로 분류(分類)되어 의무대상국에서 제외되었으나 2008년부터 자발적인 의무부담을 요구받았다. 특히 배출권거래 의무이행 제도는 대상국에서 할당받은 배출량보다 적은양의 온실가스를 배(분)할 경우 남는 배출권을 다른 대상국에 판매(販賣)(출)할 수 있도록 하는 것을 말한다.

2. 친환경 에너지

돋움, 12pt, 진하게

친환경 에너지는 환경오염을 일으키지 않는 자연친화적인 에너지로 신재생에너지로 표현(表現)되기도 한다. 이러한 에너지원으로는 자연환경에서 직접 얻을 수 있는 태양광, 태양열, 풍력, 수력, 지열 등이 있고 화학반응(化學反應) 등을 통해 얻을 수 있는 연료전지Ⓐ, 수소, 바이오 및 폐기물을 이용하는 방법이 있다. 한국은 전기에너지를 생산하기 위해 주로 석탄, 원자력, 가스, 유류(油類)를 이용하는데, 특히 원자력을 (대부분의) 제외한 발전 방식은 온실가스를 배출하는 화석연료이다.

각주

돋움체, 12pt, 진하게, 가운데 정렬

국가별 탄소배출 현황

국가	2010년(ton)	2020년(ton)
미국	19.7	16.9
유럽연합	9.2	8.1
한국	5.9	12.3
평균	11.60	12.43

위쪽 제목 셀 : 색상(RGB:188,179,225), 진하게
제목 셀 아래선 : 이중 실선(0.5mm)
글자 모양 : 돋움, 10pt, 가운데 정렬
평균은 블록 계산식 기능을 이용

차트데이터는 표 내용에서 평균 부분을
제외한 나머지 부분의 값 이용

굴림체, 12pt, 진하게

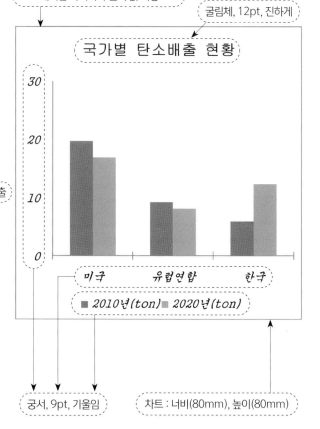

국가별 탄소배출 현황

궁서, 9pt, 기울임

차트 : 너비(80mm), 높이(80mm)

Ⓐ 연료의 산화작용에 의해 발생되는 에너지를 직접 전기에너지로 변환하는 전지

굴림체, 9pt

쪽 번호 매기기, 갑,을,병 순으로, 오른쪽 아래

- 을 -

제07회 실전모의고사

▸ 시험과목 : 워드프로세서(한글)
▸ 시험일자 : 20XX. XX. XX.(X)
▸ 응시자 기재사항 및 감독위원 확인

수 검 번 호	DIW - XXXX -	감독위원 확인
성 명		

응시자 유의사항

1. 응시자는 반드시 신분증을 지참하여야 시험에 응시할 수 있으며, 시험이 종료될 때까지 신분증을 제시하지 못할 경우 해당 시험은 0점 처리됩니다.

2. 시스템(PC 작동 여부, 네트워크 상태 등)의 이상 여부를 반드시 확인하여야 하며, 시스템 이상이 있을시 감독위원에게 조치를 받으셔야 합니다.

3. 시험 중 부주의 또는 고의로 시스템을 파손한 경우는 수검자 부담으로 합니다.

4. 답안 전송 프로그램을 통해 다운로드 받은 파일을 이용하여 답안 파일을 작성하시기 바랍니다.

5. 작성한 답안 파일은 답안 전송 프로그램을 통하여 전송됩니다. 감독위원의 지시에 따라 주시기 바랍니다.

6. 다음 사항의 경우 실격(0점) 혹은 부정행위 처리됩니다.

   ❶ 답안 파일을 저장하지 않았거나, 저장한 파일이 손상되었을 경우
   ❷ 답안 파일을 지정된 폴더(바탕화면 – "KAIT" 폴더)에 저장하지 않았을 경우
      ※ 답안 전송 프로그램 로그인 시 바탕화면에 자동 생성됨
   ❸ 답안 파일을 다른 보조기억장치(USB) 혹은 네트워크(메신저, 게시판 등)로 전송할 경우
   ❹ 휴대용 전화기 등 통신기기를 사용할 경우

7. 시험지에 제시된 글꼴이 응시 프로그램에 없는 경우, 반드시 감독위원에게 해당 내용을 통보한 뒤 조치를 받아야 합니다.

8. 시험의 완료는 작성이 완료된 답안을 저장하고, 답안 전송이 완료된 상태를 확인한 것으로 합니다. 답안 전송 확인 후 문제지는 감독관에게 제출한 후 퇴실하여야 합니다.

9. 답안 전송이 완료된 경우에는 수정 또는 정정이 불가능합니다.

10. 시험 시행 후 합격자 발표는 홈페이지(www.ihd.or.kr)에서 확인하시기 바랍니다.

   ❶ 문제 및 모범답안 공개 : 20XX. XX. XX.(X)
   ❷ 합격자 발표 : 20XX. XX. XX.(X)

Korea Association for ICT Promotion
한국정보통신진흥협회 KAIT

【문제】 첨부된 문제를 다음의 조건을 적용하여 문서를 작성하시오.

① 문서는 A4(210mm×297mm) 크기, 세로 용지방향으로 작성한다.

② 페이지 여백은 아래와 같이 설정한다.

왼쪽	오른쪽	위쪽	아래쪽	머리말	꼬리말	제본
20mm	20mm	20mm	20mm	10mm	10mm	0mm

③ 아래와 같이 "자동 글머리 기호 넣기"와 "자동 번호 매기기" 기능을 해제한다.

> 도구 → 빠른 교정 → 빠른 교정 내용 → 입력 자동 서식 ┌→ 자동 글머리 기호 넣기(해제)
> └→ 자동 번호 매기기(해제)

※ 만약 입력 자동 서식 메뉴가 없는 경우에는, "자동 글머리 기호 넣기"와 "자동 번호 매기기" 기능이 설정되어 있지 않은 것이므로 별도의 기능 해제 없이 그대로 시험에 응시하시면 됩니다.

④ 글자는 별도의 지시사항이 없는 한 **바탕, 10pt, 양쪽정렬, 줄간격 160%**로 작성한다.

⑤ 영문, 숫자 등은 별도의 지시가 없는 한 반각(1byte) 문자를 사용한다.

⑥ 특수문자는 문자표(전각 기호)를 이용하여 작성한다.

⑦ 교정부호 및 화살표로 기재된 지시사항대로 처리하되, ⬚⬚⬚⬚⬚→ 은 지시사항이므로 작성하지 않는다.

⑧ 1페이지에 [문제1]을 작성하고, 구역을 나누어 2페이지에 [문제2]를 작성한다.

※ 해당 페이지에 작성하지 않거나 의도적으로 텍스트 작성을 하지 않은 경우 0점 처리

⑨ [문제2]는 문제지와 같이 2단으로 다단을 나누어 작성한다.

⑩ '그림 삽입' 시에는 반드시 "KAIT 수검프로그램"을 통해 다운로드 한 그림 파일을 사용한다.

⑪ 총점 : 200점

[공통사항1(기본설정, 용지설정)] : 8점, [공통사항2(오탈자)] : 40점
[문제1] : 46점, [문제2] : 106점

⑫ 기타 특별히 지시되어 있지 않은 사항은 문제지에 준하여 작성한다.

2026블록페스타

한 국 블록 미디어와 블록체인산업진흥협회가 주최하는 2026 블록 페스타는 4차 산업혁명의 핵심 기술인 블록체인의 모든 것을 짚어보고자 합니다. 블록체인은 금융 및 산업의 효율성 증대와 일자리 창출에 크게 기여할 것입니다. 이번 행사를 통해 태동기를 지나 성장기로 접어드는 블록체인 산업의 현재를 체험하고 미래를 읽어 내는 혜안을 공유하고자 합니다. *건강한 블록체인 생태계 조성*이 경제 발전의 초석이라는 믿음으로 2026 블록 페스타를 개최하고자 합니다.

◆ 행사안내 ◆

1. 행 사 명 : 2026 블록 페스타
2. 행사기간 : 2026. 11. 23.(토) ~ 2026. 11. 24.(일)
3. 접수방법 : 등록신청서 작성 후 홈페이지에서 접수
4. 접수안내 : *블록체인산업진흥협회 사이트에 온라인 등록(http://www.ihd.or.kr)*

※ 기타사항

- 2026 블록 페스타는 블록체인 산업의 현재와 미래를 확인하고, 공유할 수 있는 최고의 지식 콘텐츠의 장입니다. 글로벌 블록체인 네트워킹과 비즈니스를 위한 이벤트가 준비되어 있습니다.
- 기타 자세한 사항은 담당자(031-123-4567)에게 문의하여 주시기 바랍니다.

2026. 10. 20.

사단법인 블록체인협회

블록체인 개념

1. 블록체인의 개념

블록체인(block chain)은 블록에 데이터를 담아 체인 형태로 연결하여 수많은 컴퓨터에 동시에 이를 복제(複製)해 저장하는 분산형 데이터 저장 기술이다. 중앙 서버에 집중형 거래 기록을 보관하지 않고 거래에 참여하는 모든 사용자에게 거래 내역을 보내며, 거래 때마다 모든 거래 참여자들이 정보를 공유하고 이를 대조해 데이터 위조나 변조(變造)를 할 수 없도록 되어 있다. 블록체인에 저장하는 정보는 다양하기 때문에 블록체인을 활용할 수 있는 분야도 매우 광범위하다.

2. 암호화폐의 개념

지폐, 동전 등의 실물이 없고 온라인에서 거래되는 화폐를 말한다. 해외에서는 컴퓨터상에 표현되는 화폐(貨幣)라고 해서 디지털 화폐 등으로 불렸지만, 최근에는 암호화(encipherment) 기술을 사용하는 화폐라는 의미로 암호화폐라고 부르며 정부는 가상통화ⓐ라는 용어를 사용한다. 암호화폐는 각국 정부나 중앙은행이 발행하는 일반 화폐와 달리 처음 고안한 사람이 정한 규칙에 따라 가치가 매겨진다. 또 정부나 중앙은행에서 거래 내역을 관리하지 않고 블록체인 기술을 기반(基盤)으로 유통되기 때문에 가치나 정부가 지급을 보장하지 않는다. 암호화폐는 블록체인 기술을 활용하는 분산형 시스템 방식으로 처리되는데, 암호화폐가 유지되기 때문에 화폐 발행에 따른 생산비용이 전혀 들지 않고 이체비용 등 거래비용을 대폭(大幅) 절감할 수 있다.

암호화폐 평균 투자금액(만원)

연령	2024년	2025년
20대	293	399
30대	374	590
40대	399	806
50대	629	1217
합계	1,695	3,012

암호화폐 평균 투자금액(만원)

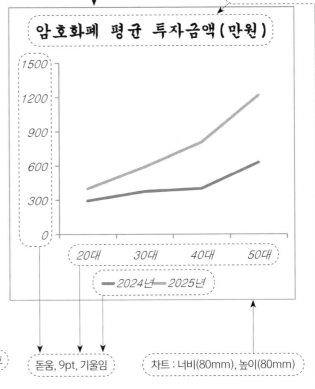

ⓐ 실물 없이 온라인에서만 거래되는 디지털 통화로 법정화폐 금액으로 표시되지 않은 통화를 의미한다.

제08회 실전모의고사

▸ 시험과목 : 워드프로세서(한글)
▸ 시험일자 : 20XX. XX. XX.(X)
▸ 응시자 기재사항 및 감독위원 확인

수 검 번 호	DIW - XXXX -	감독위원 확인
성 명		

응시자 유의사항

1. 응시자는 반드시 신분증을 지참하여야 시험에 응시할 수 있으며, 시험이 종료될 때까지 신분증을 제시하지 못할 경우 해당 시험은 0점 처리됩니다.

2. 시스템(PC 작동 여부, 네트워크 상태 등)의 이상 여부를 반드시 확인하여야 하며, 시스템 이상이 있을시 감독위원에게 조치를 받으셔야 합니다.

3. 시험 중 부주의 또는 고의로 시스템을 파손한 경우는 수검자 부담으로 합니다.

4. 답안 전송 프로그램을 통해 다운로드 받은 파일을 이용하여 답안 파일을 작성하시기 바랍니다.

5. 작성한 답안 파일은 답안 전송 프로그램을 통하여 전송됩니다. 감독위원의 지시에 따라 주시기 바랍니다.

6. 다음 사항의 경우 실격(0점) 혹은 부정행위 처리됩니다.

  ❶ 답안 파일을 저장하지 않았거나, 저장한 파일이 손상되었을 경우
  ❷ 답안 파일을 지정된 폴더(바탕화면 – "KAIT" 폴더)에 저장하지 않았을 경우
    ※ 답안 전송 프로그램 로그인 시 바탕화면에 자동 생성됨
  ❸ 답안 파일을 다른 보조기억장치(USB) 혹은 네트워크(메신저, 게시판 등)로 전송할 경우
  ❹ 휴대용 전화기 등 통신기기를 사용할 경우

7. 시험지에 제시된 글꼴이 응시 프로그램에 없는 경우, 반드시 감독위원에게 해당 내용을 통보한 뒤 조치를 받아야 합니다.

8. 시험의 완료는 작성이 완료된 답안을 저장하고, 답안 전송이 완료된 상태를 확인한 것으로 합니다. 답안 전송 확인 후 문제지는 감독관에게 제출한 후 퇴실하여야 합니다.

9. 답안 전송이 완료된 경우에는 수정 또는 정정이 불가능합니다.

10. 시험 시행 후 합격자 발표는 홈페이지(www.ihd.or.kr)에서 확인하시기 바랍니다.

  ❶ 문제 및 모범답안 공개 : 20XX. XX. XX.(X)
  ❷ 합격자 발표 : 20XX. XX. XX.(X)

【문제】 첨부된 문제를 다음의 조건을 적용하여 문서를 작성하시오.

① 문서는 A4(210mm×297mm) 크기, 세로 용지방향으로 작성한다.

② 페이지 여백은 아래와 같이 설정한다.

왼쪽	오른쪽	위쪽	아래쪽	머리말	꼬리말	제본
20mm	20mm	20mm	20mm	10mm	10mm	0mm

③ 아래와 같이 "자동 글머리 기호 넣기"와 "자동 번호 매기기" 기능을 해제한다.

> 도구 → 빠른 교정 → 빠른 교정 내용 → 입력 자동 서식 ┌→ 자동 글머리 기호 넣기(해제)
> └→ 자동 번호 매기기(해제)

※ 만약 입력 자동 서식 메뉴가 없는 경우에는, "자동 글머리 기호 넣기"와 "자동 번호 매기기" 기능이 설정되어 있지 않은 것이므로 별도의 기능 해제 없이 그대로 시험에 응시하시면 됩니다.

④ 글자는 별도의 지시사항이 없는 한 바탕, 10pt, 양쪽정렬, 줄간격 160%로 작성한다.

⑤ 영문, 숫자 등은 별도의 지시가 없는 한 반각(1byte) 문자를 사용한다.

⑥ 특수문자는 문자표(전각 기호)를 이용하여 작성한다.

⑦ 교정부호 및 화살표로 기재된 지시사항대로 처리하되, ⌇⌇⌇⌇⌇→ 은 지시사항이므로 작성하지 않는다.

⑧ 1페이지에 [문제1]을 작성하고, 구역을 나누어 2페이지에 [문제2]를 작성한다.

※ 해당 페이지에 작성하지 않거나 의도적으로 텍스트 작성을 하지 않은 경우 0점 처리

⑨ [문제2]는 문제지와 같이 2단으로 다단을 나누어 작성한다.

⑩ '그림 삽입' 시에는 반드시 "KAIT 수검프로그램"을 통해 다운로드 한 그림 파일을 사용한다.

⑪ 총점 : 200점

[공통사항1(기본설정, 용지설정)] : 8점, [공통사항2(오탈자)] : 40점
[문제1] : 46점, [문제2] : 106점

⑫ 기타 특별히 지시되어 있지 않은 사항은 문제지에 준하여 작성한다.

2026보드게임페스타

2026 보드게임 페스타는 서울시가 후원, 서울산업진흥원과 (사)한국보드게임산업협회가 공동 주관하는 보드게임 체험 박람회로 2020년부터 매년 개최하고 있습니다. 세계적인 가족 놀이문화이자 교육문화인 보드게임을 널리 알리기 위해 마련한 축제형 보드게임 무료체험 행사로 관람객에게 보드게임 체험, 보드게임대회 및 이벤트를 제공하여 보드게임만의 즐거움을 알리고 있습니다. 역대 최대 규모로 개최되는 <u>2026 보드게임 페스타에 많은 참여를 부탁드립니다.</u>

◎ 행사안내 ◎

1. 행 사 명 : 2026보드게임페스타
2. 행사일시 : 2026. 01. 04.(토)~2026. 01. 05.(일), 09:00~18:00
3. 행사장소 : 킨텍스 1, 2, 3전시실
4. 사전등록 : *2026. 12. 29.(일) 18:00까지 온라인으로 등록(http://www.ihd.or.kr)*

※ 기타사항

- 대회내용 : 500여 종의 국내외 보드게임 체험과 보드게임대회
- 유의사항 : 초대권 및 사전등록 이벤트가 있습니다. 관람 요금은 무료이고, 1인 등록 4인까지 입장 가능합니다. 현장등록 페이지는 행사 당일에 오픈합니다.

2025. 12. 28.

(사)한국보드게임산업협회

board game

1. 보드게임

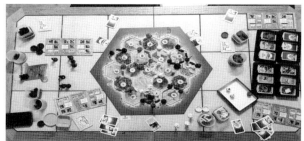

보드게임은 블루마블과 같이 일정한 보드를 두고 그 위에 몇 개의 말을 올려 정해진 규칙에 따라 진행하거나, 포커나 화투(花鬪)처럼 정해진 숫자의 카드를 통해 일정한 규칙에 따라 게임을 진행하는 종류의 게임을 모두 포괄한다. 최근의 보드게임은 그 종류가 매우 다양해져서 1만여 종에 이르고 있으며, 영토확장과 재산증식에서 환경보호, 남녀평등(男女平等)과 같은 친사회적 소재까지 그 포괄 범위가 매우 넓다. 보드게임의 주요 생산국과 소비국으로는 독일이 꼽히며, 국내에서 인기 있는 보드게임 역시 독일에서 제작된 것이 다수(多數)를 차지하고 있다.

2. 보드게임의 구성요소

보드게임①은 플레이어가 직접 대면(對面)하여 즐기기 때문에 주로 혼자 즐기게 되는 컴퓨터 게임과 다른 색다른 맛을 지니게 된다. 보드게임은 카드로 게임을 진행하는 것과 주사위 및 병마(兵馬)를 특징으로 하는 것으로 나누기도 하지만, 통상적으로 둘 모두를 포괄한다. 기본적으로 보드가 필요하며, 카드놀이처럼 단순히 놀 수 있는 평평한 공간이면 되나 말판놀이에서처럼 특별한 모양이나 그림이 그려져 있기도 하다. 놀이에 따라서는 주사위 또는 회전판과 같은 난수(random number) 발생 장치가 쓰이기도 한다. 회전판은 돌아가는 다트를 회전판에 던지는 회전 다트판이나, 둥근 판을 평평한 곳에 두고 중앙에 막대기를 달아 돌리는 회전 화살표 등이 있다.

---

① 역사적으로는 고대 이집트의 '세네트'가 최초의 규칙이 알려진 보드게임 중 하나로 여겨진다.

전체 게임 이용률(중복 응답)

구분	사용비율(%)
온라인	43.0
모바일	64.0
PC용 패키지	14.2
비디오 콘솔	7.7
휴대용 콘솔	6.7
평균	27.12

전체 게임 이용률(중복 응답)

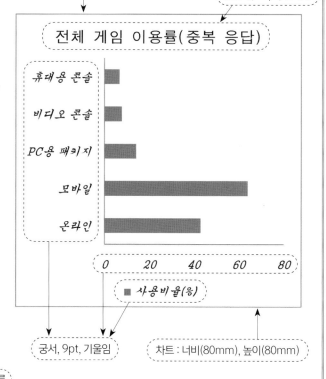

한글 2022 버전용

제09회 실전모의고사

▸ 시험과목 : 워드프로세서(한글)
▸ 시험일자 : 20XX. XX. XX.(X)
▸ 응시자 기재사항 및 감독위원 확인

수 검 번 호	DIW - XXXX -	감독위원 확인
성 명		

응시자 유의사항

1. 응시자는 반드시 신분증을 지참하여야 시험에 응시할 수 있으며, 시험이 종료될 때까지 신분증을 제시하지 못할 경우 해당 시험은 0점 처리됩니다.

2. 시스템(PC 작동 여부, 네트워크 상태 등)의 이상 여부를 반드시 확인하여야 하며, 시스템 이상이 있을시 감독위원에게 조치를 받으셔야 합니다.

3. 시험 중 부주의 또는 고의로 시스템을 파손한 경우는 수검자 부담으로 합니다.

4. 답안 전송 프로그램을 통해 다운로드 받은 파일을 이용하여 답안 파일을 작성하시기 바랍니다.

5. 작성한 답안 파일은 답안 전송 프로그램을 통하여 전송됩니다. 감독위원의 지시에 따라 주시기 바랍니다.

6. 다음 사항의 경우 실격(0점) 혹은 부정행위 처리됩니다.

    ❶ 답안 파일을 저장하지 않았거나, 저장한 파일이 손상되었을 경우

    ❷ 답안 파일을 지정된 폴더(바탕화면 – "KAIT" 폴더)에 저장하지 않았을 경우

       ※ 답안 전송 프로그램 로그인 시 바탕화면에 자동 생성됨

    ❸ 답안 파일을 다른 보조기억장치(USB) 혹은 네트워크(메신저, 게시판 등)로 전송할 경우

    ❹ 휴대용 전화기 등 통신기기를 사용할 경우

7. 시험지에 제시된 글꼴이 응시 프로그램에 없는 경우, 반드시 감독위원에게 해당 내용을 통보한 뒤 조치를 받아야 합니다.

8. 시험의 완료는 작성이 완료된 답안을 저장하고, 답안 전송이 완료된 상태를 확인한 것으로 합니다. 답안 전송 확인 후 문제지는 감독관에게 제출한 후 퇴실하여야 합니다.

9. 답안 전송이 완료된 경우에는 수정 또는 정정이 불가능합니다.

10. 시험 시행 후 합격자 발표는 홈페이지(www.ihd.or.kr)에서 확인하시기 바랍니다.

    ❶ 문제 및 모범답안 공개 : 20XX. XX. XX.(X)

    ❷ 합격자 발표 : 20XX. XX. XX.(X)

Korea Association for ICT Promotion
한국정보통신진흥협회 KAIT

【문제】 첨부된 문제를 다음의 조건을 적용하여 문서를 작성하시오.

① 문서는 A4(210mm×297mm) 크기, 세로 용지방향으로 작성한다.

② 페이지 여백은 아래와 같이 설정한다.

왼쪽	오른쪽	위쪽	아래쪽	머리말	꼬리말	제본
20mm	20mm	20mm	20mm	10mm	10mm	0mm

③ 아래와 같이 "자동 글머리 기호 넣기"와 "자동 번호 매기기" 기능을 해제한다.

> 도구 → 빠른 교정 → 빠른 교정 내용 → 입력 자동 서식 ┬→ 자동 글머리 기호 넣기(해제)
> └→ 자동 번호 매기기(해제)

> ※ 만약 입력 자동 서식 메뉴가 없는 경우에는, "자동 글머리 기호 넣기"와 "자동 번호 매기기" 기능이 설정되어 있지 않은 것이므로 별도의 기능 해제 없이 그대로 시험에 응시하시면 됩니다.

④ 글자는 별도의 지시사항이 없는 한 **바탕, 10pt,** 양쪽정렬, 줄간격 160%로 작성한다.

⑤ 영문, 숫자 등은 별도의 지시가 없는 한 반각(1byte) 문자를 사용한다.

⑥ 특수문자는 문자표(전각 기호)를 이용하여 작성한다.

⑦ 교정부호 및 화살표로 기재된 지시사항대로 처리하되, ⟨⋯⋯⟩→ 은 지시사항이므로 작성하지 않는다.

⑧ 1페이지에 [문제1]을 작성하고, 구역을 나누어 2페이지에 [문제2]를 작성한다.

> ※ 해당 페이지에 작성하지 않거나 의도적으로 텍스트 작성을 하지 않은 경우 0점 처리

⑨ [문제2]는 문제지와 같이 2단으로 다단을 나누어 작성한다.

⑩ '그림 삽입' 시에는 반드시 "KAIT 수검프로그램"을 통해 다운로드 한 그림 파일을 사용한다.

⑪ 총점 : 200점

   [공통사항1(기본설정, 용지설정)] : 8점, [공통사항2(오탈자)] : 40점
   [문제1] : 46점, [문제2] : 106점

⑫ 기타 특별히 지시되어 있지 않은 사항은 문제지에 준하여 작성한다.

글맵시 – 휴먼옛체, 채우기 : 색상(RGB:233,174,43)
크기 : 너비(90mm), 높이(20mm), 위치 : 글자처럼 취급, 가운데 정렬

머리말(굴림, 9pt, 오른쪽 정렬)

동계에코리안원정대모집

문단 첫 글자 장식 – 모양 : 2줄, 굴림체
면 색 : 색상(RGB:223,230,247), 본문과의 간격 : 3.0mm

진하게, 기울임

한 국청소년재단이 운영 중인 서울청소닌수련관은 청소년수련시설로 청소년들이 행복한 세상이 될 수 있도록 최선을 다해 노력하고 있습니다. *에코리안은 환경을 뜻하는 Eco와 한국인 Korean의 영문명 합성어*로 해외 환경정책 현장을 방문하고 아시아 청소년들과 교류하여 환경문제 해결에 참여하는 청소년 리더 원정대입니다. 매년 여름방학을 이용하여 실시한 에코리안 원정대를 올해도 변함없이 진행할 예정이며, 주요 봉사활동으로는 '맹그로브 심기'와 '사랑의 집짓기'입니다.

문자표 → ■ 행사안내 ■

돋움, 가운데 정렬

1. 사업명 : 동계청소년해외자원봉사 '제19기 에코리안 원정대'
2. 일　　정 : 동계방학 중 7박 9일 일정
3. 대　　상 : 15세 ~ 18세 청소년(선착순 30명)
4. 내　　용 : *맹그로브 심기, 문화교류 및 자원봉사 등(자세한 사항은 http://ihd.or.kr 참고)* ← 기울임, 밑줄

문자표

※ 기타사항

－ 신청방법은 이메일 접수(ecokorean@ihd.or.kr)로 참가신청서와 여권사본이 필요합니다.
－ 참가자에게는 레벨테스트 후 세부의과대학 부설 어학센터에서 현지 4년제 대학 출신의 영어 강사진을 통해 1대 1 영어 맞춤 수업이 하루 4시간씩 5일간 진행됩니다.

왼쪽여백 : 10pt
내어쓰기 : 12pt

2026. 11. 30. ← 11pt, 가운데 정렬

한국청소년재단 이사장 ← 궁서, 24pt, 가운데 정렬

문제1은 줄 간격 180%로 작성

문제1은 1구역, 문제2는 2구역으로 나누어 답안 작성

쪽 번호 매기기, 가,나,다 순으로, 오른쪽 아래

- 가 -

쪽 테두리 · 이중 실선, 머리말 포함

글상자 – 크기 : 너비(80mm), 높이(12mm), 테두리 : 이중 실선(1.00mm), 둥근 모양
채우기 : 색상(RGB:233,174,43), 위치 : 글자처럼 취급, 가운데 정렬,
글자 모양 : 견고딕, 17pt, 가운데 정렬

DIAT

머리말(굴림, 9pt, 오른쪽 정렬)

그림C 삽입(바탕화면-KAIT-제출파일폴더)
너비(82mm), 높이(40mm)
위치 : 어울림(가로-쪽의 왼쪽:0.0mm,
세로-쪽의 위:22mm)

맹그로브와 인간의 숲

돋움체, 12pt, 진하게, 가운데 정렬

1. 맹그로브
돋움체, 12pt, 진하게

맹그로브 나무는 인도네시아를 비롯해 동남아(東南亞) 지방과 카리브해의 섬, 인도, 방글라데시, 미국 플로리다(Florida) 남부 해안지대에 무성하게 자라고 있다. 맹그로브는 식물 중 유일한 태생 식물로 나뭇가지의 가장자리에 생긴 새끼 나무가 바닷물에 떨어져서 번식하는 특이한 나무이다. 일단 새끼 나무들이 뿌리를 내려 군락을 이루게 되면 갯벌 바닥은 육지로부터 흘러 내려온 퇴적물(堆積物)에 의해 점차 육지로 변하기 시작한다. 이와 같은 번식 방법으로 맹그로브는 해안선(海岸線)을 확장하는데 그 속도는 지역(地域)에 따라 다르나 평균 연간 100m이며 자바섬 인도네시아 동쪽의 보드리 델타에서는 연간 200m씩 확장되고 있다.

2. 인간의 숲
돋움체, 12pt, 진하게

맹그로브(Mangrove)의 "Man"은 인간을 뜻하는 것이고, "grove"는 숲을 의미하는 단어로 "인간의 숲"이라는 뜻이다. 맹그로브 숲은 생물학적으로 가장 복잡한 생태계로 육지도 아니고 소금기가 있는 바닷물이 드나드는 곳에 나무가 뿌리를 내리고 살고 있다. 맹그로브는 그 자체도 특이한 생태(生態)를 가지고 있으며 여러 동식물이 특이한 생태에 적응하여 살아가는 곳이다. 다양성 측면에서도 보존 가치가 뛰어난 곳이다. 갯벌에 빽빽하게 들어찬 맹그로브는 육지와 바다의 완충지 역할을 하기 때문에, 해안에서 밀려오는 해일㉮의 에너지를 줄여주어 피해를 격감시킨다.

각주

㉮ 지진, 화산폭발 등의 원인으로 해수면의 높이가 갑자기 높아져 육지로 올라와 넘치는 자연현상

굴림, 9pt

기별 참가 현황
돋움체, 12pt, 진하게, 가운데 정렬

기별	중학생	고등학생
15기	12	18
16기	16	14
17기	15	15
18기	14	16
합계	57	63

위쪽 제목 셀 : 색상(RGB:199,82,82), 진하게
제목 셀 아래선 : 실선(0.5mm)
글자 모양 : 돋움, 10pt, 가운데 정렬
합계는 블록 계산식 기능을 이용

차트데이터는 표 내용에서 합계 부분을
제외한 나머지 부분의 값 이용

굴림, 12pt, 진하게

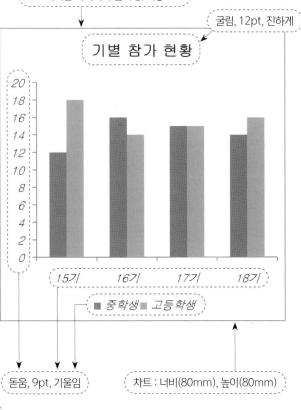

기별 참가 현황

돋움, 9pt, 기울임

차트 : 너비(80mm), 높이(80mm)

쪽 번호 매기기, 가,나,다 순으로, 오른쪽 아래

- 나 -

제10회 실전모의고사

▷ 시험과목 : 워드프로세서(한글)
▷ 시험일자 : 20XX. XX. XX.(X)
▷ 응시자 기재사항 및 감독위원 확인

수 검 번 호	DIW - XXXX -	감독위원 확인
성 명		

응시자 유의사항

1. 응시자는 반드시 신분증을 지참하여야 시험에 응시할 수 있으며, 시험이 종료될 때까지 신분증을 제시하지 못할 경우 해당 시험은 0점 처리됩니다.

2. 시스템(PC 작동 여부, 네트워크 상태 등)의 이상 여부를 반드시 확인하여야 하며, 시스템 이상이 있을시 감독위원에게 조치를 받으셔야 합니다.

3. 시험 중 부주의 또는 고의로 시스템을 파손한 경우는 수검자 부담으로 합니다.

4. 답안 전송 프로그램을 통해 다운로드 받은 파일을 이용하여 답안 파일을 작성하시기 바랍니다.

5. 작성한 답안 파일은 답안 전송 프로그램을 통하여 전송됩니다. 감독위원의 지시에 따라 주시기 바랍니다.

6. 다음 사항의 경우 실격(0점) 혹은 부정행위 처리됩니다.

   ❶ 답안 파일을 저장하지 않았거나, 저장한 파일이 손상되었을 경우

   ❷ 답안 파일을 지정된 폴더(바탕화면 – "KAIT" 폴더)에 저장하지 않았을 경우

   ※ 답안 전송 프로그램 로그인 시 바탕화면에 자동 생성됨

   ❸ 답안 파일을 다른 보조기억장치(USB) 혹은 네트워크(메신저, 게시판 등)로 전송할 경우

   ❹ 휴대용 전화기 등 통신기기를 사용할 경우

7. 시험지에 제시된 글꼴이 응시 프로그램에 없는 경우, 반드시 감독위원에게 해당 내용을 통보한 뒤 조치를 받아야 합니다.

8. 시험의 완료는 작성이 완료된 답안을 저장하고, 답안 전송이 완료된 상태를 확인한 것으로 합니다. 답안 전송 확인 후 문제지는 감독관에게 제출한 후 퇴실하여야 합니다.

9. 답안 전송이 완료된 경우에는 수정 또는 정정이 불가능합니다.

10. 시험 시행 후 합격자 발표는 홈페이지(www.ihd.or.kr)에서 확인하시기 바랍니다.

   ❶ 문제 및 모범답안 공개 : 20XX. XX. XX.(X)

   ❷ 합격자 발표 : 20XX. XX. XX.(X)

【문제】 첨부된 문제를 다음의 조건을 적용하여 문서를 작성하시오.

① 문서는 A4(210mm×297mm) 크기, 세로 용지방향으로 작성한다.

② 페이지 여백은 아래와 같이 설정한다.

왼쪽	오른쪽	위쪽	아래쪽	머리말	꼬리말	제본
20mm	20mm	20mm	20mm	10mm	10mm	0mm

③ 아래와 같이 "자동 글머리 기호 넣기"와 "자동 번호 매기기" 기능을 해제한다.

도구 → 빠른 교정 → 빠른 교정 내용 → 입력 자동 서식 ┌→ 자동 글머리 기호 넣기(해제)
　　　　　　　　　　　　　　　　　　　　　　　　　　└→ 자동 번호 매기기(해제)

※ 만약 입력 자동 서식 메뉴가 없는 경우에는, "자동 글머리 기호 넣기"와 "자동 번호 매기기" 기능이 설정되어 있지 않은 것이므로 별도의
기능 해제 없이 그대로 시험에 응시하시면 됩니다.

④ 글자는 별도의 지시사항이 없는 한 바탕, 10pt, 양쪽정렬, 줄간격 160%로 작성한다.

⑤ 영문, 숫자 등은 별도의 지시가 없는 한 반각(1byte) 문자를 사용한다.

⑥ 특수문자는 문자표(전각 기호)를 이용하여 작성한다.

⑦ 교정부호 및 화살표로 기재된 지시사항대로 처리하되, ⸺⸺⸺→ 은 지시사항이므로 작성하지 않는다.

⑧ 1페이지에 [문제1]을 작성하고, 구역을 나누어 2페이지에 [문제2]를 작성한다.

※ 해당 페이지에 작성하지 않거나 의도적으로 텍스트 작성을 하지 않은 경우 0점 처리

⑨ [문제2]는 문제지와 같이 2단으로 다단을 나누어 작성한다.

⑩ '그림 삽입' 시에는 반드시 "KAIT 수검프로그램"을 통해 다운로드 한 그림 파일을 사용한다.

⑪ 총점 : 200점

[공통사항1(기본설정, 용지설정)] : 8점, [공통사항2(오탈자)] : 40점
[문제1] : 46점, [문제2] : 106점

⑫ 기타 특별히 지시되어 있지 않은 사항은 문제지에 준하여 작성한다.

글맵시 – 굴림, 채우기 : 색상(RGB:49,95,151)
크기 : 너비(120mm), 높이(20mm), 위치 : 글자처럼 취급, 가운데 정렬

머리말(중고딕, 9pt, 오른쪽 정렬) → DIAT

메이커교육체험행사안내

문단 첫 글자 장식 – 모양 : 2줄, 바탕체
면 색 : 색상(RGB:205,242,228), 본문과의 간격 : 3.0mm

진하게, 기울임

4 차 산업혁명 시대의 미래인재 양성을 위하여 *기존의 강의식, 주입식 수업 방식에서 과감히 탈피하여 학습자 중심, 활동 중심의 교육이 실시*되어야 합니다. 메이커교육지원센터에서는 모든 학습자가 창작자가 되는 '메이커 교육' 프로젝트 교육실현을 위한 환경 조성과 교육과정을 개발 적용하여 4차 산업혁명 시대를 대비하는 교육체계 구축에 노력하고 있습니다. 그동안 얻어진 경험으로 메이커 교육에 대한 교류의 장을 마련하고자 체험행사를 오픈합니다.

문자표 → □ **행 사 안 내** □

궁서, 가운데 정렬

1. 행 사 명 : 혁신의 시대 메이커 교육과 함께
2. 장   소 : 인천컨벤션센터(ICC) 2 ~ 3 전시장
3. 참가방법 : *사전 신청 없이 누구나 참관 및 체험 가능* ← 기울임, 밑줄
4. 행사주관 : 메이커교육지원센터

문자표
※ 기타사항

왼쪽여백 : 10pt
내어쓰기 : 10pt

- 메이커 교육의 3요소는 창작활동(making), 창작자(maker), 창작 공간(maker space)이다.
- 창작 공간은 다양한 창작활동과 실험실습을 가능하게 해주는 각종 교구 및 창작도구 등이 구비된 안전한 물리적 공간을 의미한다.

2026. 12. 01. ← 12pt, 가운데 정렬

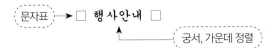

메이커교육지원센터 ← 휴먼옛체, 24pt, 가운데 정렬

문제1은 줄 간격 180%로 작성

문제1은 1구역, 문제2는 2구역으로 나누어 답안 작성

쪽 번호 매기기, 1,2,3 순으로 가운데 아래

메이커교육의 출현과 개념

1. 메이커교육 ← 굴림체, 12pt, 진하게

인공지능(AI), 사물인터넷, 빅데이터 등 4차 산업 혁명의 물결이 전 세계를 뒤덮고 있는 지금 세계의 각 나라들은 창의적 인재(人材) 양성이라는 교육목표를 실현할 수 있는 혁신적 수업방법으로 메이커 교육에 관심을 갖고 이를 실현하기 위한 다양한 노력을 기울이고 있다. 메이커 교실은 DIY 운동의 영향을 받아 미국에서 확산되고 있는 육 메이커 운동에서 파생되었다. 이 운동을 주도하고 있는 단체는 미국의 'MakerEd'라는 비영리단체로 이 단체는 '모든 아동은 창작자(Every Child a Maker)'라는 비전을 갖고 교사와 교육기관에 교육훈련, 교육자료, 지원(支援) 공동체를 제공함으로써 보다 참여적이고 자발적인 동기가 유발되는 메이커 교육을 많은 학생들이 경험할 수 있도록 하고 있다.

2. 메이커교육의 개념 ← 굴림체, 12pt, 진하게

메이커 교육이란, 학생이 직접 물건을 만들거나 컴퓨터로 전자기기를 다루는 등의 작업을 하면서 창의력을 발휘해 문제를 해결하고, 새로운 것을 만들거나 발견을 촉진[1]하게 하는 것을 말한다. 메이커 교육은 과학에 기초를 두고 정보화 기술을 활용한다는 점에서 STEAM 교육과 밀접한 관계에 있다. 다만 메이커 교육은 STEAM보다 풍부한 기초지식의 활용(活用), 소프트웨어의 활용, 실천 활동, 창의적 아이디어의 실물(實物) 전환 등을 강조하고 있다. 메이커 교육은 다양한 학문적 다루는 지식을 종합적이고 복잡한 과정으로 일련의 과목을 통합할 필요성도 제기되고 있다.

각주

---

1) 어떤 일을 재촉해 더 잘 진행되도록 함 ← 바탕체, 9pt

메이커교육 현황

구분	학생	교사
1분기	49	52
2분기	38	34
3분기	28	31
4분기	36	46
평균	37.75	40.75

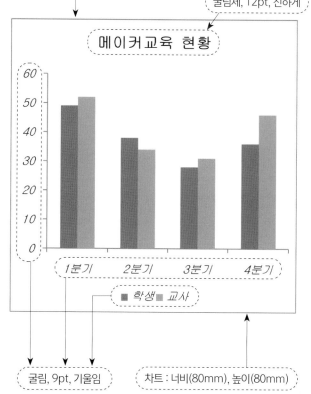

메이커교육 현황

제11회 실전모의고사

▸ 시험과목 : 워드프로세서(한글)
▸ 시험일자 : 20XX. XX. XX.(X)
▸ 응시자 기재사항 및 감독위원 확인

수 검 번 호	DIW - XXXX -	감독위원 확인
성 명		

응시자 유의사항

1. 응시자는 반드시 신분증을 지참하여야 시험에 응시할 수 있으며, 시험이 종료될 때까지 신분증을 제시하지 못할 경우 해당 시험은 0점 처리됩니다.

2. 시스템(PC 작동 여부, 네트워크 상태 등)의 이상 여부를 반드시 확인하여야 하며, 시스템 이상이 있을시 감독위원에게 조치를 받으셔야 합니다.

3. 시험 중 부주의 또는 고의로 시스템을 파손한 경우는 수검자 부담으로 합니다.

4. 답안 전송 프로그램을 통해 다운로드 받은 파일을 이용하여 답안 파일을 작성하시기 바랍니다.

5. 작성한 답안 파일은 답안 전송 프로그램을 통하여 전송됩니다. 감독위원의 지시에 따라 주시기 바랍니다.

6. 다음 사항의 경우 실격(0점) 혹은 부정행위 처리됩니다.

   ❶ 답안 파일을 저장하지 않았거나, 저장한 파일이 손상되었을 경우

   ❷ 답안 파일을 지정된 폴더(바탕화면 – "KAIT" 폴더)에 저장하지 않았을 경우

      ※ 답안 전송 프로그램 로그인 시 바탕화면에 자동 생성됨

   ❸ 답안 파일을 다른 보조기억장치(USB) 혹은 네트워크(메신저, 게시판 등)로 전송할 경우

   ❹ 휴대용 전화기 등 통신기기를 사용할 경우

7. 시험지에 제시된 글꼴이 응시 프로그램에 없는 경우, 반드시 감독위원에게 해당 내용을 통보한 뒤 조치를 받아야 합니다.

8. 시험의 완료는 작성이 완료된 답안을 저장하고, 답안 전송이 완료된 상태를 확인한 것으로 합니다. 답안 전송 확인 후 문제지는 감독관에게 제출한 후 퇴실하여야 합니다.

9. 답안 전송이 완료된 경우에는 수정 또는 정정이 불가능합니다.

10. 시험 시행 후 합격자 발표는 홈페이지(www.ihd.or.kr)에서 확인하시기 바랍니다.

    ❶ 문제 및 모범답안 공개 : 20XX. XX. XX.(X)

    ❷ 합격자 발표 : 20XX. XX. XX.(X)

Korea Association for ICT Promotion
한국정보통신진흥협회 KAIT

【문제】첨부된 문제를 다음의 조건을 적용하여 문서를 작성하시오.

① 문서는 A4(210mm×297mm) 크기, 세로 용지방향으로 작성한다.

② 페이지 여백은 아래와 같이 설정한다.

왼쪽	오른쪽	위쪽	아래쪽	머리말	꼬리말	제본
20mm	20mm	20mm	20mm	10mm	10mm	0mm

③ 아래와 같이 "자동 글머리 기호 넣기"와 "자동 번호 매기기" 기능을 해제한다.

> 도구 → 빠른 교정 → 빠른 교정 내용 → 입력 자동 서식 ┌→ 자동 글머리 기호 넣기(해제)
> └→ 자동 번호 매기기(해제)

※ 만약 입력 자동 서식 메뉴가 없는 경우에는, "자동 글머리 기호 넣기"와 "자동 번호 매기기" 기능이 설정되어 있지 않은 것이므로 별도의 기능 해제 없이 그대로 시험에 응시하시면 됩니다.

④ 글자는 별도의 지시사항이 없는 한 **바탕, 10pt**, 양쪽정렬, 줄간격 160%로 작성한다.

⑤ 영문, 숫자 등은 별도의 지시가 없는 한 반각(1byte) 문자를 사용한다.

⑥ 특수문자는 문자표(전각 기호)를 이용하여 작성한다.

⑦ 교정부호 및 화살표로 기재된 지시사항대로 처리하되, ⸺→ 은 지시사항이므로 작성하지 않는다.

⑧ 1페이지에 [문제1]을 작성하고, 구역을 나누어 2페이지에 [문제2]를 작성한다.

※ 해당 페이지에 작성하지 않거나 의도적으로 텍스트 작성을 하지 않은 경우 0점 처리

⑨ [문제2]는 문제지와 같이 2단으로 다단을 나누어 작성한다.

⑩ '그림 삽입' 시에는 반드시 "KAIT 수검프로그램"을 통해 다운로드 한 그림 파일을 사용한다.

⑪ 총점 : 200점

[공통사항1(기본설정, 용지설정)] : 8점, [공통사항2(오탈자)] : 40점
[문제1] : 46점, [문제2] : 106점

⑫ 기타 특별히 지시되어 있지 않은 사항은 문제지에 준하여 작성한다.

글맵시 – 궁서, 채우기 : 색상(RGB:39,111,21)
크기 : 너비(100mm), 높이(20mm), 위치 : 글자처럼 취급, 가운데 정렬

머리말(돋움, 9pt, 오른쪽 정렬) ➔ DIAT

손기정평화마라톤대회

문단 첫 글자 장식 – 모양 : 2줄, 돋움체
면 색 : 색상(RGB:255,255,0), 본문과의 간격 : 3.0mm

진하게, 밑줄

시원한 봄바람을 맞으며 "달림이들의 계절 아름다운 5월"에 자연과 함께 호흡하면서 달릴 기회를 마련하고자 합니다. 이번 마라톤 대회는 하프와 10킬로, 5킬로, 건강달리기 종목으로 치러지며 하프코스 중간지점에서는 코스의 지루함을 해결하기 위해 생활체육 승마연합회가 준비한 승마 시연 행사를 준비하였습니다. 또한 코스 완주자를 위해 먹거리 마당을 펼쳐 돼지고기, 잔치국수, 안동 국화차 등 다양한 무료시식 행사를 진행합니다.

문자표 ➔ ◗ 참가안내 ◖
굴림체, 가운데 정렬

1. 참가일시 : 2026. 05. 26(토), 10:00
2. 접수기간 : 2026. 04. 07(월) ~ 25(금), 18:00까지
3. 참가접수 : *평화마라톤추진위원회 홈페이지(http://www.ihd.or.kr)* ← 진하게, 기울임
4. 참가대상 : 마라톤 동호인 및 일반시민 누구나

문자표
※ 기타사항
 ― 참가종목 : 하프마라톤, 10km 로드 레이스, 5km 로드 레이스, 건강달리기
 ― 시상내용 : 개인별(하프 마라톤, 10km 로드 레이스 – 남녀 3위까지 트로피 및 상금), 연령별(하프 마라톤, 10km 로드 레이스 – 청년부(만20~39세), 중년부(만40~59세) 남녀 1위 상패 수여)

왼쪽여백 : 15pt
내어쓰기 : 12pt

2026. 03. 25. ← 12pt, 가운데 정렬

평화마라톤추진위원회 ← 중고딕, 22pt, 가운데 정렬

문제1은 줄 간격 180%로 작성
문제1은 1구역, 문제2는 2구역으로 나누어 답안 작성

쪽 번호 매기기, 가,나,다 순으로 가운데 아래

쪽 테두리 : 이중 실선, 머리말 포함

글상자-크기 : 너비(70mm), 높이(12mm), 테두리 : 실선(1.00mm), 반원
채우기 : 색상(RGB:53,135,145), 위치 : 글자처럼 취급, 가운데 정렬
글자 모양 : 돋움체, 20pt, 가운데 정렬

DIAT

그림B 삽입(바탕화면-KAIT-제출파일폴더)
너비(85mm), 높이(40mm)
위치 : 어울림(가로-쪽의 왼쪽:0.0mm,
세로-쪽의 위:22mm)

머리말(돋움, 9pt, 오른쪽 정렬)

마라톤 이야기

궁서체, 11pt, 진하게, 가운데 정렬

1. 마라톤

중고딕, 12pt, 진하게

마라톤 대회는 기원전 490년 그리스와 페르시아의 전쟁에서 그리스의 병사가 마라톤에서 아테네까지 달려가 아테네의 승전보를 알리고 절명하였는데 이를 기념하기 위해 열리게 되었다. 마라톤은 42.195㎞의 장거리를 달리는 경기로 우수한 심폐기능과 강인한 각근력ⓐ이 필요하며, 체온의 상승 및 심리적 피로(疲勞) 등에 적절히 대처할 수 있는 능력이 고도로 요구된다. 따라서 지구력과 더불어 페이스의 배분, 피치(Pitch)주법의 터득이 경기 성공의 관건이 된다.

각주

2. 경기 방법

중고딕, 12pt, 진하게

올림픽이나 세계선수권 대회 등에서는 스타트와 피니쉬 라인이 스타디움(Stadium)에 설치되어 있으며, 수많은 사람이 동시에 참여할 수 있는 경기이다. 도로를 달리는 경기이기 때문에 더위, 공기 오염도, 오르막 및 내리막길의 정도에 따라 레이스 조건이 달라 이를 잘 극복해야 한다. 마라톤 주법(走法)은 단거리 선수와는 다르게 보폭을 좁게 하여 힘을 낭비(浪費)하지 않도록 한다. 또한, 불필요한 동작을 최소화하는 것도 필요하다. 페이스의 안배가 마라톤 경기의 승패를 좌우한다고 할 수 있다. 경기 전반에 체력(體力)을 아껴 둔 후 후반 레이스에서 선두권으로 치고 나가는 방법 및 처음부터 선두권에서 머물며 끝까지 레이스하는 방법 등이 있다. 최후까지 신체적, 정신적인 극복한 피로를 사람만이 완주(完走)하고 좋은 성적을 낼 수 있다.

마라톤 참가자 현황(단위:명)

구분	20_40대	50세 이상
하프	68	22
10km	62	27
5km	34	41
건강	65	30
합계	229	120

위쪽 제목 셀 : 색상(RGB:202,86,167), 진하게
제목 셀 아래선 : 이중 실선(0.5mm)
글자 모양 : 중고딕, 10pt, 가운데 정렬
합계는 블록 계산식 기능을 이용

차트데이터는 표 내용에서 합계 부분을
제외한 나머지 부분의 값 이용

바탕체, 12pt, 진하게

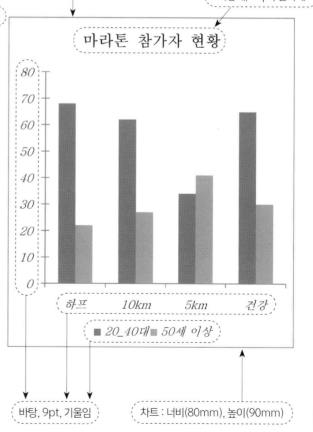

마라톤 참가자 현황

바탕, 9pt, 기울임

차트 : 너비(80mm), 높이(90mm)

ⓐ 보통 구부린 무릎을 펌으로써 마룻바닥 위에서 들어 올릴 수 있는 최대의 중량을 나타낸다.

중고딕, 9pt

쪽 번호 매기기, 가,나,다 순으로, 가운데 아래

제12회 실전모의고사

▷ 시험과목 : 워드프로세서(한글)
▷ 시험일자 : 20XX. XX. XX.(X)
▷ 응시자 기재사항 및 감독위원 확인

수 검 번 호	DIW - XXXX -	감독위원 확인
성 명		

응시자 유의사항

1. 응시자는 반드시 신분증을 지참하여야 시험에 응시할 수 있으며, 시험이 종료될 때까지 신분증을 제시하지 못할 경우 해당 시험은 0점 처리됩니다.

2. 시스템(PC 작동 여부, 네트워크 상태 등)의 이상 여부를 반드시 확인하여야 하며, 시스템 이상이 있을시 감독위원에게 조치를 받으셔야 합니다.

3. 시험 중 부주의 또는 고의로 시스템을 파손한 경우는 수검자 부담으로 합니다.

4. 답안 전송 프로그램을 통해 다운로드 받은 파일을 이용하여 답안 파일을 작성하시기 바랍니다.

5. 작성한 답안 파일은 답안 전송 프로그램을 통하여 전송됩니다. 감독위원의 지시에 따라 주시기 바랍니다.

6. 다음 사항의 경우 실격(0점) 혹은 부정행위 처리됩니다.

   ❶ 답안 파일을 저장하지 않았거나, 저장한 파일이 손상되었을 경우
   ❷ 답안 파일을 지정된 폴더(바탕화면 – "KAIT" 폴더)에 저장하지 않았을 경우
      ※ 답안 전송 프로그램 로그인 시 바탕화면에 자동 생성됨
   ❸ 답안 파일을 다른 보조기억장치(USB) 혹은 네트워크(메신저, 게시판 등)로 전송할 경우
   ❹ 휴대용 전화기 등 통신기기를 사용할 경우

7. 시험지에 제시된 글꼴이 응시 프로그램에 없는 경우, 반드시 감독위원에게 해당 내용을 통보한 뒤 조치를 받아야 합니다.

8. 시험의 완료는 작성이 완료된 답안을 저장하고, 답안 전송이 완료된 상태를 확인한 것으로 합니다. 답안 전송 확인 후 문제지는 감독관에게 제출한 후 퇴실하여야 합니다.

9. 답안 전송이 완료된 경우에는 수정 또는 정정이 불가능합니다.

10. 시험 시행 후 합격자 발표는 홈페이지(www.ihd.or.kr)에서 확인하시기 바랍니다.

   ❶ 문제 및 모범답안 공개 : 20XX. XX. XX.(X)
   ❷ 합격자 발표 : 20XX. XX. XX.(X)

Korea Association for ICT Promotion
한국정보통신진흥협회 KAIT

【문제】 **첨부된 문제를 다음의 조건을 적용하여 문서를 작성하시오.**

① 문서는 A4(210mm×297mm) 크기, 세로 용지방향으로 작성한다.

② 페이지 여백은 아래와 같이 설정한다.

왼쪽	오른쪽	위쪽	아래쪽	머리말	꼬리말	제본
20mm	20mm	20mm	20mm	10mm	10mm	0mm

③ 아래와 같이 "자동 글머리 기호 넣기"와 "자동 번호 매기기" 기능을 해제한다.

> 도구 → 빠른 교정 → 빠른 교정 내용 → 입력 자동 서식 ┌→ 자동 글머리 기호 넣기(해제)
> 　　　　　　　　　　　　　　　　　　　　　　　　　　└→ 자동 번호 매기기(해제)

※ 만약 입력 자동 서식 메뉴가 없는 경우에는, "자동 글머리 기호 넣기"와 "자동 번호 매기기" 기능이 설정되어 있지 않은 것이므로 별도의 기능 해제 없이 그대로 시험에 응시하시면 됩니다.

④ 글자는 별도의 지시사항이 없는 한 **바탕, 10pt, 양쪽정렬, 줄간격 160%**로 작성한다.

⑤ 영문, 숫자 등은 별도의 지시가 없는 한 반각(1byte) 문자를 사용한다.

⑥ 특수문자는 문자표(전각 기호)를 이용하여 작성한다.

⑦ 교정부호 및 화살표로 기재된 지시사항대로 처리하되, ⌁⌁⌁⌁⌁▶ 은 지시사항이므로 작성하지 않는다.

⑧ 1페이지에 [문제1]을 작성하고, 구역을 나누어 2페이지에 [문제2]를 작성한다.

※ 해당 페이지에 작성하지 않거나 의도적으로 텍스트 작성을 하지 않은 경우 0점 처리

⑨ [문제2]는 문제지와 같이 2단으로 다단을 나누어 작성한다.

⑩ '그림 삽입' 시에는 반드시 "KAIT 수검프로그램"을 통해 다운로드 한 그림 파일을 사용한다.

⑪ 총점 : 200점

[공통사항1(기본설정, 용지설정)] : 8점, [공통사항2(오탈자)] : 40점
[문제1] : 46점, [문제2] : 106점

⑫ 기타 특별히 지시되어 있지 않은 사항은 문제지에 준하여 작성한다.

글맵시 - 중고딕, 채우기 : 색상(RGB:218,0,208)
크기 : 너비(130mm), 높이(20mm), 위치 : 글자처럼 취급, 가운데 정렬

DIAT

머리말(돋움체, 9pt, 오른쪽 정렬)

2026서울커피엑스포

문단 첫 글자 장식 – 모양 : 2줄, 궁서
면 색 : 색상(RGB:206,166,29), 본문과의 간격 : 3.0mm

서울 커피 엑스포는 지난 8년 동안 커피산업의 놀라운 성장에 발맞추어 세분화된 비즈니스 수요를 충족시키기 위한 커피 전문 전시회로 발돋움해 왔습니다. 2026 서울 커피 엑스포는 더욱 확장된 규모와 다채로워진 부대행사를 통해 비즈니스 플랫폼을 뛰어넘어 커피로부터 만들어진 모든 것을 선보일 예정입니다. *참관객의 빠르고 편리한 전시 관람*을 위하여 홈페이지 및 앱을 통해 관람객 사전등록을 받고 있으니 여러분들의 많은 참여와 격려를 부탁드립니다.

진하게, 기울임

문자표 ▶ ▲ 행 사 안 내 ▲

궁서, 가운데 정렬

1. 행 사 명 : 2026 서울 커피 엑스포
2. 행사일시 : 2026년 8월 12일(수) ~ 8월 16일(일), 5일간
3. 행사장소 : 코엑스 별관 2층
4. 사전등록 : *2026년 8월 11일(화) 18:00까지 온라인으로 등록(http://www.ihd.or.kr)*

기울임, 밑줄

문자표

※ 기타사항

  - 과도한 시음/시식으로 타인에게 불쾌감을 주거나, 과도한 판촉물 요구 및 수집행위 등 전시회 운영에 지장을 주는 행위 발견 시 부득이하게 전시장 퇴장을 요청드릴 수 있습니다.
  - 기타 자세한 사항은 담당자(02-123-4567)에게 문의하여 주시기 바랍니다.

왼쪽여백 : 10pt
내어쓰기 : 13pt

2026. 07. 25. ◀ 13pt, 가운데 정렬

(사)한국커피연합회

바탕, 25pt, 가운데 정렬

문제1은 줄 간격 180%로 작성

문제1은 1구역, 문제2는 2구역으로 나누어 답안 작성

쪽 번호 매기기, i,ii,iii 순으로, 오른쪽 아래

DIAT

- i -

커피와 로스팅

1. 커피 산지와 품종

세계적으로 커피ⓘ가 생산되는 곳은 열대, 아열대(亞熱帶) 지역으로 커피 벨트 또는 커피 존이라고 한다. 중남미(브라질, 콜롬비아, 과테말라, 자메이카 등)에서 중급 이상의 아라비카 커피가 생산(生産)되고 중동/아프리카(에티오피아, 예멘, 탄자니아, 케냐 등)는 커피의 원산지로 유명하지만, 최근에는 다른 나라보다 커피산업이 뒤처지고 있다. 아시아, 태평양 지역과 인도네시아(인도, 베트남) 지역에서는 대부분 로부스타 커피(robusta coffee)가 생산되고 있는데, 소량의 아라비카 커피를 생산하여 커피로 최상급의 인정받는 품목(品目)도 있다. 세계 3대 커피는 블루 마운틴, 코나, 모카 커피이다.

2. 커피 로스팅

생두에 열을 가하여 볶는 것이다. 일반적으로 볶음 정도에 따라 맛과 향미의 변화를 9단계로 세분화(細分化)한다. 로스팅의 온도, 시간, 속도 등에 따라 커피 맛이 달라지는데, 보통 시나몬 로스팅(cinnamon roasting)까진 신맛이 강하다. 좀 더 로스팅이 진행되면 캐러멜화가 진행되면서 생두는 짙은 갈색을 띠게 된다. 일반적으로 스트레이트 커피로 이용하는 고급 아라비카 커피는 시티 로스팅이나 풀시티 로스팅 단계에서 최고(最高)의 맛과 향을 내는 것으로 알려져 있다. 또한 로스터는 아직 가공되지 않은 커피콩 즉, 생두를 원두로 만들기 위해 거치는 과정 로스팅을 하는 사람을 의미한다.

세계 커피 생산량(단위:만 톤)

국가	2024년	2025년
브라질	330	309
베트남	153	171
콜롬비아	88	84
멕시코	45	50
평균	154.00	153.50

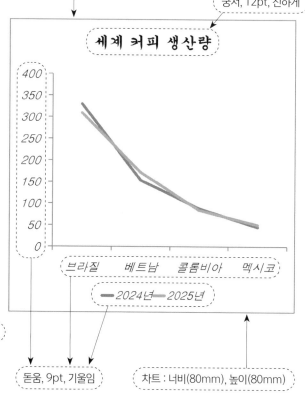

세계 커피 생산량

ⓘ 커피나무에서 생두를 수확하여 가공공정을 거쳐 볶은 후 원두를 섞어 추출하여 음용하는 기호음료.

제13회 실전모의고사

▸ 시험과목 : 워드프로세서(한글)
▸ 시험일자 : 20XX. XX. XX.(X)
▸ 응시자 기재사항 및 감독위원 확인

수 검 번 호	DIW - XXXX -	감독위원 확인
성 명		

응시자 유의사항

1. 응시자는 반드시 신분증을 지참하여야 시험에 응시할 수 있으며, 시험이 종료될 때까지 신분증을 제시하지 못할 경우 해당 시험은 0점 처리됩니다.

2. 시스템(PC 작동 여부, 네트워크 상태 등)의 이상 여부를 반드시 확인하여야 하며, 시스템 이상이 있을시 감독위원에게 조치를 받으셔야 합니다.

3. 시험 중 부주의 또는 고의로 시스템을 파손한 경우는 수검자 부담으로 합니다.

4. 답안 전송 프로그램을 통해 다운로드 받은 파일을 이용하여 답안 파일을 작성하시기 바랍니다.

5. 작성한 답안 파일은 답안 전송 프로그램을 통하여 전송됩니다. 감독위원의 지시에 따라 주시기 바랍니다.

6. 다음 사항의 경우 실격(0점) 혹은 부정행위 처리됩니다.

   ❶ 답안 파일을 저장하지 않았거나, 저장한 파일이 손상되었을 경우

   ❷ 답안 파일을 지정된 폴더(바탕화면 – "KAIT" 폴더)에 저장하지 않았을 경우

      ※ 답안 전송 프로그램 로그인 시 바탕화면에 자동 생성됨

   ❸ 답안 파일을 다른 보조기억장치(USB) 혹은 네트워크(메신저, 게시판 등)로 전송할 경우

   ❹ 휴대용 전화기 등 통신기기를 사용할 경우

7. 시험지에 제시된 글꼴이 응시 프로그램에 없는 경우, 반드시 감독위원에게 해당 내용을 통보한 뒤 조치를 받아야 합니다.

8. 시험의 완료는 작성이 완료된 답안을 저장하고, 답안 전송이 완료된 상태를 확인한 것으로 합니다. 답안 전송 확인 후 문제지는 감독관에게 제출한 후 퇴실하여야 합니다.

9. 답안 전송이 완료된 경우에는 수정 또는 정정이 불가능합니다.

10. 시험 시행 후 합격자 발표는 홈페이지(www.ihd.or.kr)에서 확인하시기 바랍니다.

    ❶ 문제 및 모범답안 공개 : 20XX. XX. XX.(X)

    ❷ 합격자 발표 : 20XX. XX. XX.(X)

【문제】 첨부된 문제를 다음의 조건을 적용하여 문서를 작성하시오.

① 문서는 A4(210mm×297mm) 크기, 세로 용지방향으로 작성한다.

② 페이지 여백은 아래와 같이 설정한다.

왼쪽	오른쪽	위쪽	아래쪽	머리말	꼬리말	제본
20mm	20mm	20mm	20mm	10mm	10mm	0mm

③ 아래와 같이 "자동 글머리 기호 넣기"와 "자동 번호 매기기" 기능을 해제한다.

도구 → 빠른 교정 → 빠른 교정 내용 → 입력 자동 서식 ┬→ 자동 글머리 기호 넣기(해제)
                                                  └→ 자동 번호 매기기(해제)

※ 만약 입력 자동 서식 메뉴가 없는 경우에는, "자동 글머리 기호 넣기"와 "자동 번호 매기기" 기능이 설정되어 있지 않은 것이므로 별도의
   기능 해제 없이 그대로 시험에 응시하시면 됩니다.

④ 글자는 별도의 지시사항이 없는 한 **바탕, 10pt, 양쪽정렬, 줄간격 160%**로 작성한다.

⑤ 영문, 숫자 등은 별도의 지시가 없는 한 반각(1byte) 문자를 사용한다.

⑥ 특수문자는 문자표(전각 기호)를 이용하여 작성한다.

⑦ 교정부호 및 화살표로 기재된 지시사항대로 처리하되, ⟨⋯⋯⋯⟩→ 은 지시사항이므로 작성하지 않는다.

⑧ 1페이지에 [문제1]을 작성하고, 구역을 나누어 2페이지에 [문제2]를 작성한다.

※ 해당 페이지에 작성하지 않거나 의도적으로 텍스트 작성을 하지 않은 경우 0점 처리

⑨ [문제2]는 문제지와 같이 2단으로 다단을 나누어 작성한다.

⑩ '그림 삽입' 시에는 반드시 "KAIT 수검프로그램"을 통해 다운로드 한 그림 파일을 사용한다.

⑪ 총점 : 200점

　[공통사항1(기본설정, 용지설정)] : 8점, [공통사항2(오탈자)] : 40점
　[문제1] : 46점, [문제2] : 106점

⑫ 기타 특별히 지시되어 있지 않은 사항은 문제지에 준하여 작성한다.

2026마이펫헬스케어

한 국 수의사협회는 전국 어디서나 보호자와 반려동물이 <u>수의사에게 양질의 진료를 받을 수 있다는 사명</u> 하에 2020년 설립되었습니다. 2021년에는 사람뿐만 아니라 반려동물에서도 피해가 발생한 가습기 폐 손상 사례를 심포지엄에서 다루었고, 올해에는 반려동물병원과 연계 업체를 중심으로 임상 수의사들과 업체분들이 교류할 수 있는 전시회를 개최합니다. 국내외적으로 반려동물 경기가 밝지 않지만, 중지를 모아서 내부경쟁이 아닌 시장을 확대할 수 있도록 준비하였습니다.

● 행사안내 ●

1. 행 사 명 : 마이펫헬스케어
2. 행사일시 : 07. 10(금) ~ 07. 12(일), 13:00 ~ 18:00
3. 행사장소 : 서울 강남구 삼성동 전시장 1층
4. 사전등록 : *2026. 06. 18(목) 18:00까지 온라인으로 등록*

※ 기타사항
  - 전시 프로그램 : 동물 의약품, 의료용품, 의료 소모품, 방사선 기기, 수술 장비, 재활의학 장비, 의료정보시스템, 피부미용 기기, 병원설비 장비, 의료 컨설팅 및 개원 정보, 기타
  - 협회 사무국 홈페이지(http://www.ihd.or.kr)에서 사전등록 시스템을 운영합니다.

2026. 06. 27.

대한수의사회협회장

반려동물 복지관리

1. 반려동물이란?

사회가 고도로 발전되면서 물질이 풍요로워지는 반면, 인간은 점차 자기중심적이고, 마음은 고갈(枯渴)되어 간다. 이에 비해 세계는 동물의 항상 천성 그대로이며 순수하다. 사람은 이런 동물과 접함으로써 상실되어가는 인간 본연의 성정(性情)을 되찾으려고 한다. 이것이 동물을 반려(companion)하는 일이며, 그 대상이 되는 동물을 반려동물Ⓐ이라고 한다. 동물이 인간에게 주는 여러 혜택을 존중(尊重)하며 동물은 사람의 장난감이 아닌 더불어 살아가는 존재임을 의미한다. 반려동물에는 포유류(哺乳類)와 조류, 어류, 파충류 등이 있다.

2. 동물 등록제란?

등록대상 동물의 소유자는 동물의 보호와 유실, 유기 방지를 위하여 동물 등록대행기관, 관할 지자체에 등록대상 동물을 등록 신청하고, 관할 지자체는 동물 보호관리 시스템에 등록동물과 소유자의 정보를 등록하여 관리해야 한다. 등록대상 동물이 맹견이 아닌 경우 시도의 조례(ordinance)로 정하는 지역(동물보호법 제12조, 동 시행규칙 제7조)은 제외되며, 등록하지 않은 경우 100만원 이하의 과태료가 부과된다. 동물등록에 사용되는 마이크로칩은 반려견 목덜미 부분에 삽입된다. 해당 칩은 체내 이물 반응이 없는 재질로 코팅된 쌀알 크기의 동물용 의료기기로 동물용 의료기기(醫療機器) 기준규격과 국제규격에 적합한 제품만 사용하고 있다.

동물 복지관리 실태

지역	동물등록수	구조/보호수
서울	24,839	8,631
경기	36,107	23,079
강원	3,143	4,764
충청	2,530	3,552
합계	66,619	40,026

동물 복지관리 실태

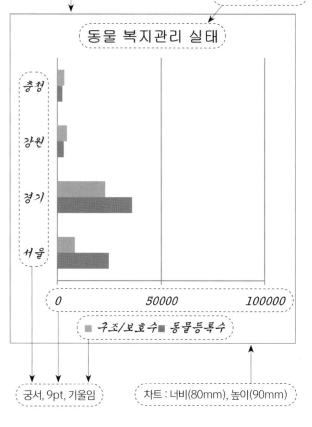

Ⓐ 동물이 인간에게 주는 혜택을 존중하며, 사람의 장난감이 아닌 더불어 살아가는 의미가 담겨있다.

제14회 실전모의고사

‣ 시험과목 : 워드프로세서(한글)
‣ 시험일자 : 20XX. XX. XX.(X)
‣ 응시자 기재사항 및 감독위원 확인

수 검 번 호	DIW - XXXX -	감독위원 확인
성 명		

응시자 유의사항

1. 응시자는 반드시 신분증을 지참하여야 시험에 응시할 수 있으며, 시험이 종료될 때까지 신분증을 제시하지 못할 경우 해당 시험은 0점 처리됩니다.

2. 시스템(PC 작동 여부, 네트워크 상태 등)의 이상 여부를 반드시 확인하여야 하며, 시스템 이상이 있을시 감독위원에게 조치를 받으셔야 합니다.

3. 시험 중 부주의 또는 고의로 시스템을 파손한 경우는 수검자 부담으로 합니다.

4. 답안 전송 프로그램을 통해 다운로드 받은 파일을 이용하여 답안 파일을 작성하시기 바랍니다.

5. 작성한 답안 파일은 답안 전송 프로그램을 통하여 전송됩니다. 감독위원의 지시에 따라 주시기 바랍니다.

6. 다음 사항의 경우 실격(0점) 혹은 부정행위 처리됩니다.

   ❶ 답안 파일을 저장하지 않았거나, 저장한 파일이 손상되었을 경우
   ❷ 답안 파일을 지정된 폴더(바탕화면 – "KAIT" 폴더)에 저장하지 않았을 경우
      ※ 답안 전송 프로그램 로그인 시 바탕화면에 자동 생성됨
   ❸ 답안 파일을 다른 보조기억장치(USB) 혹은 네트워크(메신저, 게시판 등)로 전송할 경우
   ❹ 휴대용 전화기 등 통신기기를 사용할 경우

7. 시험지에 제시된 글꼴이 응시 프로그램에 없는 경우, 반드시 감독위원에게 해당 내용을 통보한 뒤 조치를 받아야 합니다.

8. 시험의 완료는 작성이 완료된 답안을 저장하고, 답안 전송이 완료된 상태를 확인한 것으로 합니다. 답안 전송 확인 후 문제지는 감독관에게 제출한 후 퇴실하여야 합니다.

9. 답안 전송이 완료된 경우에는 수정 또는 정정이 불가능합니다.

10. 시험 시행 후 합격자 발표는 홈페이지(www.ihd.or.kr)에서 확인하시기 바랍니다.

   ❶ 문제 및 모범답안 공개 : 20XX. XX. XX.(X)
   ❷ 합격자 발표 : 20XX. XX. XX.(X)

【문제】 **첨부된 문제를 다음의 조건을 적용하여 문서를 작성하시오.**

① 문서는 A4(210mm×297mm) 크기, 세로 용지방향으로 작성한다.

② 페이지 여백은 아래와 같이 설정한다.

왼쪽	오른쪽	위쪽	아래쪽	머리말	꼬리말	제본
20mm	20mm	20mm	20mm	10mm	10mm	0mm

③ 아래와 같이 "자동 글머리 기호 넣기"와 "자동 번호 매기기" 기능을 해제한다.

> 도구 → 빠른 교정 → 빠른 교정 내용 → 입력 자동 서식 ┌→ 자동 글머리 기호 넣기(해제)
> 　　　　　　　　　　　　　　　　　　　　　　　　　　└→ 자동 번호 매기기(해제)

※ 만약 입력 자동 서식 메뉴가 없는 경우에는, "자동 글머리 기호 넣기"와 "자동 번호 매기기" 기능이 설정되어 있지 않은 것이므로 별도의 기능 해제 없이 그대로 시험에 응시하시면 됩니다.

④ 글자는 별도의 지시사항이 없는 한 **바탕**, 10pt, 양쪽정렬, 줄간격 160%로 작성한다.

⑤ 영문, 숫자 등은 별도의 지시가 없는 한 반각(1byte) 문자를 사용한다.

⑥ 특수문자는 문자표(전각 기호)를 이용하여 작성한다.

⑦ 교정부호 및 화살표로 기재된 지시사항대로 처리하되, 〈‥‥‥‥‥〉→ 은 지시사항이므로 작성하지 않는다.

⑧ 1페이지에 [문제1]을 작성하고, 구역을 나누어 2페이지에 [문제2]를 작성한다.

※ 해당 페이지에 작성하지 않거나 의도적으로 텍스트 작성을 하지 않은 경우 0점 처리

⑨ [문제2]는 문제지와 같이 2단으로 다단을 나누어 작성한다.

⑩ '그림 삽입' 시에는 반드시 "KAIT 수검프로그램"을 통해 다운로드 한 그림 파일을 사용한다.

⑪ 총점 : 200점

[공통사항1(기본설정, 용지설정)] : 8점, [공통사항2(오탈자)] : 40점
[문제1] : 46점, [문제2] : 106점

⑫ 기타 특별히 지시되어 있지 않은 사항은 문제지에 준하여 작성한다.

글맵시 – 굴림체, 채우기 : 색상(RGB:169,124,24)
크기 : 너비(90mm), 높이(20mm), 위치 : 글자처럼 취급, 가운데 정렬

서대문자연사박물관

문단 첫 글자 장식 – 모양 : 2줄, 굴림
면 색 : 색상(RGB:191,191,191), 본문과의 간격 : 3.0mm

진하게, 기울임

우 리 박물관은 *우리나라에서 가장 오래된 자연사 박물관*으로 어린이부터 중고등학생을 대상으로 우리나라의 기후부터 동식물, 우주에 이르기까지 대자연의 역사를 배울 수 있는 프로그램을 매년 준비하고 있습니다. 자연사 박물관의 프로그램을 통해 지구에서 살아가는데 필요한 자연의 소중함을 알고, 미래에 인류와 자연이 공존할 수 있는 지혜를 찾을 수 있는 곳이기도 합니다. 전시 프로그램은 지구, 생명, 환경, 인간의 네 가지의 테마로 시간별 흐름에 따라 진행됩니다.

문자표 ◆ 운영안내 ◆

굴림, 가운데 정렬

1. 운영일자 : 2026. 5. 1. ~ 2026. 12. 31.
2. 운영시간 : 10:00 ~ 17:00
3. 장   소 : 서울특별시 서대문구 연희로 32길 51
4. 단체관람 : *3일 전까지 홈페이지를 통해 예약 후 확인 문자 발송*   기울임, 밑줄

문자표

※ 기타사항

- 당일 접수는 행사 시작 30분 전부터 가능하며, 사전 접수는 인터넷 접수로 받고 있습니다.
- 프로그램에 대한 자세한 사항은 우리박물관 홈페이지(http://www.ihd.or.kr) 또는 우리 박물관 홍보팀(02-1234-5678)으로 문의하시기 바랍니다.

왼쪽여백 : 10pt
내어쓰기 : 12pt

2026. 05. 23.   12pt, 가운데 정렬

서대문자연사박물관   돋움체, 24pt, 가운데 정렬

문제1은 줄 간격 180%로 작성

문제1은 1구역, 문제2는 2구역으로 나누어 답안 작성

쪽 번호 매기기, 1,2,3 순으로
왼쪽 아래

DIAT

자연사 박물관

1. 자연사 박물관이란?

자연사 박물관이란 우주(宇宙)에 있는 모든 동식물을 포함한 자연물과 그 현상에 대하여 연구하는 기관이다. 보편적으로 전시관과 체험관으로 이루어져 있어, 누구나 쉽게 접근(接近)할 수 있으며 자연에 대한 이해와 지식(知識)을 넓힐 수 있는 교육적 기능을 수행한다. 국내 최초의 자연사 박물관인 이화여자대학교 자연사 박물관은 1969년 11월 개관하여 약 57,000 점의 유물과 총 1,200종의 광물, 암석, 화석, 식물 등의 표본을 소장하고 있다. 서대문 자연사 박물관에는 실제 백악기의 거대한 공룡인 아크로칸토사우루스의 골격이 중앙홀에 전시되어 있어 방문객의 이목(Attention)을 끈다. 또한 세계에서 두 점이 발굴되었다는 프레노케랍토스①가 전시된 목포 자연사 박물관, 부산 해양(海洋) 자연사 박물관 등이 있다.

2. 세계의 자연사 박물관

세계에서 가장 오랜 역사(歷史)를 가지고 있는 파리의 프랑스 국립 자연사 박물관은 1793년에 설립되었는데, 루이 13세에 의해 설립된 왕립 약용 식물원이 그 기틀이 되었다. 진화관, 고생물관, 지질광물관 등의 전시실(Gallery)과 식물원, 동물원으로 구성되어 있다. 1881년 개관한 영국 자연사 박물관은 런던에 위치해 있으며 세계 최대의 자연사 박물관이다. 조류 표본은 전 세계 조류의 95% 이상을 차지할 정도로 생물 전시관과 무생물 전시관으로 구분하여 표본을 다종의 최다로 보유하고 있음을 자랑한다.

① 2005년경 미국에서 경매를 통해 1억 2천만에 구입

국내 박물관 표본 보유 현황

종류	보유량(점)
광물	5,700
동물	956
식물	3,190
암석/화석	1,998
평균	2,961.00

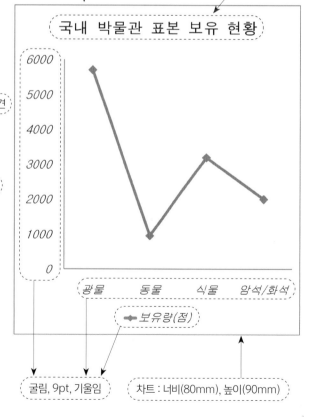

국내 박물관 표본 보유 현황

보유량(점)

제15회 실전모의고사

▷ 시험과목 : 워드프로세서(한글)
▷ 시험일자 : 20XX. XX. XX.(X)
▷ 응시자 기재사항 및 감독위원 확인

수 검 번 호	DIW - XXXX -	감독위원 확인
성 명		

응시자 유의사항

1. 응시자는 반드시 신분증을 지참하여야 시험에 응시할 수 있으며, 시험이 종료될 때까지 신분증을 제시하지 못할 경우 해당 시험은 0점 처리됩니다.

2. 시스템(PC 작동 여부, 네트워크 상태 등)의 이상 여부를 반드시 확인하여야 하며, 시스템 이상이 있을시 감독위원에게 조치를 받으셔야 합니다.

3. 시험 중 부주의 또는 고의로 시스템을 파손한 경우는 수검자 부담으로 합니다.

4. 답안 전송 프로그램을 통해 다운로드 받은 파일을 이용하여 답안 파일을 작성하시기 바랍니다.

5. 작성한 답안 파일은 답안 전송 프로그램을 통하여 전송됩니다. 감독위원의 지시에 따라 주시기 바랍니다.

6. 다음 사항의 경우 실격(0점) 혹은 부정행위 처리됩니다.

   ❶ 답안 파일을 저장하지 않았거나, 저장한 파일이 손상되었을 경우

   ❷ 답안 파일을 지정된 폴더(바탕화면 – "KAIT" 폴더)에 저장하지 않았을 경우

   ※ 답안 전송 프로그램 로그인 시 바탕화면에 자동 생성됨

   ❸ 답안 파일을 다른 보조기억장치(USB) 혹은 네트워크(메신저, 게시판 등)로 전송할 경우

   ❹ 휴대용 전화기 등 통신기기를 사용할 경우

7. 시험지에 제시된 글꼴이 응시 프로그램에 없는 경우, 반드시 감독위원에게 해당 내용을 통보한 뒤 조치를 받아야 합니다.

8. 시험의 완료는 작성이 완료된 답안을 저장하고, 답안 전송이 완료된 상태를 확인한 것으로 합니다. 답안 전송 확인 후 문제지는 감독관에게 제출한 후 퇴실하여야 합니다.

9. 답안 전송이 완료된 경우에는 수정 또는 정정이 불가능합니다.

10. 시험 시행 후 합격자 발표는 홈페이지(www.ihd.or.kr)에서 확인하시기 바랍니다.

   ❶ 문제 및 모범답안 공개 : 20XX. XX. XX.(X)

   ❷ 합격자 발표 : 20XX. XX. XX.(X)

【문제】 첨부된 문제를 다음의 조건을 적용하여 문서를 작성하시오.

① 문서는 A4(210mm×297mm) 크기, 세로 용지방향으로 작성한다.

② 페이지 여백은 아래와 같이 설정한다.

왼쪽	오른쪽	위쪽	아래쪽	머리말	꼬리말	제본
20mm	20mm	20mm	20mm	10mm	10mm	0mm

③ 아래와 같이 "자동 글머리 기호 넣기"와 "자동 번호 매기기" 기능을 해제한다.

> 도구 → 빠른 교정 → 빠른 교정 내용 → 입력 자동 서식 ┌→ 자동 글머리 기호 넣기(해제)
> 　　　　　　　　　　　　　　　　　　　　　　　　　└→ 자동 번호 매기기(해제)

※ 만약 입력 자동 서식 메뉴가 없는 경우에는, "자동 글머리 기호 넣기"와 "자동 번호 매기기" 기능이 설정되어 있지 않은 것이므로 별도의 기능 해제 없이 그대로 시험에 응시하시면 됩니다.

④ 글자는 별도의 지시사항이 없는 한 **바탕**, 10pt, 양쪽정렬, 줄간격 160%로 작성한다.

⑤ 영문, 숫자 등은 별도의 지시가 없는 한 반각(1byte) 문자를 사용한다.

⑥ 특수문자는 문자표(전각 기호)를 이용하여 작성한다.

⑦ 교정부호 및 화살표로 기재된 지시사항대로 처리하되, ⟨⋯⋯⋯⟩→ 은 지시사항이므로 작성하지 않는다.

⑧ 1페이지에 [문제1]을 작성하고, 구역을 나누어 2페이지에 [문제2]를 작성한다.

※ 해당 페이지에 작성하지 않거나 의도적으로 텍스트 작성을 하지 않은 경우 0점 처리

⑨ [문제2]는 문제지와 같이 2단으로 다단을 나누어 작성한다.

⑩ '그림 삽입' 시에는 반드시 "KAIT 수검프로그램"을 통해 다운로드 한 그림 파일을 사용한다.

⑪ 총점 : 200점

　[공통사항1(기본설정, 용지설정)] : 8점, [공통사항2(오탈자)] : 40점
　[문제1] : 46점, [문제2] : 106점

⑫ 기타 특별히 지시되어 있지 않은 사항은 문제지에 준하여 작성한다.

글맵시 – 휴먼옛체, 채우기 : 색상(RGB:241,123,18),
크기 : 너비(120mm), 높이(20mm), 위치 : 글자처럼 취급, 가운데 정렬

DIAT

머리말(돋움, 9pt, 오른쪽 정렬)

문단 첫 글자 장식 – 모양 : 2줄, 궁서체
면 색 : 색상(RGB:186,255,26), 본문과의 간격 : 3.0mm

진하게, 기울임

자녀분들과 함께 특별하고 좋은 경험을 체험할 수 있는 곳을 찾고 계신가요? *국내의 아름다운 자연환경을 한껏 느끼며* 무엇보다 즐겁게 지식을 탐구할 수 있는 소중한 체험기회가 여러분들을 기다리고 있습니다. 저희 암사동선사유적박물관은 서울시 강동구 암사동에 위치하고, 다양한 체험 프로그램을 운영하며 쌓은 노하우를 통해 남녀노소 모두에게 오감을 만족시킬 수 있는 선사시대의 유적지 및 전시물을 그대로 보존하여 제공하고 있습니다.

문자표 → ◎ 체험안내 ◎

돋움, 가운데 정렬

1. 체 험 명 : 조각난 토기를 복원하라!
2. 기　　간 : 2026. 03. 02.(월) ~ 03. 15.(일)
3. 장　　소 : 서울시 강동구 암사동 암사동선사유적박물관
4. 등　　록 : 체험 당일 현장 등록<u>(10인 이상 단체는 홈페이지를 통한 사전등록 가능)</u> ← 진하게, 밑줄

문자표

※ 기타사항

－ 주요 체험 테마 : 움집복원체험, 빗살무늬토기복원체험, 유물무늬관찰체험 등
－ 10인 이상의 단체로 체험을 원하시는 경우에는 체험일 기준으로 1일 전까지 박물관 홈페이지 (http://www.ihd.or.kr)로 반드시 사전등록을 해주시기 바랍니다.

2026. 02. 22. ← 13pt, 가운데 정렬

왼쪽여백 : 10pt
내어쓰기 : 10pt

암사동선사유적박물관 ← 바탕, 24pt, 가운데 정렬

문제1은 줄 간격 180%로 작성

문제1은 1구역, 문제2는 2구역으로 나누어 답안 작성

쪽 번호 매기기, 갑,을,병 순으로,
가운데 아래

선사시대 유적지

1. 선사시대

선사시대(先史時代)는 글자 그대로 역사 이전의 시대를 뜻하며, 문자로 역사를 기록하기 이전의 시대를 말한다. 즉, 이 시기에는 기록이 아닌 당시 쓰던 물건 등의 흔적을 통해 생활을 파악할 수 있다. 또한 도구의 발달 정도에 따라 석기 시대, 청동기 시대, 철기 시대로 구분할 수 있다. 그 중에서도 경기 연천 전곡리, 공주 석장리, 제천 점말 동굴, 단양 상시리 바위그늘, 단양 수양개, 제주 빌레못 동굴 등을 포함한 많은 유적지(Historic sites)를 통해 구석기 생활을 엿볼 수 있다. 신석기 유적지로 대표적인 곳은 서울 암사동㉮, 경기 하남 미사리, 김해 수가리, 양양 지경리, 강원도 양양 오산리, 강원도 고성 문암리 등이 있다.

2. 유적지의 보존

기원전 약 50만 년 전부터 생활한 사람들이 남긴 흔적(痕迹)은 국내의 여러 곳에서 찾아볼 수 있다. 특히 동굴(Cave) 벽에 그린 그림이나 땅을 파고 마련한 주거지, 고인돌 외 석기 및 토기 따위의 유물들이 발굴되어 그 당시 생활 모습을 추측(推測)할 수 있다. 선사시대 유적지 현황은 표와 같이 현존하며 각 지역 차원에서 유적지 보존과 위해 힘쓰고 있다. 그 중 한반도(韓半島) 최대의 구석기시대 유적지인 경기도 연천 전곡리 선사유적지는 한탄강변 전역(全域)이 유적지와 다름없다. 오산리 강원도 선사유적지는 2002년 충청북도 시도기념물 제126호 문화재로 지정되었으며 다량의 생활 유적이 발견되었다.

㉮ 1925년 대홍수로 인해 발견된 신석기 대표 유적지

선사시대 유적지 현황

장소	유적지 및 체험장
서울/경기	141
강원	103
충청	211
경상	98
합계	553

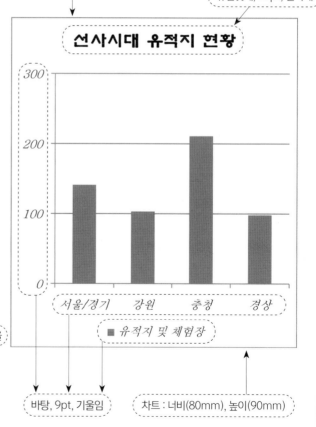

제16회 **실전모의고사**

‣ 시험과목 : 워드프로세서(한글)
‣ 시험일자 : 20XX. XX. XX.(X)
‣ 응시자 기재사항 및 감독위원 확인

수 검 번 호	DIW - XXXX -	감독위원 확인
성 명		

응시자 유의사항

1. 응시자는 반드시 신분증을 지참하여야 시험에 응시할 수 있으며, 시험이 종료될 때까지 신분증을 제시하지 못할 경우 해당 시험은 0점 처리됩니다.

2. 시스템(PC 작동 여부, 네트워크 상태 등)의 이상 여부를 반드시 확인하여야 하며, 시스템 이상이 있을시 감독위원에게 조치를 받으셔야 합니다.

3. 시험 중 부주의 또는 고의로 시스템을 파손한 경우는 수검자 부담으로 합니다.

4. 답안 전송 프로그램을 통해 다운로드 받은 파일을 이용하여 답안 파일을 작성하시기 바랍니다.

5. 작성한 답안 파일은 답안 전송 프로그램을 통하여 전송됩니다. 감독위원의 지시에 따라 주시기 바랍니다.

6. 다음 사항의 경우 실격(0점) 혹은 부정행위 처리됩니다.

   ❶ 답안 파일을 저장하지 않았거나, 저장한 파일이 손상되었을 경우
   ❷ 답안 파일을 지정된 폴더(바탕화면 – "KAIT" 폴더)에 저장하지 않았을 경우
      ※ 답안 전송 프로그램 로그인 시 바탕화면에 자동 생성됨
   ❸ 답안 파일을 다른 보조기억장치(USB) 혹은 네트워크(메신저, 게시판 등)로 전송할 경우
   ❹ 휴대용 전화기 등 통신기기를 사용할 경우

7. 시험지에 제시된 글꼴이 응시 프로그램에 없는 경우, 반드시 감독위원에게 해당 내용을 통보한 뒤 조치를 받아야 합니다.

8. 시험의 완료는 작성이 완료된 답안을 저장하고, 답안 전송이 완료된 상태를 확인한 것으로 합니다. 답안 전송 확인 후 문제지는 감독관에게 제출한 후 퇴실하여야 합니다.

9. 답안 전송이 완료된 경우에는 수정 또는 정정이 불가능합니다.

10. 시험 시행 후 합격자 발표는 홈페이지(www.ihd.or.kr)에서 확인하시기 바랍니다.

   ❶ 문제 및 모범답안 공개 : 20XX. XX. XX.(X)
   ❷ 합격자 발표 : 20XX. XX. XX.(X)

【문제】 첨부된 문제를 다음의 조건을 적용하여 문서를 작성하시오.

① 문서는 A4(210mm×297mm) 크기, 세로 용지방향으로 작성한다.

② 페이지 여백은 아래와 같이 설정한다.

왼쪽	오른쪽	위쪽	아래쪽	머리말	꼬리말	제본
20mm	20mm	20mm	20mm	10mm	10mm	0mm

③ 아래와 같이 "자동 글머리 기호 넣기"와 "자동 번호 매기기" 기능을 해제한다.

> 도구 → 빠른 교정 → 빠른 교정 내용 → 입력 자동 서식 ┌→ 자동 글머리 기호 넣기(해제)
> 　　　　　　　　　　　　　　　　　　　　　　　　　└→ 자동 번호 매기기(해제)

※ 만약 입력 자동 서식 메뉴가 없는 경우에는, "자동 글머리 기호 넣기"와 "자동 번호 매기기" 기능이 설정되어 있지 않은 것이므로 별도의 기능 해제 없이 그대로 시험에 응시하시면 됩니다.

④ 글자는 별도의 지시사항이 없는 한 **바탕, 10pt,** 양쪽정렬, 줄간격 160%로 작성한다.

⑤ 영문, 숫자 등은 별도의 지시가 없는 한 반각(1byte) 문자를 사용한다.

⑥ 특수문자는 문자표(전각 기호)를 이용하여 작성한다.

⑦ 교정부호 및 화살표로 기재된 지시사항대로 처리하되, ⌁⋯⋯⋯→ 은 지시사항이므로 작성하지 않는다.

⑧ **1페이지에 [문제1]을 작성하고, 구역을 나누어 2페이지에 [문제2]를 작성한다.**

※ 해당 페이지에 작성하지 않거나 의도적으로 텍스트 작성을 하지 않은 경우 0점 처리

⑨ [문제2]는 문제지와 같이 2단으로 다단을 나누어 작성한다.

⑩ '그림 삽입' 시에는 반드시 "KAIT 수검프로그램"을 통해 다운로드 한 그림 파일을 사용한다.

⑪ 총점 : 200점

[공통사항1(기본설정, 용지설정)] : 8점, [공통사항2(오탈자)] : 40점
[문제1] : 46점, [문제2] : 106점

⑫ 기타 특별히 지시되어 있지 않은 사항은 문제지에 준하여 작성한다.

DIAT

머리말(중고딕, 9pt, 오른쪽 정렬)

글맵시 – 궁서체, 채우기 : 색상(RGB:53,135,145)
크기 : 너비(100mm), 높이(20mm), 위치 : 글자처럼 취급, 가운데 정렬

디지털헬스케어전시회

문단 첫 글자 장식 – 모양 : 2줄, 돋움체
면 색 : 색상(RGB:66,199,241), 본문과의 간격 : 3.0mm

사 회 고령화가 급진적으로 진행되고 65세 이상 장애인 인구가 증가하면서 고령인의 건강생활에 귀추가 주목되고 있습니다. 이에 의료서비스 정보를 제공과 함께 고령, 장애인들에게 생활의 편리함과 만족감을 높여주면서 복지용품에 대한 편리성과 관심도를 올리는데 주력하는 전시회를 준비하였습니다. 산업 분야별 정보교류로 복지용품에 대한 _새로운 비즈니스 모델구축 및 역량 강화_ 에 일조하여 국내복지산업 발전에 이바지하겠습니다.

기울임, 밑줄

문자표 → ★ 행사안내 ★

궁서, 가운데 정렬

1. 행사일시 : 2026. 02. 04.(금) 09:00~18:00
2. 행사장소 : COEX 전시장 Hall C(3층, 대서양홀)
3. 행사주제 : *행복한 삶을 실현하는 디지털 홈케어* ← 진하게, 기울임
4. 행사문의 : 디지털헬스케어 사무국(02-3141-1234)

문자표
※ 기타사항
  - 사전등록 : 2026. 01. 28.(수) 18:00까지 온라인(http://www.ihd.or.kr) 신청
  - 유의사항 : 온라인 사전등록을 마치신 참관객은 별도의 등록 절차 없이 등록 데스크에서 간단한 확인 후에 출입증을 수령하여 입장하실 수 있습니다.

왼쪽여백 : 15pt
내어쓰기 : 12pt

2026. 01. 18. ← 14pt, 가운데 정렬

디지털헬스케어전시회 ← 굴림, 23pt, 가운데 정렬

쪽 번호 매기기, I,II,III 순으로, 왼쪽 아래

문제1은 줄 간격 180%로 작성

문제1은 1구역, 문제2는 2구역으로 나누어 답안 작성

- I -

쪽 테두리 : 이중 실선, 머리말 포함

글상자 – 크기 : 너비(80mm), 높이(12mm), 테두리 : 실선(0.5mm), 반원
채우기 : 색상(RGB:227,220,193),위치 : 글자처럼 취급, 가운데 정렬,
글자 모양 : 굴림, 20pt, 진하게, 가운데 정렬

그림A 삽입(바탕화면-KAIT-제출파일폴더)
너비(85mm), 높이(40mm)
위치 : 어울림(가로-쪽의 왼쪽:0.0mm,
세로-쪽의 위:22mm)

DIAT

머리말(중고딕, 9pt, 오른쪽 정렬)

디지털 헬스케어

1. 디지털 헬스케어
(궁서, 12pt, 진하게)

디지털 헬스케어는 개인의 건강과 의료(醫療)에 관한 정보, 시스템, 플랫폼을 다루는 산업 분야로서 건강 관련 서비스와 의료 IT가 융합된 종합 의료서비스이다. 그리고 개인맞춤형 건강관리 서비스를 제공, 휴대형 기기나 클라우드 병원정보시스템 등에서 확보된 생활습관, 의료이용정보, 가상현실(假想現實), 유전체 정보 등의 분석을 바탕으로 제공되는 개인 중심의 건강관리 생태계라고 할 수 있다. 모바일 환경의 진화와 웨어러블 기기, 센서 등 다양한 IoT 디바이스의 개발은 건강 관련 데이터와 생체정보를 실시간으로 획득함으로써 맞춤형 예방, 관리를 실현하는 새로운 헬스케어 패러다임으로 변화를 촉진하고 있다.

2. 디지털 헬스케어의 미래
(궁서, 12pt, 진하게)

미국 시장조사기관인 얼라이드 마켓 리서치에서 발표한 통계(統計)에 따르면, 세계 디지털 헬스케어 산업의 시장규모는 2016년 960억 달러 규모(規模)로 추정되며, 이후 연평균 21.1% 성장률을 보이고, 2020년에는 2,060억 달러 규모까지 확장될 것으로 전망하고 있다. 의료산업과 인공지능(人工知能), 빅데이터, 사물인터넷 등의 ICT 기술의 발전, 모바일 환경의 진화(evolution)와 웨어러블 기기, 센서 등 다양한 IoT(Internet of Things)[a] 디바이스의 개발은 건강 관련 데이터와 생체정보를 실시간으로 획득함으로써 맞춤형 예방, 실현하는 관리를 새로운 헬스케어 패러다임으로 변화를 촉진하고 있다.

각주

─────────────

[a] 여러 사물에 정보통신기술이 융합되어 실시간으로 데이터를 인터넷으로 주고받는 기술을 의미한다.
(맑은 고딕, 9pt)

디지털 헬스케어 주요 기술
(중고딕, 12pt, 진하게, 가운데 정렬)

구분	비율(%)
빅데이터	49.0
인공지능	35.3
사물인터넷	14.8
가상/증강 현실	2.5
로보틱스	1.6
평균	20.64

위쪽 제목 셀 : 색상(RGB:105,155,55), 진하게
제목 셀 아래선 : 실선(0.5mm)
글자 모양 : 돋움, 10pt, 가운데 정렬
평균은 블록 계산식 기능을 이용

차트데이터는 표 내용에서 평균 부분을
제외한 나머지 부분의 값 이용

바탕, 12pt, 진하게

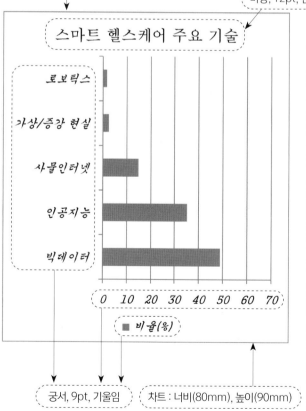

스마트 헬스케어 주요 기술

궁서, 9pt, 기울임   차트 : 너비(80mm), 높이(90mm)

제17회 실전모의고사

▸ 시험과목 : 워드프로세서(한글)
▸ 시험일자 : 20XX. XX. XX.(X)
▸ 응시자 기재사항 및 감독위원 확인

수 검 번 호	DIW - XXXX -	감독위원 확인
성 명		

응시자 유의사항

1. 응시자는 반드시 신분증을 지참하여야 시험에 응시할 수 있으며, 시험이 종료될 때까지 신분증을 제시하지 못할 경우 해당 시험은 0점 처리됩니다.

2. 시스템(PC 작동 여부, 네트워크 상태 등)의 이상 여부를 반드시 확인하여야 하며, 시스템 이상이 있을시 감독위원에게 조치를 받으셔야 합니다.

3. 시험 중 부주의 또는 고의로 시스템을 파손한 경우는 수검자 부담으로 합니다.

4. 답안 전송 프로그램을 통해 다운로드 받은 파일을 이용하여 답안 파일을 작성하시기 바랍니다.

5. 작성한 답안 파일은 답안 전송 프로그램을 통하여 전송됩니다. 감독위원의 지시에 따라 주시기 바랍니다.

6. 다음 사항의 경우 실격(0점) 혹은 부정행위 처리됩니다.

   ❶ 답안 파일을 저장하지 않았거나, 저장한 파일이 손상되었을 경우
   ❷ 답안 파일을 지정된 폴더(바탕화면 – "KAIT" 폴더)에 저장하지 않았을 경우
      ※ 답안 전송 프로그램 로그인 시 바탕화면에 자동 생성됨
   ❸ 답안 파일을 다른 보조기억장치(USB) 혹은 네트워크(메신저, 게시판 등)로 전송할 경우
   ❹ 휴대용 전화기 등 통신기기를 사용할 경우

7. 시험지에 제시된 글꼴이 응시 프로그램에 없는 경우, 반드시 감독위원에게 해당 내용을 통보한 뒤 조치를 받아야 합니다.

8. 시험의 완료는 작성이 완료된 답안을 저장하고, 답안 전송이 완료된 상태를 확인한 것으로 합니다. 답안 전송 확인 후 문제지는 감독관에게 제출한 후 퇴실하여야 합니다.

9. 답안 전송이 완료된 경우에는 수정 또는 정정이 불가능합니다.

10. 시험 시행 후 합격자 발표는 홈페이지(www.ihd.or.kr)에서 확인하시기 바랍니다.

   ❶ 문제 및 모범답안 공개 : 20XX. XX. XX.(X)
   ❷ 합격자 발표 : 20XX. XX. XX.(X)

Korea Association for ICT Promotion
한국정보통신진흥협회 KAIT

【문제】 첨부된 문제를 다음의 조건을 적용하여 문서를 작성하시오.

① 문서는 A4(210mm×297mm) 크기, 세로 용지방향으로 작성한다.

② 페이지 여백은 아래와 같이 설정한다.

왼쪽	오른쪽	위쪽	아래쪽	머리말	꼬리말	제본
20mm	20mm	20mm	20mm	10mm	10mm	0mm

③ 아래와 같이 "자동 글머리 기호 넣기"와 "자동 번호 매기기" 기능을 해제한다.

도구 → 빠른 교정 → 빠른 교정 내용 → 입력 자동 서식 ┌→ 자동 글머리 기호 넣기(해제)
　　　　　　　　　　　　　　　　　　　　　　　　└→ 자동 번호 매기기(해제)

※ 만약 입력 자동 서식 메뉴가 없는 경우에는, "자동 글머리 기호 넣기"와 "자동 번호 매기기" 기능이 설정되어 있지 않은 것이므로 별도의
기능 해제 없이 그대로 시험에 응시하시면 됩니다.

④ 글자는 별도의 지시사항이 없는 한 바탕, 10pt, 양쪽정렬, 줄간격 160%로 작성한다.

⑤ 영문, 숫자 등은 별도의 지시가 없는 한 반각(1byte) 문자를 사용한다.

⑥ 특수문자는 문자표(전각 기호)를 이용하여 작성한다.

⑦ 교정부호 및 화살표로 기재된 지시사항대로 처리하되, ⟨⋯⋯⋯⋯⟩→ 은 지시사항이므로 작성하지 않는다.

⑧ 1페이지에 [문제1]을 작성하고, 구역을 나누어 2페이지에 [문제2]를 작성한다.

※ 해당 페이지에 작성하지 않거나 의도적으로 텍스트 작성을 하지 않은 경우 0점 처리

⑨ [문제2]는 문제지와 같이 2단으로 다단을 나누어 작성한다.

⑩ '그림 삽입' 시에는 반드시 "KAIT 수검프로그램"을 통해 다운로드 한 그림 파일을 사용한다.

⑪ 총점 : 200점

[공통사항1(기본설정, 용지설정)] : 8점, [공통사항2(오탈자)] : 40점
[문제1] : 46점, [문제2] : 106점

⑫ 기타 특별히 지시되어 있지 않은 사항은 문제지에 준하여 작성한다.

2026애완곤충경진대회

농촌진흥청 국립농업과학원에서는 서울시농업기술센터와 함께 2026 애완곤충 경진대회를 개최합니다. 국내 애완곤충산업 활성화와 외연 확대를 촉진하는 국민참여형 축제인 대한민국 애완곤충 경진대회는 "곤충은 내 친구, 우리와 함께 놀자"라는 주제로 다양한 곤충을 체험하고 즐길 수 있도록 전시와 체험의 장으로 열립니다. 곤충에 관심 있는 어린이, 청소년, 시민 등 곤충애호가 여러분들의 많은 관심과 참여 바랍니다.

☆ 행사안내 ☆

1. 행 사 명 : 애완곤충 경진대회
2. 행사일시 : 2026. 01. 11.(토)~2026. 01. 12.(일), 09:00~18:00
3. 행사장소 : SETEC(제1 전시관, 국제회의장)
4. 사전등록 : *2026. 1. 03.(금) 18:00까지*

※ 기타사항

 - 온라인 사전 등록(http://www.ihd.or.kr)
 - 다양한 애완곤충들이 아름다운 자태를 뽐내며 관람객 여러분을 기다리고 있습니다. 참가자의 안전과 원활한 행사 진행을 위해 경진참가자 수는 100명으로 선착순 접수합니다.

2025. 12. 28.

농촌진흥청 국립농업과학원

DIAT

곤충산업

1. 애완곤충의 역사

살아있는 여러 종류의 곤충들은 진귀성이나 교육적인 측면에서 애완동물로 이용되어왔고, 최근 국내에서는 애완곤충을 정서곤충이라고 부르기도 한다. 중국은 황제가 베푼 연회(宴會)에서 반딧불이⊙를 대량으로 방사하여 즐거움을 더 했다고 하며, 조선시대(朝鮮時代) 남사당의 놀이판에서는 관솔불과 반딧불이의 불빛이 잘 어우러져 신비한 느낌을 자아냈다는 기록이 있다. 일본에서 귀뚜라미는 특유의 아름다운 소리를 즐기기 위하여 과거로부터 지금까지 사육되어왔고, 최근에는 장기풍뎅이와 사슴벌레(stag beetle)가 자연관찰 교육의 일환(一環)으로 많이 판매되고 있다. 한국에서도 어린이들이 곤충을 잡는 과정을 놀이로 즐겼는데 풍뎅이 돌리기, 개똥벌레 잡기 등 지역별로 민요(民謠)와 함께 행하던 것이지만 지금은 거의 사라졌다.

2. 놀이 속의 애완곤충

예로부터 곤충은 어린이들뿐 아니라 어른 놀이의 대상이었고, 최근에는 장수풍뎅이, 사슴벌레, 물방개 등을 사육하여 판매하는 등의 곤충 산업이 활성화(vitalization)되고 있다. 중국에서는 곤충 행동을 모방(模倣)한 놀이의 한 형태로서 사마귀가 먹이를 잡는 동작을 본떠 만든 당랑권도 있다. 중국에서 고대로부터 귀뚜라미를 싸움시켜 도박을 즐겼는데 1949년 이후 공산화 드물어지고 문화혁명 이후에 금지되었으나, 최근 북경에는 귀뚜라미싸움협회가 생겨났을 정도로 활기를 띠고 있다.

곤충산업 시장규모(억원)

구분	2025	2026
천적	440	650
식용	121	330
애완	990	1573
약용	450	510
합계	2,001	3,063

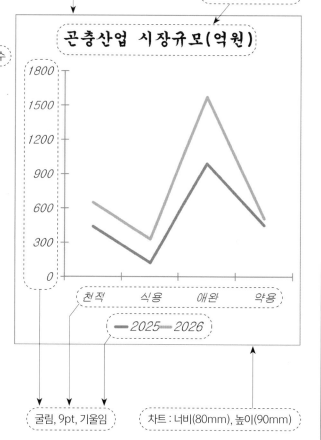

곤충산업 시장규모(억원)

천적 식용 애완 약용

— 2025 — 2026

⊙ 고사성어인 형설지공은 반딧불이와 눈빛으로 글을 읽어가며 공을 쌓는다는 의미를 가진다.

제18회 실전모의고사

▸ 시험과목 : 워드프로세서(한글)
▸ 시험일자 : 20XX. XX. XX.(X)
▸ 응시자 기재사항 및 감독위원 확인

수 검 번 호	DIW - XXXX -	감독위원 확인
성 명		

응시자 유의사항

1. 응시자는 반드시 신분증을 지참하여야 시험에 응시할 수 있으며, 시험이 종료될 때까지 신분증을 제시하지 못할 경우 해당 시험은 0점 처리됩니다.

2. 시스템(PC 작동 여부, 네트워크 상태 등)의 이상 여부를 반드시 확인하여야 하며, 시스템 이상이 있을시 감독위원에게 조치를 받으셔야 합니다.

3. 시험 중 부주의 또는 고의로 시스템을 파손한 경우는 수검자 부담으로 합니다.

4. 답안 전송 프로그램을 통해 다운로드 받은 파일을 이용하여 답안 파일을 작성하시기 바랍니다.

5. 작성한 답안 파일은 답안 전송 프로그램을 통하여 전송됩니다. 감독위원의 지시에 따라 주시기 바랍니다.

6. 다음 사항의 경우 실격(0점) 혹은 부정행위 처리됩니다.

    ❶ 답안 파일을 저장하지 않았거나, 저장한 파일이 손상되었을 경우

    ❷ 답안 파일을 지정된 폴더(바탕화면 – "KAIT" 폴더)에 저장하지 않았을 경우

    ※ 답안 전송 프로그램 로그인 시 바탕화면에 자동 생성됨

    ❸ 답안 파일을 다른 보조기억장치(USB) 혹은 네트워크(메신저, 게시판 등)로 전송할 경우

    ❹ 휴대용 전화기 등 통신기기를 사용할 경우

7. 시험지에 제시된 글꼴이 응시 프로그램에 없는 경우, 반드시 감독위원에게 해당 내용을 통보한 뒤 조치를 받아야 합니다.

8. 시험의 완료는 작성이 완료된 답안을 저장하고, 답안 전송이 완료된 상태를 확인한 것으로 합니다. 답안 전송 확인 후 문제지는 감독관에게 제출한 후 퇴실하여야 합니다.

9. 답안 전송이 완료된 경우에는 수정 또는 정정이 불가능합니다.

10. 시험 시행 후 합격자 발표는 홈페이지(www.ihd.or.kr)에서 확인하시기 바랍니다.

    ❶ 문제 및 모범답안 공개 : 20XX. XX. XX.(X)

    ❷ 합격자 발표 : 20XX. XX. XX.(X)

【문제】 첨부된 문제를 다음의 조건을 적용하여 문서를 작성하시오.

① 문서는 A4(210mm×297mm) 크기, 세로 용지방향으로 작성한다.

② 페이지 여백은 아래와 같이 설정한다.

왼쪽	오른쪽	위쪽	아래쪽	머리말	꼬리말	제본
20mm	20mm	20mm	20mm	10mm	10mm	0mm

③ 아래와 같이 "자동 글머리 기호 넣기"와 "자동 번호 매기기" 기능을 해제한다.

도구 → 빠른 교정 → 빠른 교정 내용 → 입력 자동 서식 ┬→ 자동 글머리 기호 넣기(해제)
　　　　　　　　　　　　　　　　　　　　　　　　　　　└→ 자동 번호 매기기(해제)

※ 만약 입력 자동 서식 메뉴가 없는 경우에는, "자동 글머리 기호 넣기"와 "자동 번호 매기기" 기능이 설정되어 있지 않은 것이므로 별도의 기능 해제 없이 그대로 시험에 응시하시면 됩니다.

④ 글자는 별도의 지시사항이 없는 한 **바탕**, 10pt, 양쪽정렬, 줄간격 160%로 작성한다.

⑤ 영문, 숫자 등은 별도의 지시가 없는 한 반각(1byte) 문자를 사용한다.

⑥ 특수문자는 문자표(전각 기호)를 이용하여 작성한다.

⑦ 교정부호 및 화살표로 기재된 지시사항대로 처리하되, ⸛⸛⸛⸛→ 은 지시사항이므로 작성하지 않는다.

⑧ 1페이지에 [문제1]을 작성하고, 구역을 나누어 2페이지에 [문제2]를 작성한다.

※ 해당 페이지에 작성하지 않거나 의도적으로 텍스트 작성을 하지 않은 경우 0점 처리

⑨ [문제2]는 문제지와 같이 2단으로 다단을 나누어 작성한다.

⑩ '그림 삽입' 시에는 반드시 "KAIT 수검프로그램"을 통해 다운로드 한 그림 파일을 사용한다.

⑪ 총점 : 200점

[공통사항1(기본설정, 용지설정)] : 8점, [공통사항2(오탈자)] : 40점
[문제1] : 46점, [문제2] : 106점

⑫ 기타 특별히 지시되어 있지 않은 사항은 문제지에 준하여 작성한다.

글맵시 – 굴림, 채우기 : 색상(RGB:235,88,0)
크기 : 너비(90mm), 높이(20mm), 위치 : 글자처럼 취급, 가운데 정렬

DIAT

저탄소아이디어공모전

문단 첫 글자 장식 – 모양 : 2줄, 굴림
면 색 : 색상(RGB:155,229,200), 본문과의 간격 : 3.0mm

진하게, 기울임

지 구 온난화로 지난 100년 동안 지구의 평균 기온은 0.74도 상승하였지만, *우리나라는 이보다 훨씬 높은 1.7도나 상승하였으며, 강수량도 19%나 증가*하였습니다. 환경부에서는 기후변화 대응 및 온실가스 감축을 위한 저탄소 범국민 실천운동을 전개하고 있습니다. 이와 관련하여 '저탄소 아이디어 공모전'을 아래와 같이 추진함을 안내하오니 미래세대의 주역인 학생들이 공모전에 참여하여 기후변화를 인지하고 저탄소 생활을 실천할 수 있도록 많은 홍보 부탁드립니다.

문자표 ■ 공모안내 ■

굴림, 가운데 정렬

1. 행 사 명 : 저탄소 아이디어 공모전
2. 응모주제 : 일상, 여행, 소비, 명절에 실천할 수 있는 저탄소 생활
3. 응모자격 : *환경에 관심이 있는 누구나(개인, 단체 모두 참여 가능)*   기울임, 밑줄
4. 접수 및 문의처 : 공모전 사무국(sos@ihd.or.kr 또는 02-123-4567)

문자표

※ 기타사항

– 응모방법 : 참가신청 사이트(http://www.ihd.or.kr)를 이용한 온라인 접수
– 심사방법 : 1차와 2차 심사를 실시하여 심사위원별 점수를 합산하여 고득점 순으로 선정. 만일 동점일 경우 주제 적합성을 중점 검토해 선정(1차와 2차 심사위원은 다름)

왼쪽여백 : 10pt
내어쓰기 : 13pt

2026. 11. 30.   11pt, 가운데 정렬

탄소중립 정책 연구회   궁서, 20pt, 가운데 정렬

쪽 번호 매기기, ①,②,③ 순으로,
왼쪽 아래

문제1은 줄 간격 180%로 작성

문제1은 1구역, 문제2는 2구역으로 나누어 답안 작성

- ① -

DIAT

탄소성적표시제와 포인트제

1. 탄소성적표시제

2006년 옥스퍼드 영어사전에 탄소발자국(carbon footprint)이라는 말이 처음 올라왔고, 우리나라에서는 탄소성적표시라고 부르고 있다. 환경부에서 시행하는 탄소성적표시제도는 일상 생활용품(生活用品), 가정용 전기기기 등 모든 제품의 탄소 (매)출량 정보를 공개하고 저탄소 상품의 인증을 통 (배)하여 지구온난화 대응을 위한 저탄소 녹색생산과 녹색소비를 촉구하도록 하는 제도이다. 즉, 탄소성적표시는 제품의 생산, 수송, 사용, 폐기(廢棄) 등의 모든 과정에서 발생되는 온실가스 발생량을 이산화탄소 배출량으로 환산하여 라벨 형태로 제품에 부착하는 것을 말한다.

2. 탄소포인트제

우리나라 온실가스 배출량의 40%가 가정, 상업 등 비 산업부문에서 배출되고 있기 때문에 저탄소 녹색생활이 중요해 지고 있다. 탄소포인트제는 가정과 상업시설에서 전기, 수도, 도시가스 등의 사용량을 절감해 온실가스 감축에 참여하면 그 실적에 따라 탄소포인트를 발급받고, 이에 상응하는 인센티브를 지자체로부터 제공받는 기후변화 대응(對應) 활동이다. 2008년 하반기부터 시범적으로 환경부에서 운영하다가 2009년부터 전국(全國) 지자체로 확대하였다. 탄소포인트제는 10g의 이산화탄소 감축을 1포인트로 계산하고 탄소포인트제 참여자에게 제공되는 인센티브[1]는 현금 또는 교통카드, 상품권, 탄소 캐시백, 종량제 쓰레기 봉투, 공공시설 이용 바우처(voucher) 중에서 선택하여 지급받을 수 있다.

공모전 참가 현황

횟수	초등학생	중고등학생
6회	23	32
7회	20	40
8회	48	60
9회	48	58
평균	34.75	47.50

공모전 참가 현황

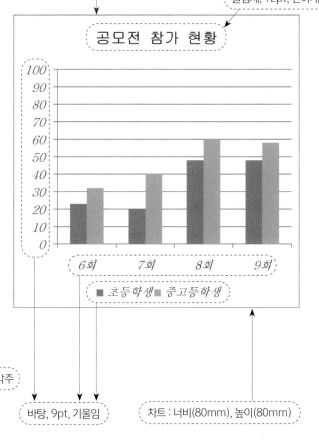

■ 초등학생 ■ 중고등학생

---

1) 어떤 행동에 의욕을 북돋기 위해 주는 자극

- ② -

DIAT 워드프로세서 **205** 제18회 실전모의고사

제19회 실전모의고사

‣ 시험과목 : 워드프로세서(한글)
‣ 시험일자 : 20XX. XX. XX.(X)
‣ 응시자 기재사항 및 감독위원 확인

수 검 번 호	DIW - XXXX -	감독위원 확인
성 명		

응시자 유의사항

1. 응시자는 반드시 신분증을 지참하여야 시험에 응시할 수 있으며, 시험이 종료될 때까지 신분증을 제시하지 못할 경우 해당 시험은 0점 처리됩니다.

2. 시스템(PC 작동 여부, 네트워크 상태 등)의 이상 여부를 반드시 확인하여야 하며, 시스템 이상이 있을시 감독위원에게 조치를 받으셔야 합니다.

3. 시험 중 부주의 또는 고의로 시스템을 파손한 경우는 수검자 부담으로 합니다.

4. 답안 전송 프로그램을 통해 다운로드 받은 파일을 이용하여 답안 파일을 작성하시기 바랍니다.

5. 작성한 답안 파일은 답안 전송 프로그램을 통하여 전송됩니다. 감독위원의 지시에 따라 주시기 바랍니다.

6. 다음 사항의 경우 실격(0점) 혹은 부정행위 처리됩니다.

   ❶ 답안 파일을 저장하지 않았거나, 저장한 파일이 손상되었을 경우
   ❷ 답안 파일을 지정된 폴더(바탕화면 – "KAIT" 폴더)에 저장하지 않았을 경우
      ※ 답안 전송 프로그램 로그인 시 바탕화면에 자동 생성됨
   ❸ 답안 파일을 다른 보조기억장치(USB) 혹은 네트워크(메신저, 게시판 등)로 전송할 경우
   ❹ 휴대용 전화기 등 통신기기를 사용할 경우

7. 시험지에 제시된 글꼴이 응시 프로그램에 없는 경우, 반드시 감독위원에게 해당 내용을 통보한 뒤 조치를 받아야 합니다.

8. 시험의 완료는 작성이 완료된 답안을 저장하고, 답안 전송이 완료된 상태를 확인한 것으로 합니다. 답안 전송 확인 후 문제지는 감독관에게 제출한 후 퇴실하여야 합니다.

9. 답안 전송이 완료된 경우에는 수정 또는 정정이 불가능합니다.

10. 시험 시행 후 합격자 발표는 홈페이지(www.ihd.or.kr)에서 확인하시기 바랍니다.

   ❶ 문제 및 모범답안 공개 : 20XX. XX. XX.(X)
   ❷ 합격자 발표 : 20XX. XX. XX.(X)

Korea Association for ICT Promotion
한국정보통신진흥협회 KAIT

【문제】 **첨부된 문제를 다음의 조건을 적용하여 문서를 작성하시오.**

① 문서는 A4(210mm×297mm) 크기, 세로 용지방향으로 작성한다.

② 페이지 여백은 아래와 같이 설정한다.

왼쪽	오른쪽	위쪽	아래쪽	머리말	꼬리말	제본
20mm	20mm	20mm	20mm	10mm	10mm	0mm

③ 아래와 같이 "자동 글머리 기호 넣기"와 "자동 번호 매기기" 기능을 해제한다.

도구 → 빠른 교정 → 빠른 교정 내용 → 입력 자동 서식 ⌐→ 자동 글머리 기호 넣기(해제)
　　　　　　　　　　　　　　　　　　　　　　　　└→ 자동 번호 매기기(해제)

※ 만약 입력 자동 서식 메뉴가 없는 경우에는, "자동 글머리 기호 넣기"와 "자동 번호 매기기" 기능이 설정되어 있지 않은 것이므로 별도의 기능 해제 없이 그대로 시험에 응시하시면 됩니다.

④ 글자는 별도의 지시사항이 없는 한 **바탕**, 10pt, 양쪽정렬, 줄간격 160%로 작성한다.

⑤ 영문, 숫자 등은 별도의 지시가 없는 한 반각(1byte) 문자를 사용한다.

⑥ 특수문자는 문자표(전각 기호)를 이용하여 작성한다.

⑦ 교정부호 및 화살표로 기재된 지시사항대로 처리하되, ⟨⋯⋯⟩→ 은 지시사항이므로 작성하지 않는다.

⑧ 1페이지에 [문제1]을 작성하고, 구역을 나누어 2페이지에 [문제2]를 작성한다.

※ 해당 페이지에 작성하지 않거나 의도적으로 텍스트 작성을 하지 않은 경우 0점 처리

⑨ [문제2]는 문제지와 같이 2단으로 다단을 나누어 작성한다.

⑩ '그림 삽입' 시에는 반드시 "KAIT 수검프로그램"을 통해 다운로드 한 그림 파일을 사용한다.

⑪ 총점 : 200점

[공통사항1(기본설정, 용지설정)] : 8점, [공통사항2(오탈자)] : 40점
[문제1] : 46점, [문제2] : 106점

⑫ 기타 특별히 지시되어 있지 않은 사항은 문제지에 준하여 작성한다.

머리말(궁서, 9pt, 오른쪽 정렬)
DIAT

글맵시 – 중고딕, 채우기 : 색상(RGB:49,95,151)
크기 : 너비(110mm), 높이(20mm), 위치 : 글자처럼 취급, 가운데 정렬

한국과학특별전시회안내

진하게, 기울임

문단 첫 글자 장식 – 모양 : 2줄, 맑은 고딕
면 색 : 색상(RGB:255,231,216), 본문과의 간격 : 3.0mm

우리나라가 전쟁의 폐허 속, 천연자원이 부족함에도 *반세기 만에 고속성장을 이룰 수 있었던 저력은 바로 과학기술*이었습니다. 2000년부터는 첨단 기술 분야에 박차를 가하여 마침내 조선 산업, 철강 산업, 플랜트 산업뿐 아니라 통신 및 반도체, 디스플레이 등 첨단산업에서도 세계의 선도자가 되었습니다. 이에 미래 과학한국에 대한 비전을 심어주기 위해 특별전을 다음과 같이 개최하오니 학생들에게 안내하여 주시기 바랍니다.

문자표 ➤ ♣ 전시안내 ♣

궁서, 가운데 정렬

1. 전시명 : 한국과학, 끝없는 도전
2. 기   간 : 1월 1주부터 8주간(단, 매주 월요일과 설날은 휴관)
3. 장   소 : *국립중앙과학관 미래기술관 3층 특별전시실* ← 기울임, 밑줄
4. 주   최 : 과학기술정보통신부

문자표

※ 기타사항

- – 과학 한국, 끝없는 도전 특별전에서는 선배 과학자들이 직면했던 도전 과제, 이를 극복해냈던 응전의 발자취, 무에서 유를 창조해 낸 성공의 기록을 보여주고 있습니다.
- – 제3전시장에는 '한국에서 가장 정확한 시계 KRISS-1을 찾아 봐요'라는 미션이 있습니다.

왼쪽여백 : 10pt
내어쓰기 : 10pt

2026. 09. 26. ← 11pt, 가운데 정렬

과학기술정보통신부

굴림, 20pt, 가운데 정렬

문제1은 줄 간격 180%로 작성

문제1은 1구역, 문제2는 2구역으로 나누어 답안 작성

쪽 번호 매기기, 一,二,三 순으로, 가운데 아래

쪽 테두리 : 이중 실선, 머리말 포함

글상자 – 크기 : 너비(70mm), 높이(12mm), 테두리 : 이중 실선(1.00mm), 반원
채우기 : 색상(RGB:233,174,43), 위치 : 글자처럼 취급, 가운데 정렬
글자 모양 : 돋움체, 15pt, 진하게, 가운데 정렬

그림A 삽입(바탕화면-KAIT-제출파일폴더)
너비(85mm), 높이(40mm)
위치 : 어울림(가로-쪽의 왼쪽:0.0mm,
세로-쪽의 위:22mm)

DIAT

머리말(궁서, 9pt, 오른쪽 정렬)

조선 산업과 플랜트 산업

돋움, 12pt, 진하게, 가운데 정렬

1. 조선 산업

돋움체, 12pt, 진하게

조선 산업은 쉽게 말하여 배를 만드는 산업으로 해운업, 수산업, 군수산업 등에 사용되는 각종 선박을 건조하는 종합 조립 산업으로 철강(鐵鋼), 기계, 전기, 전자, 화학(化學) 등 관련 산업에 대한 파급효과가 크다. 또한 선박의 건조공정이 매우 복잡하고 자동화에도 한계가 있기 때문에 적정한 규모의 기능 인력의 확보가 불가피한 노동집약적 산업이면서 고도의 생산기술을 필요로 하는 기술집약적 산업이다. 그리고 드라이 독(Dry Dock)Ⓐ, 크레인 등의 대형 설비가 필수적이므로 막대한 시설자금과 장기간의 선박건조에 소요되는 운영자금이 있어야하는 자본집약적 산업이기도 하다.

각주

2. 플랜트 산업

돋움체, 12pt, 진하게

물질의 에너지를 얻기 위해 원료나 에너지를 수급하여 물리적이고 화학적 작용을 하는 장치나 공장, 혹은 생산시설(生産施設)을 일컬어 플랜트라고 한다. 플랜트는 인류가 현대(現代) 사회를 살아가는 데 필요한 대부분의 에너지를 만들어내는 기반산업으로 공업화와 세계적인 자원 개발에 맞물려 급속히 발전해 왔다. 플랜트 산업은 고도의 제작기술뿐만 아니라 엔지니어링, 컨설팅, 파이낸싱(Financing) 등 지식 서비스를 필요로 하는 기술집약적 산업으로서 제품을 제조하기 위한 기계(機械), 장비 등의 하드웨어와 하드웨어의 설치에 필요한 설계 및 엔지니어링 등의 소프트웨어 그리고 건설시공, 유지보수가 포함된 종합산업으로 차세대 성장 주력산업이다.

Ⓐ 배를 건조 또는 수리하기 위해 건설한 설비

맑은 고딕, 9pt

돋움, 12pt, 진하게, 가운데 정렬

주요 수출산업 비교

구분	2025년(억$)	2026년(억$)
자동차	489	352
반도체	328	314
철강	289	231
플랜트	362	463
합계	1,468	1,360

위쪽 제목 셀 : 색상(RGB:105,155,55), 진하게
제목 셀 아래선 : 이중 실선(0.5mm)
글자 모양 : 바탕체, 10pt, 가운데 정렬
합계는 블록 계산식 기능을 이용

차트데이터는 표 내용에서 합계 부분을 제외한 나머지 부분의 값 이용

궁서체, 13pt, 진하게

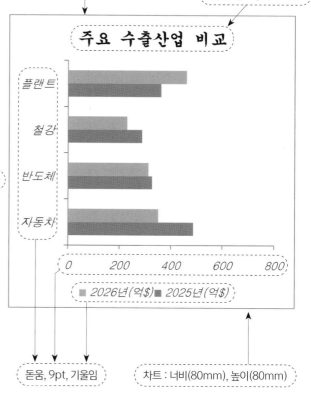

주요 수출산업 비교

돋움, 9pt, 기울임

차트 : 너비(80mm), 높이(80mm)

쪽 번호 매기기, 一,二,三 순으로, 가운데 아래

- 二 -

제20회 실전모의고사

‣ 시험과목 : 워드프로세서(한글)
‣ 시험일자 : 20XX. XX. XX.(X)
‣ 응시자 기재사항 및 감독위원 확인

수 검 번 호	DIW - XXXX -	감독위원 확인
성 명		

응시자 유의사항

1. 응시자는 반드시 신분증을 지참하여야 시험에 응시할 수 있으며, 시험이 종료될 때까지 신분증을 제시하지 못할 경우 해당 시험은 0점 처리됩니다.

2. 시스템(PC 작동 여부, 네트워크 상태 등)의 이상 여부를 반드시 확인하여야 하며, 시스템 이상이 있을시 감독위원에게 조치를 받으셔야 합니다.

3. 시험 중 부주의 또는 고의로 시스템을 파손한 경우는 수검자 부담으로 합니다.

4. 답안 전송 프로그램을 통해 다운로드 받은 파일을 이용하여 답안 파일을 작성하시기 바랍니다.

5. 작성한 답안 파일은 답안 전송 프로그램을 통하여 전송됩니다. 감독위원의 지시에 따라 주시기 바랍니다.

6. 다음 사항의 경우 실격(0점) 혹은 부정행위 처리됩니다.

   ❶ 답안 파일을 저장하지 않았거나, 저장한 파일이 손상되었을 경우
   ❷ 답안 파일을 지정된 폴더(바탕화면 – "KAIT" 폴더)에 저장하지 않았을 경우
     ※ 답안 전송 프로그램 로그인 시 바탕화면에 자동 생성됨
   ❸ 답안 파일을 다른 보조기억장치(USB) 혹은 네트워크(메신저, 게시판 등)로 전송할 경우
   ❹ 휴대용 전화기 등 통신기기를 사용할 경우

7. 시험지에 제시된 글꼴이 응시 프로그램에 없는 경우, 반드시 감독위원에게 해당 내용을 통보한 뒤 조치를 받아야 합니다.

8. 시험의 완료는 작성이 완료된 답안을 저장하고, 답안 전송이 완료된 상태를 확인한 것으로 합니다. 답안 전송 확인 후 문제지는 감독관에게 제출한 후 퇴실하여야 합니다.

9. 답안 전송이 완료된 경우에는 수정 또는 정정이 불가능합니다.

10. 시험 시행 후 합격자 발표는 홈페이지(www.ihd.or.kr)에서 확인하시기 바랍니다.

    ❶ 문제 및 모범답안 공개 : 20XX. XX. XX.(X)
    ❷ 합격자 발표 : 20XX. XX. XX.(X)

Korea Association for ICT Promotion
한국정보통신진흥협회 KAIT

【문제】 **첨부된 문제를 다음의 조건을 적용하여 문서를 작성하시오.**

① 문서는 A4(210mm×297mm) 크기, 세로 용지방향으로 작성한다.

② 페이지 여백은 아래와 같이 설정한다.

왼쪽	오른쪽	위쪽	아래쪽	머리말	꼬리말	제본
20mm	20mm	20mm	20mm	10mm	10mm	0mm

③ 아래와 같이 "자동 글머리 기호 넣기"와 "자동 번호 매기기" 기능을 해제한다.

도구 → 빠른 교정 → 빠른 교정 내용 → 입력 자동 서식 ⌠→ 자동 글머리 기호 넣기(해제)
⌡→ 자동 번호 매기기(해제)

※ 만약 입력 자동 서식 메뉴가 없는 경우에는, "자동 글머리 기호 넣기"와 "자동 번호 매기기" 기능이 설정되어 있지 않은 것이므로 별도의
기능 해제 없이 그대로 시험에 응시하시면 됩니다.

④ 글자는 별도의 지시사항이 없는 한 바탕, 10pt, 양쪽정렬, 줄간격 160%로 작성한다.

⑤ 영문, 숫자 등은 별도의 지시가 없는 한 반각(1byte) 문자를 사용한다.

⑥ 특수문자는 문자표(전각 기호)를 이용하여 작성한다.

⑦ 교정부호 및 화살표로 기재된 지시사항대로 처리하되, ⸌⸍→ 은 지시사항이므로 작성하지 않는다.

⑧ 1페이지에 [문제1]을 작성하고, 구역을 나누어 2페이지에 [문제2]를 작성한다.

※ 해당 페이지에 작성하지 않거나 의도적으로 텍스트 작성을 하지 않은 경우 0점 처리

⑨ [문제2]는 문제지와 같이 2단으로 다단을 나누어 작성한다.

⑩ '그림 삽입' 시에는 반드시 "KAIT 수검프로그램"을 통해 다운로드 한 그림 파일을 사용한다.

⑪ 총점 : 200점

[공통사항1(기본설정, 용지설정)] : 8점, [공통사항2(오탈자)] : 40점
[문제1] : 46점, [문제2] : 106점

⑫ 기타 특별히 지시되어 있지 않은 사항은 문제지에 준하여 작성한다.

제76회 프랜차이즈창업박람회

창 업한다고 해서 100% 성공하는 업종이나 브랜드는 없기 때문에 사전에 꼼꼼한 시장조사를 통해 업종을 선택하는 자세가 필요합니다. **전문가와 실질적인 상담을 통해** 자신에게 맞는 업종 및 브랜드를 선택해야 하는데, 그 해답은 국내 프랜차이즈 업계와 같이 성장해 온 프랜차이즈 창업 박람회입니다. 원하는 프랜차이즈 본사와 실질적인 상담은 물론 최신 트렌드를 직접 눈으로 보고 느끼며 비교분석할 수 있는 현장에서 여러분의 해답을 찾아보세요.

▶ 행사안내 ◀

1. 행 사 명 : 프랜차이즈 창업 박람회
2. 행사일시 : 2026.08.12(수)~2026.08.16(일), 10:00~18:00
3. 행사장소 : 코엑스 컨퍼런스센터 3층
4. 사전등록 : 2026.08.11(화) 18:00까지 *온라인 사전 등록(http://www.ihd.or.kr)*

※ 기타사항

- 세미나 : 가맹점주 보호를 위한 가맹사업법, 롱런하는 창업 아이템 찾기, 나만의 브랜딩 전략 등
- 사전등록하신 관람객 중에서 선착순으로 스마트폰 링홀더를 증정하며, 입장번호를 추첨하여 다양한 상품(블루투스 이어폰, 보조 배터리, 충전 케이블 등)을 증정합니다.

2026. 07. 25.

한국프랜차이즈산업협회

쪽 대두리 : 이중 실선, 머리말 포함

글상자 - 크기 : 너비(60mm), 높이(12mm), 테두리 : 이중 실선(1.00mm), 둥근 모양
채우기 : 색상(RGB:155,229,200), 위치 : 글자처럼 취급, 가운데 정렬
글자 모양 : 궁서, 20pt, 가운데 정렬

그림B 삽입(바탕화면-KAIT-제출파일폴더)
너비(82mm), 높이(40mm)
위치 : 어울림(가로-쪽의 왼쪽:0.0mm,
세로-쪽의 위:23mm)

머리말(바탕, 9pt, 오른쪽 정렬)

중고딕, 12pt, 진하게, 가운데 정렬

프랜차이즈

1. 프랜차이즈
중고딕, 12pt, 진하게

각주

프랜차이즈 본사가 가맹점에 자기의 상표, 상호, 서비스표⊙, 휘장(徽章) 등을 사용하여 자기와 동일한 이미지로 상품 판매, 용역 제공 등 일정한 영업 활동을 하도록 한다. 프랜차이즈 체인 사업(가맹사업)이란 일반적으로 체인점을 일컫는다. 프랜차이즈는 본사와 가맹점이 협력(cooperation)하는 형태를 가지므로 계약조건 안에서만 간섭이 성립된다. 프랜차이즈는 대자본이 투입되는 사업이 아니라 소규모 자본만으로 운영할 사업을 수 있는 오늘날 각광(脚光)을 받는 첨단마케팅의 하나이다.

2. 가맹거래사
중고딕, 12pt, 진하게

가맹사업거래 공정화에 관한 법률에 근거하며 가맹사업을 희망하는 사람들에게 가맹사업과 관련된 전반적 안내 및 법률 서비스를 제공하기 위해 도입되었다. 시험에 합격한 후 일정 기간의 실무 연수를 마치면 공정거래위원회에 등록한 후 활동할 수 있고, 공정거래위원회 산하(傘下) 사단법인인 대한가맹거래사협회를 중심으로 활동한다. 주요 업무는 가맹사업의 사업성 검토, 가맹사업당사자에 대한 교육 및 훈련, 정보공개서와 가맹계약서의 작성 및 수정에 관한 상담이나 자문, 분쟁조정신청대행, 정보공개서 등록신청대행 등 가맹사업 전반에 대한 경영 및 법률 서비스를 제공한다. 그리고 특허(特許) 및 상표 등 지식재산권과 계약법, 부동산, 마케팅, 세무, 노무(勞務) 등 여러 분야의 전문성(expertise)을 요구한다.

중고딕, 12pt, 진하게, 가운데 정렬

가맹거래사 합격 통계(단위:명)

연도	응시자	합격자
2022년	279	126
2023년	295	102
2014년	318	97
2025년	300	105
평균	298.00	107.50

위쪽 제목 셀: 색상(RGB:227,220,193), 진하게
제목 셀 아래선: 이중 실선(0.5mm)
글자 모양 : 굴림, 10pt, 가운데 정렬
평균은 블록 계산식 기능을 이용

차트데이터는 표 내용에서 평균 부분을 제외한 나머지 부분의 값 이용

돋움, 13pt, 진하게

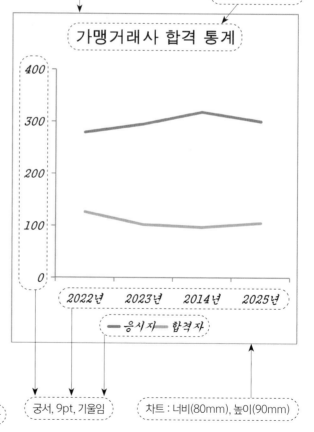

궁서, 9pt, 기울임

차트 : 너비(80mm), 높이(90mm)

⊙ 금융, 통신, 운송, 요식, 의료 같은 서비스업(용역)의 특징을 대변해주는 식별표지를 의미한다.
굴림체, 9pt

쪽 번호 매기기, A,B,C 순으로, 가운데 아래

- B -

PART 03

최신 기출문제

 최신기출문제를 통해 시험을 완벽하게 대비할 수 있습니다.

제01회 최신기출문제

▸ 시험과목 : 워드프로세서(한글)
▸ 시험일자 : 20XX. XX. XX.(X)
▸ 응시자 기재사항 및 감독위원 확인

수 검 번 호	DIW - XXXX -	감독위원 확인
성 명		

응시자 유의사항

1. 응시자는 반드시 신분증을 지참하여야 시험에 응시할 수 있으며, 시험이 종료될 때까지 신분증을 제시하지 못할 경우 해당 시험은 0점 처리됩니다.

2. 시스템(PC 작동 여부, 네트워크 상태 등)의 이상 여부를 반드시 확인하여야 하며, 시스템 이상이 있을시 감독위원에게 조치를 받으셔야 합니다.

3. 시험 중 부주의 또는 고의로 시스템을 파손한 경우는 수검자 부담으로 합니다.

4. 답안 전송 프로그램을 통해 다운로드 받은 파일을 이용하여 답안 파일을 작성하시기 바랍니다.

5. 작성한 답안 파일은 답안 전송 프로그램을 통하여 전송됩니다. 감독위원의 지시에 따라 주시기 바랍니다.

6. 다음 사항의 경우 실격(0점) 혹은 부정행위 처리됩니다.

   ❶ 답안 파일을 저장하지 않았거나, 저장한 파일이 손상되었을 경우
   ❷ 답안 파일을 지정된 폴더(바탕화면 – "KAIT" 폴더)에 저장하지 않았을 경우
      ※ 답안 전송 프로그램 로그인 시 바탕화면에 자동 생성됨
   ❸ 답안 파일을 다른 보조기억장치(USB) 혹은 네트워크(메신저, 게시판 등)로 전송할 경우
   ❹ 휴대용 전화기 등 통신기기를 사용할 경우

7. 시험지에 제시된 글꼴이 응시 프로그램에 없는 경우, 반드시 감독위원에게 해당 내용을 통보한 뒤 조치를 받아야 합니다.

8. 시험의 완료는 작성이 완료된 답안을 저장하고, 답안 전송이 완료된 상태를 확인한 것으로 합니다. 답안 전송 확인 후 문제지는 감독관에게 제출한 후 퇴실하여야 합니다.

9. 답안 전송이 완료된 경우에는 수정 또는 정정이 불가능합니다.

10. 시험 시행 후 합격자 발표는 홈페이지(www.ihd.or.kr)에서 확인하시기 바랍니다.

    ❶ 문제 및 모범답안 공개 : 20XX. XX. XX.(X)
    ❷ 합격자 발표 : 20XX. XX. XX.(X)

Korea Association for ICT Promotion
한국정보통신진흥협회 KAIT

【문제】 첨부된 문제를 다음의 조건을 적용하여 문서를 작성하시오.

① 문서는 A4(210mm×297mm) 크기, 세로 용지방향으로 작성한다.

② 페이지 여백은 아래와 같이 설정한다.

왼쪽	오른쪽	위쪽	아래쪽	머리말	꼬리말	제본
20mm	20mm	20mm	20mm	10mm	10mm	0mm

③ 아래와 같이 "자동 글머리 기호 넣기"와 "자동 번호 매기기" 기능을 해제한다.

> 도구 → 빠른 교정 → 빠른 교정 내용 → 입력 자동 서식 ┌→ 자동 글머리 기호 넣기(해제)
> └→ 자동 번호 매기기(해제)

※ 만약 입력 자동 서식 메뉴가 없는 경우에는, "자동 글머리 기호 넣기"와 "자동 번호 매기기" 기능이 설정되어 있지 않은 것이므로 별도의 기능 해제 없이 그대로 시험에 응시하시면 됩니다.

④ 글자는 별도의 지시사항이 없는 한 바탕, 10pt, 양쪽정렬, 줄간격 160%로 작성한다.

⑤ 영문, 숫자 등은 별도의 지시가 없는 한 반각(1byte) 문자를 사용한다.

⑥ 특수문자는 문자표(전각 기호)를 이용하여 작성한다.

⑦ 교정부호 및 화살표로 기재된 지시사항대로 처리하되, ⟨⋯⋯⟩→ 은 지시사항이므로 작성하지 않는다.

⑧ 1페이지에 [문제1]을 작성하고, 구역을 나누어 2페이지에 [문제2]를 작성한다.

※ 해당 페이지에 작성하지 않거나 의도적으로 텍스트 작성을 하지 않은 경우 0점 처리

⑨ [문제2]는 문제지와 같이 2단으로 다단을 나누어 작성한다.

⑩ '그림 삽입' 시에는 반드시 "KAIT 수검프로그램"을 통해 다운로드 한 그림 파일을 사용한다.

⑪ 총점 : 200점

[공통사항1(기본설정, 용지설정)] : 8점, [공통사항2(오탈자)] : 40점
[문제1] : 46점, [문제2] : 106점

⑫ 기타 특별히 지시되어 있지 않은 사항은 문제지에 준하여 작성한다.

항공우주체험박람회

한 국 최초 우주발사체인 나로호가 성공적으로 발사되고, 중국이 달 탐사 위성을 발사하는 등 국제적으로는 물론 우리나라에서도 *항공 및 우주산업*에 대한 관심이 높아지고 있습니다. 미래의 항공 우주산업발전 동력을 마련하기 위해 항공 우주산업에 대한 관심 및 인재 육성이 필요한 시점입니다. 이와 관련하여 아래와 같이 "항공우주체험 박람회"를 개최하고자 합니다. 전시회, 체험관, 연구관과 다양한 부대행사를 마련하고 있어서 미래 과학자를 꿈꾸는 학생들에게도 좋은 경험이 될 수 있을 것입니다.

☆ 참가 안내 ☆

1. 행 사 명 : 항공우주체험 박람회
2. 주   최 : 대한항공우주협회
3. 장   소 : 서울시 강남구 한국전시회관 3층 대서양홀
4. 개최기간 : *2026년 5월 4일(목) ~ 5월 7일(일) / 08:30 ~ 18:00*

※ 기타사항
- 인터넷 사이트(http://www.kuniverse.or.kr)에서 사전예약을 하시면 10% 할인된 가격으로 예매가 가능합니다.
- 박람회 문의 콜센터 : 1533-5353(운영시간 : 오전 8시 ~ 오후 7시)

2026. 02. 26

대한항공우주협회

폭 테두리 : 이중 실선, 머리말 포함

글상자 - 크기 : 너비(70mm), 높이(12mm), 테두리 : 실선(0.5mm), 반원
채우기 : 색상(RGB:255,102,0), 위치 : 글자처럼 취급, 가운데 정렬
글자 모양 : 궁서체, 20pt, 가운데 정렬

DIAT

머리말(굴림, 9pt, 오른쪽 정렬)

그림C 삽입(바탕화면-KAIT-제출파일폴더)
너비(85mm), 높이(40mm)
위치 : 어울림(가로-쪽의 왼쪽:0.0mm,
세로-쪽의 위:22mm)

우주 탐사의 역사

굴림체, 11pt, 진하게, 가운데 정렬

1. 달 탐사 역사
돋움, 12pt, 진하게

연도별 최초 인공위성 발사국 수

연도	발사 국가(개)	자체 기술 발사(개)
1970년대	4	1
1980년대	4	4
1990년대	2	2
2000년대	3	2
합계	13	9

위쪽 제목 셀 : 색상(RGB:255,255,0), 진하게
제목 셀 아래선 : 실선(0.5mm)
글자 모양 : 중고딕, 10pt, 가운데 정렬
합계는 블록 계산식 기능을 이용

지구에서 보낸 탐사선을 이용한 본격적인 달 탐사(探査)의 역사는 1959년부터 시작되었다. 최초로 소련이 발사한 탐사선이 달 궤도에 진입하는데 성공하였는데, 초기의 탐사선들은 달 표면에 착륙하여 주변의 지형을 관측하는 것이 주요 목표였다. 더 자세한 달 탐사를 위한 여러 시도들이 있었지만 실패를 거듭해오며 발전하게 되었다. 탐사선을 통한 관측(觀測) 형태의 탐사가 계속 되다가 1960년대에 들어서는 달에 직접 인간이 착지하여 탐사하려는 시도와 가능성이 점점 늘어났다. 1968년 아폴로(Apollo) 8호는 달 궤도를 10여 차례 돌고 지구로 귀환(歸還)하는 데 성공하였고, 마침내 1969년 7월 아폴로 11호는 암스트롱을 태우고 달 착륙에 성공하였다. 약 22시간 동안 체류하면서 21.7kg에 이르는 표본을 채취하고 장비를 설치한 후 성공적으로 지구에 귀환하였다.

차트데이터는 표 내용에서 합계 부분을
제외한 나머지 부분의 값 이용

궁서, 12pt, 진하게

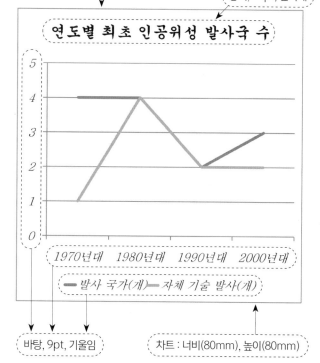

연도별 최초 인공위성 발사국 수

바탕, 9pt, 기울임

차트 : 너비(80mm), 높이(80mm)

2. 한국의 우주 탐사
돋움, 12pt, 진하게

한국의 우주 탐사 역사는 그리 길지 않다. 1992년 한국 최초의 과학 위성인 우리별 1호가 성공적으로 발사되면서 한국도 인공위성(人工衛星) 보유국이 되었다. 이후 과학실험위성, 통신방송위성, 다목적 실용위성 등을 연이어 발사하였다. 그리고 2013년 1월 한국 최초 우주발사체인 나로호 발사에 성공하였다. 나로호 발사 성공으로 한국은 스페이스 클럽1)에 이름을 올렸으나, 아직 한국의 우주산업은 실험 정도에 그치고 선진국에 비해 뒤떨어진 수준이어서, 우주산업 관련 인력양성 및 기술 고도화(高度化)가 요구된다.

각주

1) 자국에서 자국 발사체로 자국 위성을 쏘아올린 국가
굴림체, 8pt

쪽 번호 매기기, 숫자 순으로, 가운데 아래

제02회 최신기출문제

▷ 시험과목 : 워드프로세서(한글)
▷ 시험일자 : 20XX. XX. XX.(X)
▷ 응시자 기재사항 및 감독위원 확인

수 검 번 호	DIW - XXXX -	감독위원 확인
성 명		

응시자 유의사항

1. 응시자는 반드시 신분증을 지참하여야 시험에 응시할 수 있으며, 시험이 종료될 때까지 신분증을 제시하지 못할 경우 해당 시험은 0점 처리됩니다.

2. 시스템(PC 작동 여부, 네트워크 상태 등)의 이상 여부를 반드시 확인하여야 하며, 시스템 이상이 있을시 감독위원에게 조치를 받으셔야 합니다.

3. 시험 중 부주의 또는 고의로 시스템을 파손한 경우는 수검자 부담으로 합니다.

4. 답안 전송 프로그램을 통해 다운로드 받은 파일을 이용하여 답안 파일을 작성하시기 바랍니다.

5. 작성한 답안 파일은 답안 전송 프로그램을 통하여 전송됩니다. 감독위원의 지시에 따라 주시기 바랍니다.

6. 다음 사항의 경우 실격(0점) 혹은 부정행위 처리됩니다.

   ❶ 답안 파일을 저장하지 않았거나, 저장한 파일이 손상되었을 경우
   ❷ 답안 파일을 지정된 폴더(바탕화면 – "KAIT" 폴더)에 저장하지 않았을 경우
      ※ 답안 전송 프로그램 로그인 시 바탕화면에 자동 생성됨
   ❸ 답안 파일을 다른 보조기억장치(USB) 혹은 네트워크(메신저, 게시판 등)로 전송할 경우
   ❹ 휴대용 전화기 등 통신기기를 사용할 경우

7. 시험지에 제시된 글꼴이 응시 프로그램에 없는 경우, 반드시 감독위원에게 해당 내용을 통보한 뒤 조치를 받아야 합니다.

8. 시험의 완료는 작성이 완료된 답안을 저장하고, 답안 전송이 완료된 상태를 확인한 것으로 합니다. 답안 전송 확인 후 문제지는 감독관에게 제출한 후 퇴실하여야 합니다.

9. 답안 전송이 완료된 경우에는 수정 또는 정정이 불가능합니다.

10. 시험 시행 후 합격자 발표는 홈페이지(www.ihd.or.kr)에서 확인하시기 바랍니다.

   ❶ 문제 및 모범답안 공개 : 20XX. XX. XX.(X)
   ❷ 합격자 발표 : 20XX. XX. XX.(X)

Korea Association for ICT Promotion
한국정보통신진흥협회 KAIT

【문제】첨부된 문제를 다음의 조건을 적용하여 문서를 작성하시오.

① 문서는 A4(210mm×297mm) 크기, 세로 용지방향으로 작성한다.

② 페이지 여백은 아래와 같이 설정한다.

왼쪽	오른쪽	위쪽	아래쪽	머리말	꼬리말	제본
20mm	20mm	20mm	20mm	10mm	10mm	0mm

③ 아래와 같이 "자동 글머리 기호 넣기"와 "자동 번호 매기기" 기능을 해제한다.

도구 → 빠른 교정 → 빠른 교정 내용 → 입력 자동 서식 ┌→ 자동 글머리 기호 넣기(해제)
　　　　　　　　　　　　　　　　　　　　　　　　└→ 자동 번호 매기기(해제)

※ 만약 입력 자동 서식 메뉴가 없는 경우에는, "자동 글머리 기호 넣기"와 "자동 번호 매기기" 기능이 설정되어 있지 않은 것이므로 별도의
　 기능 해제 없이 그대로 시험에 응시하시면 됩니다.

④ 글자는 별도의 지시사항이 없는 한 바탕, 10pt, 양쪽정렬, 줄간격 160%로 작성한다.

⑤ 영문, 숫자 등은 별도의 지시가 없는 한 반각(1byte) 문자를 사용한다.

⑥ 특수문자는 문자표(전각 기호)를 이용하여 작성한다.

⑦ 교정부호 및 화살표로 기재된 지시사항대로 처리하되, ⟨⋯⋯⟩━► 은 지시사항이므로 작성하지 않는다.

⑧ 1페이지에 [문제1]을 작성하고, 구역을 나누어 2페이지에 [문제2]를 작성한다.

※ 해당 페이지에 작성하지 않거나 의도적으로 텍스트 작성을 하지 않은 경우 0점 처리

⑨ [문제2]는 문제지와 같이 2단으로 다단을 나누어 작성한다.

⑩ '그림 삽입' 시에는 반드시 "KAIT 수검프로그램"을 통해 다운로드 한 그림 파일을 사용한다.

⑪ 총점 : 200점

　[공통사항1(기본설정, 용지설정)] : 8점, [공통사항2(오탈자)] : 40점
　[문제1] : 46점, [문제2] : 106점

⑫ 기타 특별히 지시되어 있지 않은 사항은 문제지에 준하여 작성한다.

전주세계소리축제

전주세계소리축제는 함께하는 소리의 '판'으로 *소리와 사람과 자연이 함께 어우러지는 신명 나는 축제*입니다. 우리 전통음악인 판소리에 근간을 두고 세계음악과 벽을 허무는 전주세계소리축제는 특정 음악 장르에 치우치지 않고 각 분야별 세계적인 명성을 얻고 있는 마스터급 아티스트 공연까지 다양한 공연을 한자리에서 느낄 수 있는 고품격 세계음악 예술제입니다. 가족 및 친구들이 골라볼 수 있도록 다채로운 공연 프로그램도 운영할 예정이오니 시민 여러분들의 많은 관심과 참여 바랍니다.

★ 축제일정 ★

1. 축제일시 : *2026년 04월 05일(수) ~ 04월 09일(일) 5일간*
2. 축제장소 : 한국소리문화의전당, 전주한옥마을
3. 축제내용 : 판소리를 중심으로 한 국제음악축제
4. 후   원 : 문화체육관광부, 전북문화누리사업단

※ 기타사항

- 축제 시간표 및 공연장, 부대 행사에 대한 자세한 정보는 홈페이지(http://www.diat.or.kr)에서 확인할 수 있으며 우천 시에도 행사는 진행합니다.
- 기타 자세한 내용은 행사 담당자(02-123-4567)에게 문의하시기 바랍니다.

2026. 03. 25.

전통공연예술진흥재단

동편제 마을

1. 마을의유래

조선조 숙종 초에 운봉읍 밀양 박씨가 황산대첩 비 옆 북천 천변(川邊)에 낚시를 하다가 대첩비 입구의 소나무 숲이 우거져 아름다운 풍치에 이 끌리어 이곳으로 옮겨 살게 된 것이 전촌마을의 시초이다. 운봉(雲峰)에 사는 밀양 박씨들은 숫자 가 많이 번창하자 혼잡을 피하기 위해 동박과 서 박으로 나누어졌는데 이때 전촌리에 들어온 이씨 는 그중 동박에 속한 사람이다. 황산대첩비가 세 워져 있는 앞마을이므로 앞마을이라 칭하였는데 지명(地名)을 한자로 바꾸면서 전촌리라 표기하게 되었다. 태조 이성계의 대첩 비각(碑刻)이 있는 사적지에 인접해 있는 관계로 항상 수려한 환경 (Environment)을 유지하여 전촌도 그 영향을 받 아 깨끗한 아름답고 마을로 정평이 나 있었는데 마을 입구의 수백 년 자라온 소나무 숲은 천하일 품의 풍치를 자랑하고 있다.

2. 판소리의 고장

판소리는 우리 민족의 정서와 멋과 풍류가 어우 러진 민중 음악이다. 판소리는 위로는 임금에서부 터 아래로는 민중들까지 즐겨 들으며 함께 울고 웃었다. 판소리의 양대 산맥은 동편제와 서편제 다. 남원은 바로 동편제 판소리의 탯자리다. 동편 제(東便制)는 섬진강을 중심으로 동쪽지역에 있는 지방 남원, 운봉, 구례, 순창, 흥덕에서 불리어진 판소리이다. 소리의 특징은 특별한 기교를 부리지 않고 그저 '목으로 우리는 소리'이다. 동편제 소리 에서는 소리꾼[1]의 풍부한 성량이 중요하게 여겨 진다.

---

1) 판소리나 잡가, 민요 따위를 부르는 일을 하는 사람

소리 축제 관객수

년도	관객집계(만명)
2022	28
2023	22
2024	21
2025	26
2026	40
평균	27.40

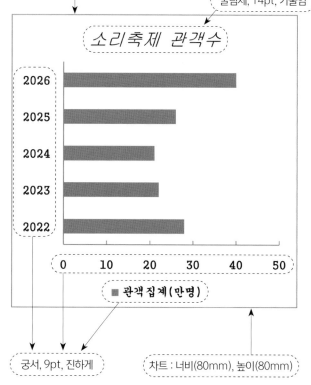

소리축제 관객수

관객집계(만명)

제03회 최신기출문제

▸ 시험과목 : 워드프로세서(한글)
▸ 시험일자 : 20XX. XX. XX.(X)
▸ 응시자 기재사항 및 감독위원 확인

수 검 번 호	DIW - XXXX -	감독위원 확인
성 명		

응시자 유의사항

1. 응시자는 반드시 신분증을 지참하여야 시험에 응시할 수 있으며, 시험이 종료될 때까지 신분증을 제시하지 못할 경우 해당 시험은 0점 처리됩니다.

2. 시스템(PC 작동 여부, 네트워크 상태 등)의 이상 여부를 반드시 확인하여야 하며, 시스템 이상이 있을시 감독위원에게 조치를 받으셔야 합니다.

3. 시험 중 부주의 또는 고의로 시스템을 파손한 경우는 수검자 부담으로 합니다.

4. 답안 전송 프로그램을 통해 다운로드 받은 파일을 이용하여 답안 파일을 작성하시기 바랍니다.

5. 작성한 답안 파일은 답안 전송 프로그램을 통하여 전송됩니다. 감독위원의 지시에 따라 주시기 바랍니다.

6. 다음 사항의 경우 실격(0점) 혹은 부정행위 처리됩니다.

   ❶ 답안 파일을 저장하지 않았거나, 저장한 파일이 손상되었을 경우

   ❷ 답안 파일을 지정된 폴더(바탕화면 – "KAIT" 폴더)에 저장하지 않았을 경우

      ※ 답안 전송 프로그램 로그인 시 바탕화면에 자동 생성됨

   ❸ 답안 파일을 다른 보조기억장치(USB) 혹은 네트워크(메신저, 게시판 등)로 전송할 경우

   ❹ 휴대용 전화기 등 통신기기를 사용할 경우

7. 시험지에 제시된 글꼴이 응시 프로그램에 없는 경우, 반드시 감독위원에게 해당 내용을 통보한 뒤 조치를 받아야 합니다.

8. 시험의 완료는 작성이 완료된 답안을 저장하고, 답안 전송이 완료된 상태를 확인한 것으로 합니다. 답안 전송 확인 후 문제지는 감독관에게 제출한 후 퇴실하여야 합니다.

9. 답안 전송이 완료된 경우에는 수정 또는 정정이 불가능합니다.

10. 시험 시행 후 합격자 발표는 홈페이지(www.ihd.or.kr)에서 확인하시기 바랍니다.

    ❶ 문제 및 모범답안 공개 : 20XX. XX. XX.(X)

    ❷ 합격자 발표 : 20XX. XX. XX.(X)

【문제】 **첨부된 문제를 다음의 조건을 적용하여 문서를 작성하시오.**

① 문서는 A4(210mm×297mm) 크기, 세로 용지방향으로 작성한다.

② 페이지 여백은 아래와 같이 설정한다.

왼쪽	오른쪽	위쪽	아래쪽	머리말	꼬리말	제본
20mm	20mm	20mm	20mm	10mm	10mm	0mm

③ 아래와 같이 "자동 글머리 기호 넣기"와 "자동 번호 매기기" 기능을 해제한다.

도구 → 빠른 교정 → 빠른 교정 내용 → 입력 자동 서식 ┌→ 자동 글머리 기호 넣기(해제)
　　　　　　　　　　　　　　　　　　　　　　　└→ 자동 번호 매기기(해제)

※ 만약 입력 자동 서식 메뉴가 없는 경우에는, "자동 글머리 기호 넣기"와 "자동 번호 매기기" 기능이 설정되어 있지 않은 것이므로 별도의 기능 해제 없이 그대로 시험에 응시하시면 됩니다.

④ 글자는 별도의 지시사항이 없는 한 **바탕**, **10pt**, **양쪽정렬**, **줄간격 160%**로 작성한다.

⑤ 영문, 숫자 등은 별도의 지시가 없는 한 반각(1byte) 문자를 사용한다.

⑥ 특수문자는 문자표(전각 기호)를 이용하여 작성한다.

⑦ 교정부호 및 화살표로 기재된 지시사항대로 처리하되, ⸴⸴⸴⸴⸴→ 은 지시사항이므로 작성하지 않는다.

⑧ **1페이지에 [문제1]을 작성하고, 구역을 나누어 2페이지에 [문제2]를 작성한다.**

※ 해당 페이지에 작성하지 않거나 의도적으로 텍스트 작성을 하지 않은 경우 0점 처리

⑨ [문제2]는 문제지와 같이 2단으로 다단을 나누어 작성한다.

⑩ '그림 삽입' 시에는 반드시 "KAIT 수검프로그램"을 통해 다운로드 한 그림 파일을 사용한다.

⑪ 총점 : 200점

　[공통사항1(기본설정, 용지설정)] : 8점, [공통사항2(오탈자)] : 40점
　[문제1] : 46점, [문제2] : 106점

⑫ 기타 특별히 지시되어 있지 않은 사항은 문제지에 준하여 작성한다.

DIAT
머리말(궁서, 9pt, 오른쪽 정렬)

한국문화체험및전통음식박람회

해 마나 우리나라를 방문하는 외국인의 수는 증가하고 있으며, 최근 한류와 맞물려 방문객들의 한국 전통음식 등 한국문화 전반에 대한 관심도 높아지고 있는 추세입니다. 이에 세계 속의 한국문화 및 전통음식의 우수성을 알리고자 *한국문화체험 및 전통음식박람회*를 개최하고자 합니다. 이번 박람회는 한국 전통음식을 비롯한 현대화된 독특한 음식과 다양한 문화공연은 물론, 직접 전통음식을 만들어 보고 시식도 해 볼 수 있는 체험행사도 함께 진행할 예정입니다.

□ 행사안내 □

1. 참가일시 : 2026. 06. 27(화) ~ 06. 28(수), 1박 2일
2. 참가장소 : 민속촌 내 한국문화체험관
3. 참가신청 : *참가신청 홈페이지(http://www.ihd.or.kr)*
4. 참 가 비 : 성인 10,000원, 청소년 5,000원(초등학생 이하 무료)

※ 기타사항
- 체험행사 : 한지탁본 체험, 한국차와 다도 배우기, 쑥 인절미 만들기, 김치 만들기, 한옥 체험, 전통놀이 체험, 한복입어보기 체험 등
- 준비물 : 1박 2일 일정에 필요한 개인용품, 편안한 복장 한 벌, 운동화

2026. 06. 24.

한국전통문화연구회

김치의 유래/효능

1. 김치의 유래

김치의 기원은 삼국시대로 거슬러 올라가야 될 만큼 오랜 역사(歷史)를 가지고 있다. 인류는 음식을 오래도록 보관하기 위해 건조를 통해 수분을 증발(蒸發)시키는 방법과 소금으로 절이는 방법, 그리고 발효[1]시켜 저장하는 방법 등을 사용하였다. 김치도 이러한 식품의 저장 발전 과정과 궤를 같이 하고 있다. 당시 한반도(韓半島)는 탄수화물이 주성분인 쌀을 주식으로 하는 농경사회였기 때문에 비타민과 각종 미네랄을 채소를 통해 섭취하였다. 그러나 뚜렷한 4계절이 기후 특징으로 한겨울에 채소를 먹을 수 없게 되자, 염장에서 생산되는 소금으로 배추를 절이게 되었고, 이것이 점차 발전(發展)하여 오늘날의 김치가 된 것이다.

2. 김치의 효능

김치에는 비타민C가 많고 배추, 파, 열무 등 푸른 잎에는 카로틴이 많다. 마늘은 비타민의 흡수와 효력(效力)을 높여주고 젓갈류의 첨가로 아미노산과 동물성 단백질을 섭취할 수 있다. 또한 식이섬유소의 공급원이며 다이어트에 효과가 있으며, 비만 예방, 당뇨병, 변비, 담석증, 동맥 경화증에 효과가 있다. 혈액순환을 좋게 하여 피부미용에 좋으며, 김치에 들어 있는 마늘, 고춧가루 등은 독을 이겨내는 효과도 있다. 김치가 익을 때 생기는 유산균(Lactobacillus)은 장 내의 독성 물질을 만드는 균을 억제하고 암세포 확장을 막아주는 역할을 한다.

김치 재료 식품 분석표

구분	섬유질(g)	비타민C(mg)
배추	0.7	28
무	0.9	44
갓	2.2	16
씀바귀	1.7	8
무청	1.2	50
합계	6.7	146

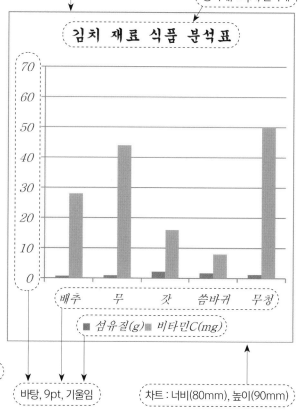

김치 재료 식품 분석표

---

1) 효모나 세균 따위의 미생물이 유기 화합물을 분해하여 알코올류, 유기산류 따위를 생기게 하는 작용

제04회 최신기출문제

▸ 시험과목 : 워드프로세서(한글)
▸ 시험일자 : 20XX. XX. XX.(X)
▸ 응시자 기재사항 및 감독위원 확인

수 검 번 호	DIW - XXXX -	감독위원 확인
성 명		

응시자 유의사항

1. 응시자는 반드시 신분증을 지참하여야 시험에 응시할 수 있으며, 시험이 종료될 때까지 신분증을 제시하지 못할 경우 해당 시험은 0점 처리됩니다.

2. 시스템(PC 작동 여부, 네트워크 상태 등)의 이상 여부를 반드시 확인하여야 하며, 시스템 이상이 있을시 감독위원에게 조치를 받으셔야 합니다.

3. 시험 중 부주의 또는 고의로 시스템을 파손한 경우는 수검자 부담으로 합니다.

4. 답안 전송 프로그램을 통해 다운로드 받은 파일을 이용하여 답안 파일을 작성하시기 바랍니다.

5. 작성한 답안 파일은 답안 전송 프로그램을 통하여 전송됩니다. 감독위원의 지시에 따라 주시기 바랍니다.

6. 다음 사항의 경우 실격(0점) 혹은 부정행위 처리됩니다.

   ❶ 답안 파일을 저장하지 않았거나, 저장한 파일이 손상되었을 경우
   ❷ 답안 파일을 지정된 폴더(바탕화면 – "KAIT" 폴더)에 저장하지 않았을 경우
      ※ 답안 전송 프로그램 로그인 시 바탕화면에 자동 생성됨
   ❸ 답안 파일을 다른 보조기억장치(USB) 혹은 네트워크(메신저, 게시판 등)로 전송할 경우
   ❹ 휴대용 전화기 등 통신기기를 사용할 경우

7. 시험지에 제시된 글꼴이 응시 프로그램에 없는 경우, 반드시 감독위원에게 해당 내용을 통보한 뒤 조치를 받아야 합니다.

8. 시험의 완료는 작성이 완료된 답안을 저장하고, 답안 전송이 완료된 상태를 확인한 것으로 합니다. 답안 전송 확인 후 문제지는 감독관에게 제출한 후 퇴실하여야 합니다.

9. 답안 전송이 완료된 경우에는 수정 또는 정정이 불가능합니다.

10. 시험 시행 후 합격자 발표는 홈페이지(www.ihd.or.kr)에서 확인하시기 바랍니다.

    ❶ 문제 및 모범답안 공개 : 20XX. XX. XX.(X)
    ❷ 합격자 발표 : 20XX. XX. XX.(X)

Korea Association for ICT Promotion
한국정보통신진흥협회 KAIT

【문제】 첨부된 문제를 다음의 조건을 적용하여 문서를 작성하시오.

① 문서는 A4(210mm×297mm) 크기, 세로 용지방향으로 작성한다.

② 페이지 여백은 아래와 같이 설정한다.

왼쪽	오른쪽	위쪽	아래쪽	머리말	꼬리말	제본
20mm	20mm	20mm	20mm	10mm	10mm	0mm

③ 아래와 같이 "자동 글머리 기호 넣기"와 "자동 번호 매기기" 기능을 해제한다.

도구 → 빠른 교정 → 빠른 교정 내용 → 입력 자동 서식 ┌→ 자동 글머리 기호 넣기(해제)
└→ 자동 번호 매기기(해제)

※ 만약 입력 자동 서식 메뉴가 없는 경우에는, "자동 글머리 기호 넣기"와 "자동 번호 매기기" 기능이 설정되어 있지 않은 것이므로 별도의 기능 해제 없이 그대로 시험에 응시하시면 됩니다.

④ 글자는 별도의 지시사항이 없는 한 바탕, 10pt, 양쪽정렬, 줄간격 160%로 작성한다.

⑤ 영문, 숫자 등은 별도의 지시가 없는 한 반각(1byte) 문자를 사용한다.

⑥ 특수문자는 문자표(전각 기호)를 이용하여 작성한다.

⑦ 교정부호 및 화살표로 기재된 지시사항대로 처리하되, ⟨⋯⋯⟩→ 은 지시사항이므로 작성하지 않는다.

⑧ 1페이지에 [문제1]을 작성하고, 구역을 나누어 2페이지에 [문제2]를 작성한다.

※ 해당 페이지에 작성하지 않거나 의도적으로 텍스트 작성을 하지 않은 경우 0점 처리

⑨ [문제2]는 문제지와 같이 2단으로 다단을 나누어 작성한다.

⑩ '그림 삽입' 시에는 반드시 "KAIT 수검프로그램"을 통해 다운로드 한 그림 파일을 사용한다.

⑪ 총점 : 200점

[공통사항1(기본설정, 용지설정)] : 8점, [공통사항2(오탈자)] : 40점
[문제1] : 46점, [문제2] : 106점

⑫ 기타 특별히 지시되어 있지 않은 사항은 문제지에 준하여 작성한다.

글맵시 – 궁서체, 채우기 : 색상(RGB:105,155,55)
크기 : 너비(110mm), 높이(20mm), 위치 : 글자처럼 취급, 가운데 정렬

→ DIAT
머리말(돋움, 9pt, 오른쪽 정렬)

좋은일터만들기컨퍼런스

문단 첫 글자 장식 – 모양 : 2줄, 돋움
면 색 : 색상(RGB:255,132,58), 본문과의 간격 : 3.0mm

기 업 운영의 기반이 되는 직원은 내부고객이라고 불릴 만큼 중요하며 직원이 만족하면 기업의 성과도 높아집니다. 특히 고객을 직접 대면하는 서비스직의 경우 직원이 만족하는 좋은 일터 만들기에 대한 노력이 더욱 절실합니다. 이에 따라 직무만족증진위원회에서는 *"좋은 일터 만들기 컨퍼런스"* 를 *개최*하고자 합니다. 이번 행사에서는 '2026 좋은 일터 Top 10'에 선정된 기업들의 우수 사례 발표와 직원 만족 증진을 위한 시설 및 장비 전시회 등도 함께 진행할 예정입니다.

진하게, 기울임

문자표 → ◎ 행사안내 ◎

돋움, 가운데 정렬

1. 행사일시 : 2026년 9월 29일(금), 08:00 ~ 17:30
2. 행사장소 : <u>*한국직업개발정보센터 2층 그랜드볼룸*</u> 기울임, 밑줄
3. 참가대상 : 일반기업 HR 관련 부서 종사자, 관련분야 연구자, 관공서 등
4. 참 가 비 : 무료 (1개 회사당 최대 3인까지만 참석 가능)

문자표

※ 기타사항

왼쪽여백 : 15pt
내어쓰기 : 12pt

 - 참가 신청은 행사 홈페이지(http://www.ihd.or.kr)의 참가안내 – 등록신청 메뉴에서 하실 수 있으며, 선착순 등록으로 조기 마감될 수 있습니다.
 - 기타 내용은 직무만족증진위원회 교류사업팀 담당자(02-123-4567)에게 문의하시기 바랍니다.

2026. 08. 26. ← 13pt, 가운데 정렬

직무만족증진위원회 ← 견고딕, 22pt, 가운데 정렬

문제1은 줄 간격 180%로 작성

문제1은 1구역, 문제2는 2구역으로 나누어 답안 작성

쪽 번호 매기기, ①,②,③ 순으로,
가운데 아래

- ① -

직무 만족

1. 직무 만족이란?

직무 만족(Job Satisfaction)은 개인이 자신의 업무에 대해서 가지는 일반적인 태도나 만족하는 정도를 의미한다. 직무 만족도가 높으면 일 자체에 대해 긍정적으로 느끼게 되고 결과적으로 업무 능률(能率) 향상을 가져온다. 더욱 개념을 확대해 보면 개별 직원의 회사에 대한 충성도 증대로 불필요한 이직을 줄일 수 있고 회사의 성과 향상에 기여할 수 있다. 직무 만족은 기업 측면에서 보았을 때 조직이 효과적으로 잘 운영되고 있는지를 판단하는 중요한 하나의 척도(尺度)이며, 개인적인 측면에서는 직업에 대한 가치 부여와 자아실현, 삶의 질에 대한 만족도 향상에도 기여한다.

2. 직무 만족의 영향요인

직무 만족은 직원을 '내부고객'이라는 개념으로 접근하는 것이다. 마케팅1)의 관점에서 일반적 의미의 고객은 기업의 매출을 발생시키거나 잠재적(潛在的)으로 매출 발생에 기여하는 외부고객이다. Porter(1973)는 조직 요인, 작업환경 요인, 근무내용 요인, 개인적 요인의 네 가지로 제시하였으며, Locke(1976)는 직무 자체, 급여와 보상, 승진, 인정, 복리후생, 상사, 동료, 작업 조건, 회사 방침의 아홉 가지로 제시하였다. 일반적으로 직무 만족에 있어서 동료 및 상사와의 커뮤니케이션 및 관계, 임금 및 보상, 직무에 대한 호감 및 적성(適性), 근무 시설 및 설비 등의 근무 환경 요소가 영향(影響)을 미치는 것으로 연구되고 있다.

---

1) 상품, 서비스를 소비자에게 판매하는 일련의 활동

업체별 직무 만족 점수

업체	2024	2025	2026
빛나리전자	79	83	87
금나리유통	76	84	81
해나리패션	86	82	84
합계	241	249	252

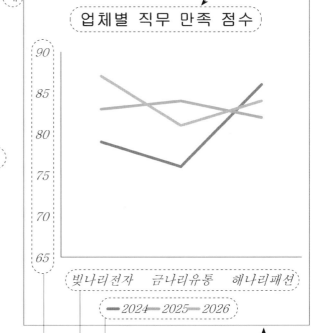

업체별 직무 만족 점수

제05회 최신기출문제

▸ 시험과목 : 워드프로세서(한글)
▸ 시험일자 : 20XX. XX. XX.(X)
▸ 응시자 기재사항 및 감독위원 확인

수 검 번 호	DIW - XXXX -	감독위원 확인
성 명		

응시자 유의사항

1. 응시자는 반드시 신분증을 지참하여야 시험에 응시할 수 있으며, 시험이 종료될 때까지 신분증을 제시하지 못할 경우 해당 시험은 0점 처리됩니다.

2. 시스템(PC 작동 여부, 네트워크 상태 등)의 이상 여부를 반드시 확인하여야 하며, 시스템 이상이 있을시 감독위원에게 조치를 받으셔야 합니다.

3. 시험 중 부주의 또는 고의로 시스템을 파손한 경우는 수검자 부담으로 합니다.

4. 답안 전송 프로그램을 통해 다운로드 받은 파일을 이용하여 답안 파일을 작성하시기 바랍니다.

5. 작성한 답안 파일은 답안 전송 프로그램을 통하여 전송됩니다. 감독위원의 지시에 따라 주시기 바랍니다.

6. 다음 사항의 경우 실격(0점) 혹은 부정행위 처리됩니다.

   ❶ 답안 파일을 저장하지 않았거나, 저장한 파일이 손상되었을 경우

   ❷ 답안 파일을 지정된 폴더(바탕화면 – "KAIT" 폴더)에 저장하지 않았을 경우

   　※ 답안 전송 프로그램 로그인 시 바탕화면에 자동 생성됨

   ❸ 답안 파일을 다른 보조기억장치(USB) 혹은 네트워크(메신저, 게시판 등)로 전송할 경우

   ❹ 휴대용 전화기 등 통신기기를 사용할 경우

7. 시험지에 제시된 글꼴이 응시 프로그램에 없는 경우, 반드시 감독위원에게 해당 내용을 통보한 뒤 조치를 받아야 합니다.

8. 시험의 완료는 작성이 완료된 답안을 저장하고, 답안 전송이 완료된 상태를 확인한 것으로 합니다. 답안 전송 확인 후 문제지는 감독관에게 제출한 후 퇴실하여야 합니다.

9. 답안 전송이 완료된 경우에는 수정 또는 정정이 불가능합니다.

10. 시험 시행 후 합격자 발표는 홈페이지(www.ihd.or.kr)에서 확인하시기 바랍니다.

    ❶ 문제 및 모범답안 공개 : 20XX. XX. XX.(X)

    ❷ 합격자 발표 : 20XX. XX. XX.(X)

Korea Association for ICT Promotion
한국정보통신진흥협회 KAIT

【문제】 첨부된 문제를 다음의 조건을 적용하여 문서를 작성하시오.

① 문서는 A4(210mm×297mm) 크기, 세로 용지방향으로 작성한다.

② 페이지 여백은 아래와 같이 설정한다.

왼쪽	오른쪽	위쪽	아래쪽	머리말	꼬리말	제본
20mm	20mm	20mm	20mm	10mm	10mm	0mm

③ 아래와 같이 "자동 글머리 기호 넣기"와 "자동 번호 매기기" 기능을 해제한다.

도구 → 빠른 교정 → 빠른 교정 내용 → 입력 자동 서식 ┌ → 자동 글머리 기호 넣기(해제)
　　　　　　　　　　　　　　　　　　　　　　　　└ → 자동 번호 매기기(해제)

※ 만약 입력 자동 서식 메뉴가 없는 경우에는, "자동 글머리 기호 넣기"와 "자동 번호 매기기" 기능이 설정되어 있지 않은 것이므로 별도의 기능 해제 없이 그대로 시험에 응시하시면 됩니다.

④ 글자는 별도의 지시사항이 없는 한 바탕, 10pt, 양쪽정렬, 줄간격 160%로 작성한다.

⑤ 영문, 숫자 등은 별도의 지시가 없는 한 반각(1byte) 문자를 사용한다.

⑥ 특수문자는 문자표(전각 기호)를 이용하여 작성한다.

⑦ 교정부호 및 화살표로 기재된 지시사항대로 처리하되, ⟨⋯⋯⋯⟩→ 은 지시사항이므로 작성하지 않는다.

⑧ 1페이지에 [문제1]을 작성하고, 구역을 나누어 2페이지에 [문제2]를 작성한다.

※ 해당 페이지에 작성하지 않거나 의도적으로 텍스트 작성을 하지 않은 경우 0점 처리

⑨ [문제2]는 문제지와 같이 2단으로 다단을 나누어 작성한다.

⑩ '그림 삽입' 시에는 반드시 "KAIT 수검프로그램"을 통해 다운로드 한 그림 파일을 사용한다.

⑪ 총점 : 200점

[공통사항1(기본설정, 용지설정)] : 8점, [공통사항2(오탈자)] : 40점
[문제1] : 46점, [문제2] : 106점

⑫ 기타 특별히 지시되어 있지 않은 사항은 문제지에 준하여 작성한다.

시간선택제일자리박람회

<u>**고**</u>용노동부가 주최하고 한국고용안정협회가 주관하는 '시간선택제일자리 박람회'가 오는 10월 16일 개최됩니다. **'일과 가정, 개인 발전의 균형'이라는 주제**로 진행되는 이번 행사에는 우리 지역의 150여 개 기업이 참여하여 부스를 운영하며, 현장 채용도 함께 진행됩니다. 이 외에도 취업 지원을 위한 컨설팅, 구직을 위한 이력서 작성 및 면접 기법 특강, 무료 적성 검사 등 다양한 프로그램이 함께 운영됩니다. 또한 동행하는 자녀들을 위한 돌봄 센터, 놀이 시설도 구비되어 있어 부담 없이 참여가 가능합니다.

◆ 박람회 안내 ◆

1. 행사명 : 시간선택제일자리 박람회 '일과 가정, 개인 발전의 균형'
2. 일   시 : 2026년 10월 16일(목) ~ 17일(금) 08:00 ~ 18:00
3. 장   소 : 강남구 역삼동 *한국고용빌딩 1층 전시장*
4. 주   최 : 고용노동부(http://www.ihd.or.kr)

※ 기타 사항
 - 박람회 참가 방법 및 참여 업체에 대한 사전 정보(채용 규모, 채용 조건 등)는 한국고용안정협회 홈페이지에서 참고하실 수 있습니다.
 - 기타 문의는 시간선택제일자리 박람회 담당자(02-123-4567)에게 해주시기 바랍니다.

2026. 10. 28.

한국고용안정협회장

DIAT

시간선택제일자리

1. 시간선택제일자리

시간선택제일자리는 일과 가정, 그리고 개인의 삶이 균형을 이룰 수 있도록 시간의 선택이 가능하고 유연한(Flexible) 일자리를 의미한다. 구체적으로 육아 및 교육, 일과 학습 병행 등의 개인적 자유, 점진적(漸進的) 퇴직 등의 이유로 근로자가 자발적으로 선택하며, 4대 보험 등의 기본적인 근로 조건이 보장되고, 불합리한 차별을 받지 않는 균등(均等) 처우가 제공되는 일자리를 뜻한다. 이 제도는 특히 육아를 병행하여야 하는 여성들에게 정규 근로 시간에 구애받지 않는 탄력적인 일자리를 제공하여, 경력 단절을 예방하고 경제 활동을 지속하게 하는 데 기여할 수 있다.

2. 기대효과와 과제(課題)

시간선택제일자리의 정착에 따른 가장 큰 기대효과는 고용률의 증대이며, 이로 인한 경제적 파급효과1)도 기대해 볼 수 있다. 이 제도는 근로자와 회사 양측 모두에 유리하게 적용될 수 있다. 먼저 근로자 측면에서는 개인적 사유(事由)에 따라 선택이 가능한 탄력적인 일자리를 제공받게 된다. 특히 육아나 교육 문제로 정규 근무가 어려운 여성들에게 사회 경제 활동을 지속할 수 있도록 지원한다. 또한 학습이나 개인적인 발전을 병행(竝行)할 수 있도록 하여 삶의 질을 높여준다. 기업체 입장에서는 탄력적인 인력 활용으로 인건비를 절감하는 등 효율적 운영이 가능하다. 개인적인 사유로 퇴사하게 되는 우수 인력을 지속적으로 유지할 수 있으며, 근로자의 만족 향상과 업무 집중으로 인한 생산성이 증가된다.

---

1) 일정한 투자나 양의 증가분에 의한 승수 효과

시간선택제 인원 현황

기업명	2025	2026
우리전자	22	31
대성은행	15	17
한솔유통	29	45
나라텔레콤	48	76
합계	114	169

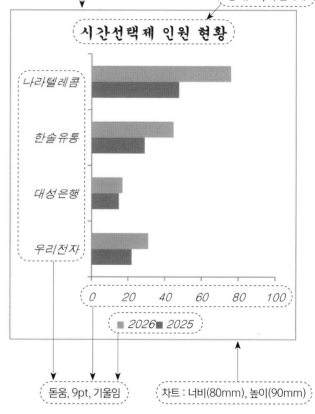

제06회 최신기출문제

▷ 시험과목 : 워드프로세서(한글)
▷ 시험일자 : 20XX. XX. XX.(X)
▷ 응시자 기재사항 및 감독위원 확인

수 검 번 호	DIW - XXXX -	감독위원 확인
성 명		

응시자 유의사항

1. 응시자는 반드시 신분증을 지참하여야 시험에 응시할 수 있으며, 시험이 종료될 때까지 신분증을 제시하지 못할 경우 해당 시험은 0점 처리됩니다.

2. 시스템(PC 작동 여부, 네트워크 상태 등)의 이상 여부를 반드시 확인하여야 하며, 시스템 이상이 있을시 감독위원에게 조치를 받으셔야 합니다.

3. 시험 중 부주의 또는 고의로 시스템을 파손한 경우는 수검자 부담으로 합니다.

4. 답안 전송 프로그램을 통해 다운로드 받은 파일을 이용하여 답안 파일을 작성하시기 바랍니다.

5. 작성한 답안 파일은 답안 전송 프로그램을 통하여 전송됩니다. 감독위원의 지시에 따라 주시기 바랍니다.

6. 다음 사항의 경우 실격(0점) 혹은 부정행위 처리됩니다.
   ❶ 답안 파일을 저장하지 않았거나, 저장한 파일이 손상되었을 경우
   ❷ 답안 파일을 지정된 폴더(바탕화면 – "KAIT" 폴더)에 저장하지 않았을 경우
      ※ 답안 전송 프로그램 로그인 시 바탕화면에 자동 생성됨
   ❸ 답안 파일을 다른 보조기억장치(USB) 혹은 네트워크(메신저, 게시판 등)로 전송할 경우
   ❹ 휴대용 전화기 등 통신기기를 사용할 경우

7. 시험지에 제시된 글꼴이 응시 프로그램에 없는 경우, 반드시 감독위원에게 해당 내용을 통보한 뒤 조치를 받아야 합니다.

8. 시험의 완료는 작성이 완료된 답안을 저장하고, 답안 전송이 완료된 상태를 확인한 것으로 합니다. 답안 전송 확인 후 문제지는 감독관에게 제출한 후 퇴실하여야 합니다.

9. 답안 전송이 완료된 경우에는 수정 또는 정정이 불가능합니다.

10. 시험 시행 후 합격자 발표는 홈페이지(www.ihd.or.kr)에서 확인하시기 바랍니다.
   ❶ 문제 및 모범답안 공개 : 20XX. XX. XX.(X)
   ❷ 합격자 발표 : 20XX. XX. XX.(X)

Korea Association for ICT Promotion
한국정보통신진흥협회 KAIT

[문제] 첨부된 문제를 다음의 조건을 적용하여 문서를 작성하시오.

① 문서는 A4(210mm×297mm) 크기, 세로 용지방향으로 작성한다.

② 페이지 여백은 아래와 같이 설정한다.

왼쪽	오른쪽	위쪽	아래쪽	머리말	꼬리말	제본
20mm	20mm	20mm	20mm	10mm	10mm	0mm

③ 아래와 같이 "자동 글머리 기호 넣기"와 "자동 번호 매기기" 기능을 해제한다.

> 도구 → 빠른 교정 → 빠른 교정 내용 → 입력 자동 서식 ┬→ 자동 글머리 기호 넣기(해제)
> └→ 자동 번호 매기기(해제)

※ 만약 입력 자동 서식 메뉴가 없는 경우에는, "자동 글머리 기호 넣기"와 "자동 번호 매기기" 기능이 설정되어 있지 않은 것이므로 별도의 기능 해제 없이 그대로 시험에 응시하시면 됩니다.

④ 글자는 별도의 지시사항이 없는 한 **바탕, 10pt, 양쪽정렬, 줄간격 160%**로 작성한다.

⑤ 영문, 숫자 등은 별도의 지시가 없는 한 반각(1byte) 문자를 사용한다.

⑥ 특수문자는 문자표(전각 기호)를 이용하여 작성한다.

⑦ 교정부호 및 화살표로 기재된 지시사항대로 처리하되, ⸌⸍⸍⸍⸍⸌→ 은 지시사항이므로 작성하지 않는다.

⑧ 1페이지에 [문제1]을 작성하고, 구역을 나누어 2페이지에 [문제2]를 작성한다.

※ 해당 페이지에 작성하지 않거나 의도적으로 텍스트 작성을 하지 않은 경우 0점 처리

⑨ [문제2]는 문제지와 같이 2단으로 다단을 나누어 작성한다.

⑩ '그림 삽입' 시에는 반드시 "KAIT 수검프로그램"을 통해 다운로드 한 그림 파일을 사용한다.

⑪ 총점 : 200점

[공통사항1(기본설정, 용지설정)] : 8점, [공통사항2(오탈자)] : 40점
[문제1] : 46점, [문제2] : 106점

⑫ 기타 특별히 지시되어 있지 않은 사항은 문제지에 준하여 작성한다.

글맵시 – 궁서체, 채우기 : 색상(RGB:202,86,167)
크기 : 너비(110mm), 높이(20mm), 위치 : 글자처럼 취급, 가운데 정렬

국제뇌과학연구학술포럼개최안내

문단 첫 글자 장식 – 모양 : 2줄, 바탕체
면 색 : 색상(RGB:244,229,178), 본문과의 간격 : 3.0mm

진하게, 밑줄

4차 산업혁명이 도래한 현재에는 전 세계적으로 평균 수명의 증가에 따라 발병하는 **치매 및 파킨슨병과 같은 각종 노인성 질환**을 예방하기 위한 연구가 활발하게 진행되고 있습니다. 뇌과학연구소에서는 국내 뇌과학 연구에 앞장서 글로벌 네트워크를 구축하고 뇌과학의 지속적인 발전에 도모하고자, 국제뇌과학연구학술 포럼을 개최합니다. 특히 이번 포럼에서는 국내외 뇌과학연구에 대한 유용한 정보를 얻을 수 있는 다양한 섹션들을 마련하였습니다.

문자표 → ◎ 참여안내 ◎

돋움, 가운데 정렬

1. 일   시 : 2026. 12. 25.(월) ~ 12. 26.(화) 10:00~19:00
2. 장   소 : 고양시 컨벤션 센터 3층 대연회장 및 4층 소회의실
3. 대   상 : 뇌과학에 관심 있는 20세 이상의 성인
4. 기   타 : *뇌과학연구소 홈페이지(http://www.ihd.or.kr) 참조*   기울임, 밑줄

문자표

※ 기타사항

- 행사 당일 오전 9시부터 현장 등록이 가능하며, 국내외 뇌과학 관련 서적 및 잡지를 구입할 수 있는 부스를 마련하였으니 참고하시기 바랍니다.
- 본 포럼은 국제뇌과학연구회와 한국대학교, 대한노인건강연구협회와 함께 합니다.

왼쪽여백 : 10pt
내어쓰기 : 10pt

2026. 12. 16.   11pt, 가운데 정렬

재단법인뇌과학연구소   궁서, 24pt, 가운데 정렬

문제1은 줄 간격 180%로 작성

문제1은 1구역, 문제2는 2구역으로 나누어 답안 작성

쪽 번호 매기기,A,B,C 순으로,
왼쪽 아래

- A -

인류의 미래, 뇌과학

1. 뇌과학이란?

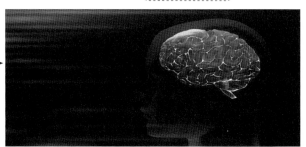

최근 신경과학, 인지과학의 형태로 활발한 연구가 진행되는 뇌과학은 건강한 뇌에 대한 정보와 뇌의 복합적인 구조에 기능과 대한 해석을 통해 인간이 가진 가능성(可能性)의 한계에 대한 답을 구하는 응용 학문이다. 최근 주목하는 주제인 인공지능(Artificial Intelligence) 개발 또한 인간의 뇌에 대한 연구의 선행이 필수적이며 아주 밀접한 관계를 맺고 있다. 이와 관련하여 뇌교육은 새로운 교육법으로 대두(擡頭)되어 개인교육, 학교교육, 기업교육 등 다양한 분야에서 주목받고 있다. 인성(人性) 및 창의성 계발, 집중력 및 잠재성 개발, 생산성 증대, 소통 능력 및 문제해결 능력을 함양1)시킨다는 긍정적인 효과(效果)를 기대할 수 있기 때문이다.

2. 뇌과학 기반 교육

21세기 미래교육의 인재상 요소 중에서 창의성과 인성에 대한 교육을 논하려면 뇌과학에 주목해야 할 필요가 있다. 먼저 주어진 상황에서 창의성이 발휘되는 과정을 생각해보면, 만족할 만한 결과물을 만들어내기까지 우리 뇌는 모든 자원을 총동원한다. 이는 기존의 지식이 기반되어 새로운 발상이 나오는 것이기에, 한 분야에 대한 충분한 전문지식과 동기뿐만 아니라 창의성을 인정하고 촉진(促進)해줄 수 있는 문화적 환경이 뒷받침되어야 할 것이다. 실제 미국은 이미 90년대 초반부터 뇌과학 연구에 집중적인 연구비 지원이 이루어졌으며, 우리나라 역시 학교를 중심으로 다양한 형태의 융합교육의 실현에 앞장서고 있다.

뇌과학 프로그램 현황(단위:만)

년도	한국	미국
1990	4	40
2000	18	77
2010	80	213
2024	309	510
평균	102.75	210.00

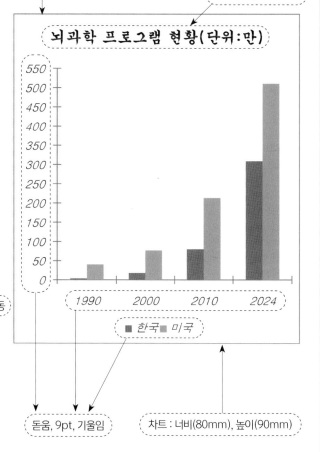

1) 능력이나 품성 따위를 길러 쌓거나 갖춤

제07회 최신기출문제

▷ 시험과목 : 워드프로세서(한글)
▷ 시험일자 : 20XX. XX. XX.(X)
▷ 응시자 기재사항 및 감독위원 확인

수 검 번 호	DIW - XXXX -	감독위원 확인
성 명		

응시자 유의사항

1. 응시자는 반드시 신분증을 지참하여야 시험에 응시할 수 있으며, 시험이 종료될 때까지 신분증을 제시하지 못할 경우 해당 시험은 0점 처리됩니다.

2. 시스템(PC 작동 여부, 네트워크 상태 등)의 이상 여부를 반드시 확인하여야 하며, 시스템 이상이 있을시 감독위원에게 조치를 받으셔야 합니다.

3. 시험 중 부주의 또는 고의로 시스템을 파손한 경우는 수검자 부담으로 합니다.

4. 답안 전송 프로그램을 통해 다운로드 받은 파일을 이용하여 답안 파일을 작성하시기 바랍니다.

5. 작성한 답안 파일은 답안 전송 프로그램을 통하여 전송됩니다. 감독위원의 지시에 따라 주시기 바랍니다.

6. 다음 사항의 경우 실격(0점) 혹은 부정행위 처리됩니다.

  ❶ 답안 파일을 저장하지 않았거나, 저장한 파일이 손상되었을 경우
  ❷ 답안 파일을 지정된 폴더(바탕화면 – "KAIT" 폴더)에 저장하지 않았을 경우
    ※ 답안 전송 프로그램 로그인 시 바탕화면에 자동 생성됨
  ❸ 답안 파일을 다른 보조기억장치(USB) 혹은 네트워크(메신저, 게시판 등)로 전송할 경우
  ❹ 휴대용 전화기 등 통신기기를 사용할 경우

7. 시험지에 제시된 글꼴이 응시 프로그램에 없는 경우, 반드시 감독위원에게 해당 내용을 통보한 뒤 조치를 받아야 합니다.

8. 시험의 완료는 작성이 완료된 답안을 저장하고, 답안 전송이 완료된 상태를 확인한 것으로 합니다. 답안 전송 확인 후 문제지는 감독관에게 제출한 후 퇴실하여야 합니다.

9. 답안 전송이 완료된 경우에는 수정 또는 정정이 불가능합니다.

10. 시험 시행 후 합격자 발표는 홈페이지(www.ihd.or.kr)에서 확인하시기 바랍니다.

  ❶ 문제 및 모범답안 공개 : 20XX. XX. XX.(X)
  ❷ 합격자 발표 : 20XX. XX. XX.(X)

Korea Association for ICT Promotion
한국정보통신진흥협회 KAIT

【문제】 **첨부된 문제를 다음의 조건을 적용하여 문서를 작성하시오.**

① 문서는 A4(210mm×297mm) 크기, 세로 용지방향으로 작성한다.

② 페이지 여백은 아래와 같이 설정한다.

왼쪽	오른쪽	위쪽	아래쪽	머리말	꼬리말	제본
20mm	20mm	20mm	20mm	10mm	10mm	0mm

③ 아래와 같이 "자동 글머리 기호 넣기"와 "자동 번호 매기기" 기능을 해제한다.

도구 → 빠른 교정 → 빠른 교정 내용 → 입력 자동 서식 ┌→ 자동 글머리 기호 넣기(해제)
└→ 자동 번호 매기기(해제)

※ 만약 입력 자동 서식 메뉴가 없는 경우에는, "자동 글머리 기호 넣기"와 "자동 번호 매기기" 기능이 설정되어 있지 않은 것이므로 별도의 기능 해제 없이 그대로 시험에 응시하시면 됩니다.

④ 글자는 별도의 지시사항이 없는 한 **바탕, 10pt, 양쪽정렬, 줄간격 160%**로 작성한다.

⑤ 영문, 숫자 등은 별도의 지시가 없는 한 반각(1byte) 문자를 사용한다.

⑥ 특수문자는 문자표(전각 기호)를 이용하여 작성한다.

⑦ 교정부호 및 화살표로 기재된 지시사항대로 처리하되, ⸻→ 은 지시사항이므로 작성하지 않는다.

⑧ 1페이지에 [문제1]을 작성하고, 구역을 나누어 2페이지에 [문제2]를 작성한다.

※ 해당 페이지에 작성하지 않거나 의도적으로 텍스트 작성을 하지 않은 경우 0점 처리

⑨ [문제2]는 문제지와 같이 2단으로 다단을 나누어 작성한다.

⑩ '그림 삽입' 시에는 반드시 "KAIT 수검프로그램"을 통해 다운로드 한 그림 파일을 사용한다.

⑪ 총점 : 200점

[공통사항1(기본설정, 용지설정)] : 8점, [공통사항2(오탈자)] : 40점
[문제1] : 46점, [문제2] : 106점

⑫ 기타 특별히 지시되어 있지 않은 사항은 문제지에 준하여 작성한다.

글맵시 - 궁서, 채우기 : 색상(RGB:0,128,0)
크기 : 너비(110mm), 높이(20mm), 위치 : 글자처럼 취급, 가운데 정렬

머리말(굴림, 9pt, 오른쪽 정렬) ▸ DIAT

1인카페창업세미나개최

문단 첫 글자 장식 - 모양 : 2줄, 궁서체
면 색 : 색상(RGB:205,242,228), 본문과의 간격 : 3.0mm

진하게, 밑줄

1인 가구가 늘어나고 있는 현대사회에서 식당이나 카페도 1인 사용을 희망하는 사람들이 늘어나고 있습니다. 스케일이 다르고 이익률과 저렴한 인테리어로 특색 있는 공간을 만들기 위한 <u>**창업비결을 공개**</u>하고자 세미나를 개최하게 되었습니다. 독보적인 아이디어와 함께 최저창업비용으로의 지역별 맞춤 컨설팅, 무료견적까지 그동안 궁금했던 창업에 관련된 질문을 주고받으며 순수익률을 확인해보시기 바랍니다. 1인 카페 예비 사장님들께서는 많은 관심 부탁드립니다.

문자표 ▸ ◆ 안내사항 ◆

궁서, 가운데 정렬

1. 일   시 : 2026. 3. 1.(금) 13:00~16:00
2. 장   소 : 한국레오센터 1층 대강당
3. 대   상 : 1인 카페 창업에 관심 있는 분 누구나
4. 신청안내 : *한국레오카페 홈페이지 (http://www.ihd.or.kr)* ◂ 진하게, 기울임

문자표

※ 기타사항

- 행사 시작 전 10분 전까지 착석 부탁드리며 행사 시 휴대폰은 꼭 무음으로 부탁드립니다.
- 단체 참가 시 본 센터 총무팀으로 문의 주시기 바라며 재수강이신 분들께서는 소정의 선물이 증정되고 있으니 꼭 말씀해 주시면 감사드립니다.(02-1234-5678)

왼쪽여백 : 10pt
내어쓰기 : 12pt

2026. 2. 24. ◂ 12pt, 가운데 정렬

㈜한국레오카페커뮤니티

궁서, 30pt, 가운데 정렬

문제1은 줄 간격 180%로 작성

문제1은 1구역, 문제2는 2구역으로 나누어 답안 작성

쪽 번호 매기기, 가,나,다 순으로,
가운데 아래

쪽 테두리 : 이중 실선, 머리말 포함

글상자 - 크기 : 너비(60mm), 높이(12mm), 테두리 : 이중 실선(1.00mm), 반원
채우기 : 색상(RGB:255,238,216), 위치 : 글자처럼 취급, 가운데 정렬,
글자 모양 : 굴림체, 25pt, 가운데 정렬

DIAT

머리말(굴림, 9pt, 오른쪽 정렬)

그림A 삽입(바탕화면-KAIT-제출파일폴더)
너비(82mm), 높이(40mm)
위치 : 어울림(가로-쪽의 왼쪽:0.0mm,
세로-쪽의 위:22mm)

1인 카페 창업

궁서, 12pt, 진하게, 가운데 정렬

1. 우리나라의 1인 가구
돋움, 12pt, 진하게

2024년도 기준(standard) 통계청에 따르면 싱글족, 미혼자, 독거노인 등의 1인 세대의 비중이 약 45%를 넘어섰다고 합니다. 2000년대 이후부터 자발적으로 다양한 1인 가구가 등장했으며 1인 가구에 대한 고정관념(固定觀念)이 줄어든 편입니다. 가구 수의 경우 실제 함께 살지 않아도 생계 등을 함께 하고 있다면 1인 가구(家口)로 집계되지만 세대는 주민등록 주소지를 기준으로 구분하고 있습니다. '나 홀로 삶'은 이제 무색할 정도로 늘어나고 있습니다. 가족(家族) 실태조사 등을 통해 1인 가구에 대한 실태를 정확히 파악하여 국가에서는 1인 가구 지원정책 및 지원 사업, 안전[1], 범죄예방, 건강 돌봄에 대한 계획이 필요한 시기입니다. 1인 가구 보고서에 따르면 가장 큰 문제로는 경제 부분이 높게 가장 나왔고 사회적인 불안감에 따라 우울증, 건강문제로 집계(集計)되었습니다.

각주

2. 1인 카페 창업
돋움, 12pt, 진하게

치솟는 물가(物價)와 나 홀로 족이 점점 늘어나고 있는 상황에서 많은 분들이 소비 활동에 대해 절약을 기본으로 삼고 있습니다. 이 부분은 창업자들에게도 마찬가지라는 생각이고 인건비와 임대료 등을 절감할 수 있는 소형 매장에 대한 관심도가 높아지고 있는 상황입니다. 그 중 많은 사람들이 선호하고 관심 있게 보는 창업아이템 중 하나는 1인 카페입니다. 신규 카페 속에서 살아남을 수 있는 방법으로는 차별성 있는 신메뉴 개발과 좋은 품질을 만들어야 합니다.

지역별 1인 카페 개업 현황

지역	점포(개)
서울	156
춘천	102
포항	84
여수	76
합계	418

위쪽 제목 셀 : 색상(RGB:255,102,0), 진하게
제목 셀 아래선 : 이중 실선(0.5mm)
글자 모양 : 굴림, 10pt, 가운데 정렬
합계는 블록 계산식 기능을 이용

차트데이터는 표 내용에서 합계 부분을
제외한 나머지 부분의 값 이용

굴림체, 12pt, 진하게

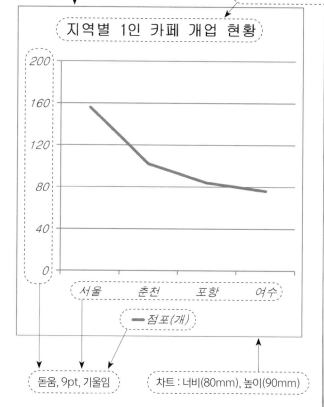

지역별 1인 카페 개업 현황

돋움, 9pt, 기울임

차트 : 너비(80mm), 높이(90mm)

점포(개)

쪽 번호 매기기, 가,나,다 순으로, 가운데 아래

제08회 최신기출문제

▸ 시험과목 : 워드프로세서(한글)
▸ 시험일자 : 20XX. XX. XX.(X)
▸ 응시자 기재사항 및 감독위원 확인

수 검 번 호	DIW - XXXX -	감독위원 확인
성 명		

응시자 유의사항

1. 응시자는 반드시 신분증을 지참하여야 시험에 응시할 수 있으며, 시험이 종료될 때까지 신분증을 제시하지 못할 경우 해당 시험은 0점 처리됩니다.

2. 시스템(PC 작동 여부, 네트워크 상태 등)의 이상 여부를 반드시 확인하여야 하며, 시스템 이상이 있을시 감독위원에게 조치를 받으셔야 합니다.

3. 시험 중 부주의 또는 고의로 시스템을 파손한 경우는 수검자 부담으로 합니다.

4. 답안 전송 프로그램을 통해 다운로드 받은 파일을 이용하여 답안 파일을 작성하시기 바랍니다.

5. 작성한 답안 파일은 답안 전송 프로그램을 통하여 전송됩니다. 감독위원의 지시에 따라 주시기 바랍니다.

6. 다음 사항의 경우 실격(0점) 혹은 부정행위 처리됩니다.

   ❶ 답안 파일을 저장하지 않았거나, 저장한 파일이 손상되었을 경우

   ❷ 답안 파일을 지정된 폴더(바탕화면 – "KAIT" 폴더)에 저장하지 않았을 경우

   ※ 답안 전송 프로그램 로그인 시 바탕화면에 자동 생성됨

   ❸ 답안 파일을 다른 보조기억장치(USB) 혹은 네트워크(메신저, 게시판 등)로 전송할 경우

   ❹ 휴대용 전화기 등 통신기기를 사용할 경우

7. 시험지에 제시된 글꼴이 응시 프로그램에 없는 경우, 반드시 감독위원에게 해당 내용을 통보한 뒤 조치를 받아야 합니다.

8. 시험의 완료는 작성이 완료된 답안을 저장하고, 답안 전송이 완료된 상태를 확인한 것으로 합니다. 답안 전송 확인 후 문제지는 감독관에게 제출한 후 퇴실하여야 합니다.

9. 답안 전송이 완료된 경우에는 수정 또는 정정이 불가능합니다.

10. 시험 시행 후 합격자 발표는 홈페이지(www.ihd.or.kr)에서 확인하시기 바랍니다.

    ❶ 문제 및 모범답안 공개 : 20XX. XX. XX.(X)

    ❷ 합격자 발표 : 20XX. XX. XX.(X)

Korea Association for ICT Promotion
한국정보통신진흥협회 KAIT

【문제】 첨부된 문제를 다음의 조건을 적용하여 문서를 작성하시오.

① 문서는 A4(210mm×297mm) 크기, 세로 용지방향으로 작성한다.

② 페이지 여백은 아래와 같이 설정한다.

왼쪽	오른쪽	위쪽	아래쪽	머리말	꼬리말	제본
20mm	20mm	20mm	20mm	10mm	10mm	0mm

③ 아래와 같이 "자동 글머리 기호 넣기"와 "자동 번호 매기기" 기능을 해제한다.

> 도구 → 빠른 교정 → 빠른 교정 내용 → 입력 자동 서식 ┬→ 자동 글머리 기호 넣기(해제)
> 　　　　　　　　　　　　　　　　　　　　　　　└→ 자동 번호 매기기(해제)

　※ 만약 입력 자동 서식 메뉴가 없는 경우에는, "자동 글머리 기호 넣기"와 "자동 번호 매기기" 기능이 설정되어 있지 않은 것이므로 별도의 기능 해제 없이 그대로 시험에 응시하시면 됩니다.

④ 글자는 별도의 지시사항이 없는 한 바탕, 10pt, 양쪽정렬, 줄간격 160%로 작성한다.

⑤ 영문, 숫자 등은 별도의 지시가 없는 한 반각(1byte) 문자를 사용한다.

⑥ 특수문자는 문자표(전각 기호)를 이용하여 작성한다.

⑦ 교정부호 및 화살표로 기재된 지시사항대로 처리하되, ⬚⬚⬚⬚⬚→ 은 지시사항이므로 작성하지 않는다.

⑧ 1페이지에 [문제1]을 작성하고, 구역을 나누어 2페이지에 [문제2]를 작성한다.

　※ 해당 페이지에 작성하지 않거나 의도적으로 텍스트 작성을 하지 않은 경우 0점 처리

⑨ [문제2]는 문제지와 같이 2단으로 다단을 나누어 작성한다.

⑩ '그림 삽입' 시에는 반드시 "KAIT 수검프로그램"을 통해 다운로드 한 그림 파일을 사용한다.

⑪ 총점 : 200점

　[공통사항1(기본설정, 용지설정)] : 8점, [공통사항2(오탈자)] : 40점
　[문제1] : 46점, [문제2] : 106점

⑫ 기타 특별히 지시되어 있지 않은 사항은 문제지에 준하여 작성한다.

메이커교육체험부스

메 이커 교육은 <u>교육 체계의 혁신과 더불어 미래 세대의 경쟁력을 강화하는 중요한 요소로</u> 부각되고 있습니다. 다양한 기계를 활용한 학습과 창조적인 사고 전환, 자기주도적 문제해결력, 창의융합적 사고력을 키울 수 있는 메이커 교육은 미래 인재 육성 과정에 꼭 필요한 교육입니다. 이에 본 행사에서는 메이커를 꿈꾸는 초, 중, 고등학생 및 메이커 교육에 관심 있는 성인들을 위해 다양한 메이커 체험 부스를 마련하였습니다.

★ 행사안내 ★

1. 행사일시 : 2026. 05. 24.(금) ~ 05. 26.(일) 10:00~16:00
2. 행사장소 : 대전광역시 유성구 미래교육관 강당 및 야외
3. 행사주관 : 대전광역시/스마트코딩연구소/메이커연구소
4. 문 의 처 : *스마트코딩연구소 홈페이지(http://www.ihd.or.kr) 참조*

※ 기타사항

 - 행사 내용으로는 디자인씽킹을 통한 3D 창작품 만들기, 3D 펜으로 설계하는 나의 인생 좌우명 만들기, VR을 활용한 나만의 프로필 영상 제작 등 액티비티 체험 활동이 준비되어 있습니다.
 - 본 행사에서는 메이커 교육의 우수사례 발표 및 결과물 전시도 예정되어 있습니다.

2026. 04. 27.

메이커연구소

메이커 교육

1. 메이커 교육이란?

메이커 교육은 'DIY(Do It Yourself) 운동'의 영향을 받아 미국에서 확산되고 있는 메이커 운동에서 파생되었다. 학생이 직접 물건을 만들거나 컴퓨터로 전자기기를 다루는 등의 작업을 하면서 창의력을 발휘해 문제를 해결하고, 새로운 것을 만들거나 발견을 촉진하게 하는 것을 말한다. 메이커 교육은 과학박물관이나 여름 캠프 같은 곳에서 간헐적으로 시행되는 다양한 과학 실험 활동, 활동/창작 등의 교육프로그램에서 출발하였으며, 이러한 프로그램을 서로 연계하여 정보(情報) 및 교육 과정 등을 공유하면서 일종의 풀뿌리 교육 운동으로 성장(成長)하였다.

2. 메이커 교육의 정신

메이커 교육은 과학에 기초를 두고 정보화 기술을 활용한다는 점에서 STEAM교육[1]과 밀접한 관계에 있으며 기본 정신으로는 공동체(共同體)의 문제를 직접 자신의 손으로 해결하겠다는 적극성, 참여성, 자발성, 문제해결성, 공동체성 등을 꼽을 수 있다. 이러한 정신적 바탕 위에 점차 사회에서 컴퓨터와 전자기기, 교육용 3D 프린터 등 관련 교구가 저렴하게 보급(普及)되기 시작하면서 운동의 확산 속도가 빨라지게 되었다. 메이커 교육의 3요소는 창작활동, 창작자, 창작 공간 및 공동체이다. 이 중 창작 공간 및 공동체는 다양한 창작 활동과 실험실습을 가능하게 해주는 각종 교대 및 창작 도구 등이 구비된 안전한 물리적(物理的) 구 공간으로 자발적인 호기심과 동기에 의해 창작활동을 진행할 수 있는 것이 특징이다.

---

1) 과학, 기술, 공학, 수학을 의미하는 말

메이커스페이스 증가 추이

연도	개소 수
2021	354
2022	483
2023	556
2024	687
평균	520.00

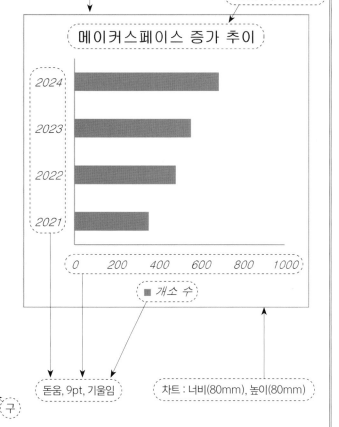

제09회 최신기출문제

▷ 시험과목 : 워드프로세서(한글)
▷ 시험일자 : 20XX. XX. XX.(X)
▷ 응시자 기재사항 및 감독위원 확인

수 검 번 호	DIW - XXXX -	감독위원 확인
성 명		

응시자 유의사항

1. 응시자는 반드시 신분증을 지참하여야 시험에 응시할 수 있으며, 시험이 종료될 때까지 신분증을 제시하지 못할 경우 해당 시험은 0점 처리됩니다.

2. 시스템(PC 작동 여부, 네트워크 상태 등)의 이상 여부를 반드시 확인하여야 하며, 시스템 이상이 있을시 감독위원에게 조치를 받으셔야 합니다.

3. 시험 중 부주의 또는 고의로 시스템을 파손한 경우는 수검자 부담으로 합니다.

4. 답안 전송 프로그램을 통해 다운로드 받은 파일을 이용하여 답안 파일을 작성하시기 바랍니다.

5. 작성한 답안 파일은 답안 전송 프로그램을 통하여 전송됩니다. 감독위원의 지시에 따라 주시기 바랍니다.

6. 다음 사항의 경우 실격(0점) 혹은 부정행위 처리됩니다.

   ❶ 답안 파일을 저장하지 않았거나, 저장한 파일이 손상되었을 경우
   ❷ 답안 파일을 지정된 폴더(바탕화면 – "KAIT" 폴더)에 저장하지 않았을 경우
      ※ 답안 전송 프로그램 로그인 시 바탕화면에 자동 생성됨
   ❸ 답안 파일을 다른 보조기억장치(USB) 혹은 네트워크(메신저, 게시판 등)로 전송할 경우
   ❹ 휴대용 전화기 등 통신기기를 사용할 경우

7. 시험지에 제시된 글꼴이 응시 프로그램에 없는 경우, 반드시 감독위원에게 해당 내용을 통보한 뒤 조치를 받아야 합니다.

8. 시험의 완료는 작성이 완료된 답안을 저장하고, 답안 전송이 완료된 상태를 확인한 것으로 합니다. 답안 전송 확인 후 문제지는 감독관에게 제출한 후 퇴실하여야 합니다.

9. 답안 전송이 완료된 경우에는 수정 또는 정정이 불가능합니다.

10. 시험 시행 후 합격자 발표는 홈페이지(www.ihd.or.kr)에서 확인하시기 바랍니다.

   ❶ 문제 및 모범답안 공개 : 20XX. XX. XX.(X)
   ❷ 합격자 발표 : 20XX. XX. XX.(X)

Korea Association for ICT Promotion
한국정보통신진흥협회 KAIT

【문제】 첨부된 문제를 다음의 조건을 적용하여 문서를 작성하시오.

① 문서는 A4(210mm×297mm) 크기, 세로 용지방향으로 작성한다.

② 페이지 여백은 아래와 같이 설정한다.

왼쪽	오른쪽	위쪽	아래쪽	머리말	꼬리말	제본
20mm	20mm	20mm	20mm	10mm	10mm	0mm

③ 아래와 같이 "자동 글머리 기호 넣기"와 "자동 번호 매기기" 기능을 해제한다.

도구 → 빠른 교정 → 빠른 교정 내용 → 입력 자동 서식 ┌ → 자동 글머리 기호 넣기(해제)
                                                    └ → 자동 번호 매기기(해제)

※ 만약 입력 자동 서식 메뉴가 없는 경우에는, "자동 글머리 기호 넣기"와 "자동 번호 매기기" 기능이 설정되어 있지 않은 것이므로 별도의 기능 해제 없이 그대로 시험에 응시하시면 됩니다.

④ 글자는 별도의 지시사항이 없는 한 바탕, 10pt, 양쪽정렬, 줄간격 160%로 작성한다.

⑤ 영문, 숫자 등은 별도의 지시가 없는 한 반각(1byte) 문자를 사용한다.

⑥ 특수문자는 문자표(전각 기호)를 이용하여 작성한다.

⑦ 교정부호 및 화살표로 기재된 지시사항대로 처리하되, ⌁⟶ 은 지시사항이므로 작성하지 않는다.

⑧ 1페이지에 [문제1]을 작성하고, 구역을 나누어 2페이지에 [문제2]를 작성한다.

※ 해당 페이지에 작성하지 않거나 의도적으로 텍스트 작성을 하지 않은 경우 0점 처리

⑨ [문제2]는 문제지와 같이 2단으로 다단을 나누어 작성한다.

⑩ '그림 삽입' 시에는 반드시 "KAIT 수검프로그램"을 통해 다운로드 한 그림 파일을 사용한다.

⑪ 총점 : 200점

[공통사항1(기본설정, 용지설정)] : 8점, [공통사항2(오탈자)] : 40점
[문제1] : 46점, [문제2] : 106점

⑫ 기타 특별히 지시되어 있지 않은 사항은 문제지에 준하여 작성한다.

휴머노이드로봇박람회

우리 사회는 빠르게 *휴머노이드 로봇의 상용화 시대가 다가오고 있습니다.* 교육용 로봇으로서의 휴머노이드 사용 증가와 가정에서 개인 보조용으로 휴머노이드 로봇에 대한 수요가 급증하는 등 로봇 시장은 2028년까지 138억 달러 규모로 성장할 것으로 예측하고 있습니다. 이번 박람회에서는 로봇과 관련한 여러 분야에 걸쳐 로봇공학 기술의 최신 발전을 한눈에 볼 수 있으며 국내외 로봇 산업 회사들의 양질의 프레젠테이션과 로봇 제품을 모두 만나실 수 있습니다.

◎ 행사안내 ◎

1. 행 사 명 : 휴머노이드 로봇 - 현재와 미래
2. 일   자 : 2026년 06월 29일
3. 장   소 : 서울시 강남구 코엑스 3층 연회장
4. 등   록 : 체험 당일 현장 등록 *10인 이상 단체는 홈페이지를 통해 가능합니다.*

※ 기타사항

─ 로봇 달리기와 로봇 댄스 등의 흥미로운 이벤트도 준비되어 있습니다.
─ 단체 참여를 원하시면 홈페이지(http://www.ihd.or.kr)로 사전 등록해 주시기 바라며, 기타 문의사항은 본 협회로 연락바랍니다.(02-1234-1234)

2026. 06. 22.

한국로봇공동제작협회

휴머노이드 로봇

1. 로봇의 발전

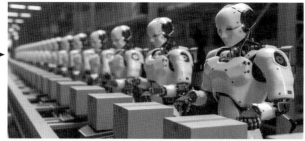

1973년 일본 와세다대학교에서 최초로 개발된 휴머노이드 로봇(Humanoid robot)은 인간의 신체 형태를 닮은 로봇이다. 도구 및 주변 환경과 상호 작용 등 기능적 목적을 염두(念頭)에 두고 일반적으로 휴머노이드 로봇은 몸통, 머리, 두 개의 팔, 두 개의 다리로 구성되어 있다. 경우에 따라 일부 휴머노이드 로봇에는 눈이나 입과 같은 인간의 얼굴 특징을 복제하도록 설계된 경우도 있다. 휴머노이드 로봇이 주목받는 가장 큰 이유는 노동력(勞動力) 부족이다. 휴머노이드 로봇은 인간과 유사한 모습을 하고 있어 인간을 위해 설계된 환경에서 작동하고 인간과 함께 일할 수 있다는 장점(長點)이 있다.

2. 세계의 로봇

중국의 고령화(Aging) 인구가 늘어남에 따라 생기는 노동력 부족 현상에 대한 노동력 충족(充足)으로 2023년 중국의 로봇 기업인 푸리에인텔리전스는 GR-1 로봇을 발표했다. 푸리에 대표는 인간에게 로봇이 간병인1) 혹은 치료 도우미가 될 수도 있고, 혼자 지내는 노인의 동반자(同伴者)가 될 수도 있다고 전하며 결국 환자들은 그들과 상호 작용하는 자율 로봇을 갖게 될 것이라고 발표하였다. 테슬라 역시 옵티머스 로봇을 선보였으며 출시 이후에는 우선 테슬라 자동차 공장에서 부품 운반용으로 투입할 계획이라고 밝혔다. 옵티머스는 인간과 비슷한 형태를 체격과 갖춘 인간형 로봇으로 시속 8km로 움직이며 20kg의 물건을 들어 올릴 수 있다.

각주

국가별 휴머노이드 로봇 개발

국가	건수
한국	175
미국	251
중국	140
인도	223
합계	789

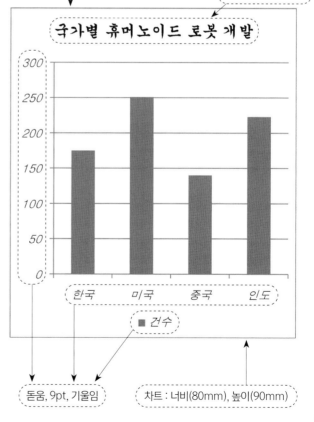

국가별 휴머노이드 로봇 개발

---

1) 환자가 있을 때 보호자를 대신해 간병을 하는 사람 ←

- B -

제10회 최신기출문제

▸ 시험과목 : 워드프로세서(한글)
▸ 시험일자 : 20XX. XX. XX.(X)
▸ 응시자 기재사항 및 감독위원 확인

수검번호	DIW - XXXX -	감독위원 확인
성 명		

응시자 유의사항

1. 응시자는 반드시 신분증을 지참하여야 시험에 응시할 수 있으며, 시험이 종료될 때까지 신분증을 제시하지 못할 경우 해당 시험은 0점 처리됩니다.

2. 시스템(PC 작동 여부, 네트워크 상태 등)의 이상 여부를 반드시 확인하여야 하며, 시스템 이상이 있을시 감독위원에게 조치를 받으셔야 합니다.

3. 시험 중 부주의 또는 고의로 시스템을 파손한 경우는 수검자 부담으로 합니다.

4. 답안 전송 프로그램을 통해 다운로드 받은 파일을 이용하여 답안 파일을 작성하시기 바랍니다.

5. 작성한 답안 파일은 답안 전송 프로그램을 통하여 전송됩니다. 감독위원의 지시에 따라 주시기 바랍니다.

6. 다음 사항의 경우 실격(0점) 혹은 부정행위 처리됩니다.

   ❶ 답안 파일을 저장하지 않았거나, 저장한 파일이 손상되었을 경우

   ❷ 답안 파일을 지정된 폴더(바탕화면 – "KAIT" 폴더)에 저장하지 않았을 경우

   ※ 답안 전송 프로그램 로그인 시 바탕화면에 자동 생성됨

   ❸ 답안 파일을 다른 보조기억장치(USB) 혹은 네트워크(메신저, 게시판 등)로 전송할 경우

   ❹ 휴대용 전화기 등 통신기기를 사용할 경우

7. 시험지에 제시된 글꼴이 응시 프로그램에 없는 경우, 반드시 감독위원에게 해당 내용을 통보한 뒤 조치를 받아야 합니다.

8. 시험의 완료는 작성이 완료된 답안을 저장하고, 답안 전송이 완료된 상태를 확인한 것으로 합니다. 답안 전송 확인 후 문제지는 감독관에게 제출한 후 퇴실하여야 합니다.

9. 답안 전송이 완료된 경우에는 수정 또는 정정이 불가능합니다.

10. 시험 시행 후 합격자 발표는 홈페이지(www.ihd.or.kr)에서 확인하시기 바랍니다.

   ❶ 문제 및 모범답안 공개 : 20XX. XX. XX.(X)

   ❷ 합격자 발표 : 20XX. XX. XX.(X)

【문제】 첨부된 문제를 다음의 조건을 적용하여 문서를 작성하시오.

① 문서는 A4(210mm×297mm) 크기, 세로 용지방향으로 작성한다.

② 페이지 여백은 아래와 같이 설정한다.

왼쪽	오른쪽	위쪽	아래쪽	머리말	꼬리말	제본
20mm	20mm	20mm	20mm	10mm	10mm	0mm

③ 아래와 같이 "자동 글머리 기호 넣기"와 "자동 번호 매기기" 기능을 해제한다.

도구 → 빠른 교정 → 빠른 교정 내용 → 입력 자동 서식 ┌→ 자동 글머리 기호 넣기(해제)
　　　　　　　　　　　　　　　　　　　　　　　└→ 자동 번호 매기기(해제)

※ 만약 입력 자동 서식 메뉴가 없는 경우에는, "자동 글머리 기호 넣기"와 "자동 번호 매기기" 기능이 설정되어 있지 않은 것이므로 별도의 기능 해제 없이 그대로 시험에 응시하시면 됩니다.

④ 글자는 별도의 지시사항이 없는 한 바탕, 10pt, 양쪽정렬, 줄간격 160%로 작성한다.

⑤ 영문, 숫자 등은 별도의 지시가 없는 한 반각(1byte) 문자를 사용한다.

⑥ 특수문자는 문자표(전각 기호)를 이용하여 작성한다.

⑦ 교정부호 및 화살표로 기재된 지시사항대로 처리하되, ⸁⸱⸱⸱⸱⸱⸱⸱→ 은 지시사항이므로 작성하지 않는다.

⑧ 1페이지에 [문제1]을 작성하고, 구역을 나누어 2페이지에 [문제2]를 작성한다.

※ 해당 페이지에 작성하지 않거나 의도적으로 텍스트 작성을 하지 않은 경우 0점 처리

⑨ [문제2]는 문제지와 같이 2단으로 다단을 나누어 작성한다.

⑩ '그림 삽입' 시에는 반드시 "KAIT 수검프로그램"을 통해 다운로드 한 그림 파일을 사용한다.

⑪ 총점 : 200점

[공통사항1(기본설정, 용지설정)] : 8점, [공통사항2(오탈자)] : 40점
[문제1] : 46점, [문제2] : 106점

⑫ 기타 특별히 지시되어 있지 않은 사항은 문제지에 준하여 작성한다.

글맵시 - 궁서체, 채우기 : 색상(RGB:28,61,98)
크기 : 너비(130mm), 높이(20mm), 위치 : 글자처럼 취급, 가운데 정렬

머리말(중고딕, 9pt, 오른쪽 정렬) → DIAT

암병원데이터센터공동세미나

문단 첫 글자 장식 - 모양 : 2줄, 바탕
면 색 : 색상(RGB:191,191,191), 본문과의 간격 : 3.0mm

암 진단 기술의 발달로 조기 진단율이 증가하고 있고, 치료 방법의 향상 등으로 무병 생존 기간이 증가하고 있는데, 이는 빅데이터의 활발한 활용이 있었기에 가능했습니다. 암 빅데이터 활용의 중요성을 알리고자 국립암센터에서는 암 빅데이터의 가치라는 주제로 지식 및 경험을 나누고 소통을 할 수 있는 공동세미나를 마련하였습니다. 암 빅데이터 분야에 *저명한 석학들의 특강*도 마련되어 있으니, 현대인들의 건강한 삶과 암 연구의 발전을 위해 여러분의 많은 관심과 참여를 부탁드립니다.

진하게, 기울임

문자표 → ◆ 행사안내 ◆

궁서, 가운데 정렬

1. 행 사 명 : 암병원, 데이터센터 공동 세미나
2. 행사일시 : 2026년 9월 21일(토) ~ 9월 22일(일), 2일간
3. 행사장소 : 국가암데이터센터 미디어센터 별관 2층
4. 사전등록 : *2026년 9월 19일(목) 18:00까지 온라인으로 등록(http://www.ihd.or.kr)* ← 기울임, 밑줄

문자표

※ 기타사항

- 행사 당일 오전 9시부터 현장 등록이 가능하며, 국내외 암 빅데이터 관련 서적 및 논문, 연구보고서 등을 볼 수 있는 부스를 마련하였으니 참고하십시오.
- 기타 자세한 사항은 행사 담당자(02-123-4567)에게 문의하십시오.

왼쪽여백 : 15pt
내어쓰기 : 12pt

2026. 08. 24. ← 13pt, 가운데 정렬

국가암데이터센터 ← 견고딕, 25pt, 가운데 정렬

문제1은 줄 간격 180%로 작성

문제1은 1구역, 문제2는 2구역으로 나누어 답안 작성

쪽 번호 매기기, i,ii,iii 순으로, 오른쪽 아래

- i -

암 빅데이터

DIAT

1. 암 공공 라이브러리

암 관리법에 근거해 중앙암등록본부에 등록된 암 환자를 기준으로 국민건강보험공단 검진(檢診) 및 자격자료, 건강보험심사평가원 청구자료, 통계청 사망자료와 새로운 결합한 암 중심 개방형 데이터이다. 암 진단 이전부터 치료, 생존(生存), 말기에 이르는 암 환자 전주기 분석을 목표로 하고 있으며, 신속한 암 관리 정책 수립, 질병 진단, 최적화 치료법(治療法), 헬스케어, 인공지능(artificial intelligence)[1] 등 암 환자 중심의 성과를 창출할 것으로 기대한다.

2. 암 조기 발견의 중요성

세계보건기구에서는 의학적인 관점으로 보았을 때 암 발생 인구는 1/3이 예방할 수 있고, 1/3은 조기 진단이 가능하다는 전제하에 완치까지 기대할 수 있으며, 나머지 1/3은 적극적으로 치료한다면 완화가 가능한 것으로 보고 있다. 물론 암을 예방(豫防)하는 것이 가장 중요하지만 대부분 명확한 원인을 알 수 없다. 따라서 조기에 발견하는 것이 높은 치료성적을 얻을 수 있고 좋은 예후를 기대한다. 암의 조기 발견을 위한 주기적인 검사은 일반적으로 신체 또는 증상이 없는 상태에서 스스로 건강하다고 생각할 때 검사를 받음으로써 조기에 발견하여 적합한 치료를 하기 위함이다. 일반적으로 암 환자가 5년 이상 생존할 확률을 5년 상대 생존율이라고 하며, 의학계는 이 수치가 높을수록 5년 동안 암의 재발(再發) 가능성이 낮아진다고 판단한다.

---

[1] 인간의 인지, 추론, 판단 등의 능력을 컴퓨터로 구현하기 위한 기술 연구 분야 등을 총칭하는 용어.

암 5년 상대 생존율(단위:%)

연도	남자	여자
2006	45.6	64.3
2011	56.9	74.5
2016	63.1	78.3
2021	65.6	77.9
2026	66.1	78.2
평균	59.46	74.64

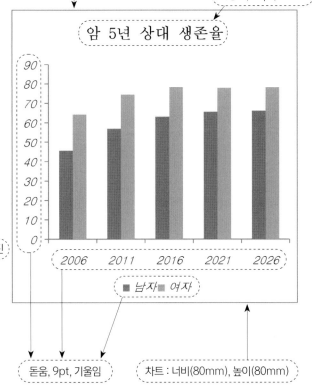

암 5년 상대 생존율

memo